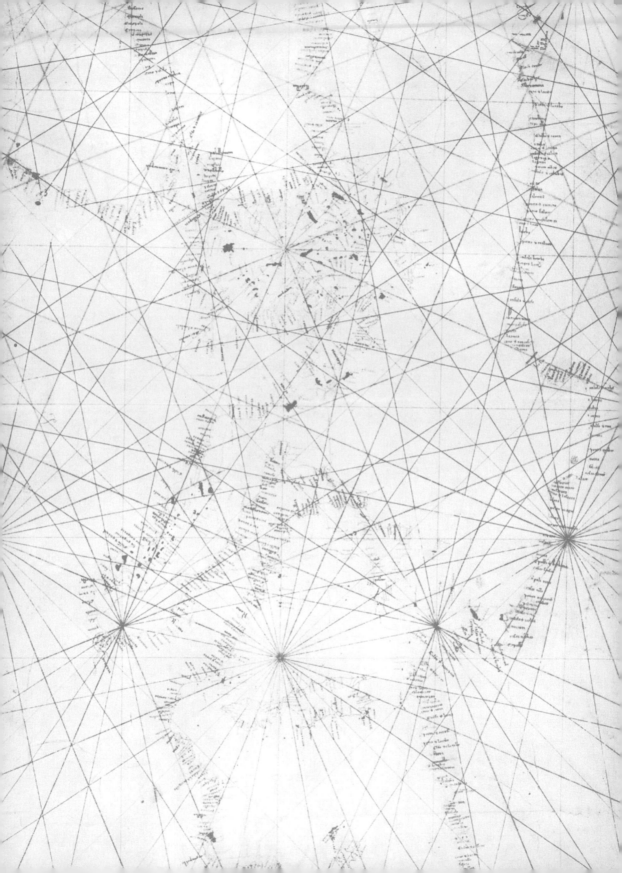

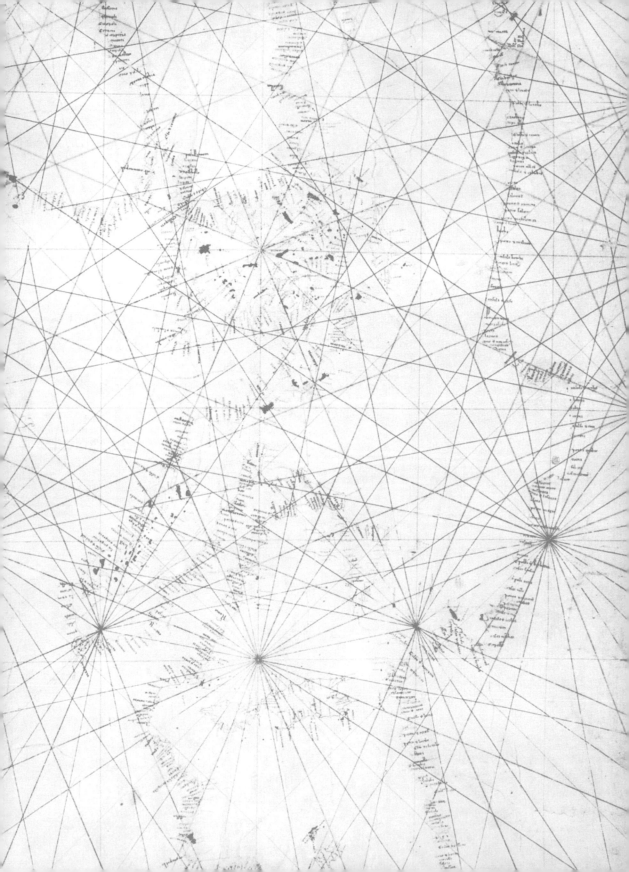

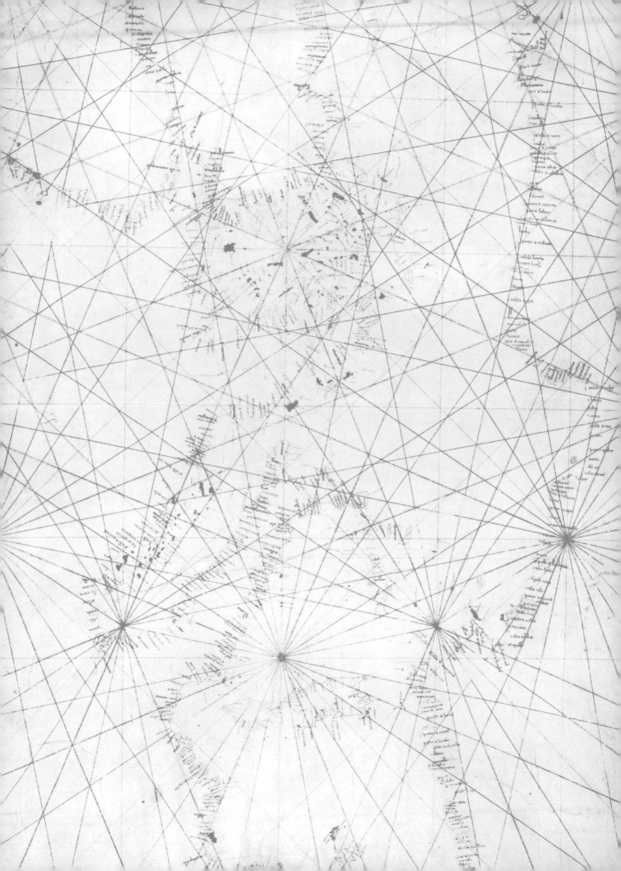

Formosa

翁佳音、黃驗 合著

解碼臺灣史

1550——1720

十六、十七世紀臺灣發生了什麼事？

江樹生

　　16、17世紀大航海時代迎面而來、東西方相遇與激盪的時空中，臺灣作為一個歷史舞台，在過程中，到底發生了什麼事？有賴文獻史料來說話——讓史料自己呈現歷史、敘說故事。

　　1624-1662年，荷蘭人在渾沌初開的臺灣扮演主角，這段逐鹿歷程，隨著19世紀以來荷文史料陸續出土，臺灣史的早期輪廓才逐漸成形、對焦。1980年代起，在荷蘭、臺灣、日本學者的合力編輯下，荷蘭國家史料出版局陸續出版《熱蘭遮城日誌》四冊，為荷蘭時代的臺灣史奠定了基本史料架構；1996年起，我有機會主持《熱蘭遮城日誌》的中譯計畫；後續又主持《荷蘭聯合東印度公司臺灣長官致巴達維總書信集》的譯註計畫（按：2017年已出版至第5冊），隨著這兩套文獻的中譯本陸續出版，17世紀前半葉以臺灣為中心的各種人文軌跡和自然景觀，豐富、逼真而翔實地呈現在國人面前，更可貴的是，它們是連貫性、有系統的臺灣全紀錄。

　　《解碼臺灣史1550-1720》將早期臺灣史起自1550年代，等於將荷蘭時代向前推進了六、七十年，為一向朦朧、眾說紛紜的「前荷蘭時代」勾勒出一個概括的輪廓；接續的荷蘭時代，本書廣泛地引用了目前已抄錄、譯介的西方文獻，編寫出一個生動、精采的大眾讀本；荷蘭文獻中有不少村社、地名、人名，佳音發揮了他長於探勘、比定的功夫，一如《大臺北古地圖考釋》那樣，讓一個個的村社、海商或海盜、地圖文獻等，變得清晰具體，荷蘭人與原住民、漢人發生的故事，一一定根於這塊土地。

從書中多處點出「荷規鄭隨」、「荷規清隨」的脈絡關係，可知荷蘭時代在臺灣史的進程中扮演了制定者的角色。荷蘭人在公法、私法（如贌社、稅法、原住民勞役）等法令或制度，分別被鄭氏時期、清代所承襲，論臺灣稅法的起源，不能不提1625年荷蘭人向李旦強徵貨物出口什一稅，重商主義的荷蘭人，帶來了「臺灣萬萬稅」；講起臺灣的房屋交易稅、檳榔稅、居留證、土地所有權等，一樣要從荷蘭人說起。

　　不論在《熱蘭遮城日誌》、長官書信集，或《一般報告》，都難免因為出自荷蘭人的立場，流於主觀與偏見；對待臺灣史，吾人一樣應秉持客觀、明辨的態度，多讓史料自己說話，多提供討論的空間，而不是一種既定的立場、標準的答案。藉此與本書的作者、讀者共勉。

（本文作者為荷蘭檔案、早期臺灣史研究學者，歷任國立成功大學歷史學系講座教授、荷蘭萊頓大學漢學院講師等職）

多語言與跨族群的早期臺灣史　　　許雪姬

　　我的老弟佳音，與資深編輯人黃驗，以協作的方式，完成這一部新作，分成渾沌、開光、翻轉、傳奇四大部分，再分小節，配以大量地圖／圖片、註解，以利閱讀，成為一本各階層人士都能閱讀、各取所需的優良讀物，也算是一部口述歷史。

　　要能方方面面訴說東番、荷西、清初的歷史，又能化繁就簡、深入淺出，嘉惠讀者，並非容易的事。在這本書中看到佳音用他大半的研究歲月所顯出的功力，如他致力於各種不同語文文獻的精讀，熟讀熱蘭遮城（臺灣城）日誌、[*1] 荷蘭長官書信集、新港文書（190件），就更不用說同時代的日文資料，以及明、清時期的中文史料。他就荷蘭文獻中去破解出一些漢人的名字如亨萬（林宗載、Hambuan）、許心素（Simpsou），從而就中文、日文史料取得印證；沒有語言的優勢，正如當代會葡語、馬來語、新港語、荷蘭語的通譯／通詞，絕對寫不出這本書。這是本書最大的特色。

　　在當今臺灣史研究以日治、戰後時期較熱門，研究荷西時期及之前東番時期（1550-1620）歷史的並不多，而能就過去地名加以考訂，如大灣、東番、魍港、北港、八芝蘭的起源與地望；指出譯名需要調整的，如普羅文遮城應譯為赤崁省、熱蘭遮城應譯為臺灣城、Favorlang應譯為虎尾壠，甚至有些史事的以訛傳訛，如最早叫臺灣為 Hermosa 的是西班牙人而非葡萄牙人，又如「安平金小姐」嫁給「船醫」的可能性不大；再如韓布魯克牧師英勇殉難的史實和時機都必須修訂，「甲」不是荷蘭人帶來的面積單位……。能精確解讀古文書、訂正長期以來錯誤描

述的史事，有這樣功力的，除佳音老弟以外沒有幾人。

　　本書更值得一讀的是，點出臺灣在世界史中的角色，以及自16年世紀以來族群多元性、語言多樣性的存在，從而也寫出有文字紀錄的臺灣歷史之連續性和獨特性，使得東番、荷西時期歷史更為豐富，令人讀之趣味盎然。無論是關於臺灣史的課綱制定，或是在第一線教學現場的國、高中歷史老師，甚至在大學裡教授歷史、通識課程的老師，都應參考。就是我，閱讀這本書後，過去一些錯誤的觀念，獲得修正；貧乏的早期臺灣史的知識，也得到補充，可謂獲益匪淺。

　　我常擔心佳音老弟不好好寫「學術論文」，而只在臉書上披露他新的研究成果，以博一個讚！但他樂此不疲，也許是希望普及臺灣史的知識，更希望能很快就得到回應，精益求精。我真心希望他的這本有註解、有內容的書，能得到好的評價，特別是學術界的好評價。謹為之序。

（本文作者為中央研究院臺灣史研究所研究員）

◆ 1.──《熱蘭遮城日誌》中文譯本，得到江樹生先生、臺南市文化局同意，已重新打字於2017年放入中央研究院臺灣史研究所的數位資料「臺灣日記知識庫」。

接地氣與想像力構築的新視界　　　吳密察

　　老朋友翁佳音兄、黃驗兄要合作出書，編輯張詩薇來信要我寫序。面對這樣的陣容（翁佳音是臺灣史的大專家，黃驗是優秀的資深編輯，張詩薇是少見的專業而盡責的青壯世代編輯），我不但不能婉拒這個寫序的邀請，還感覺真是榮幸之至呢。

　　市面上一般流通的臺灣史書籍，我經常說它們的內容是：「我知道的，它都寫了；我不知道的，它都沒寫」，而且寫的也多是「通說、俗說」，等而下之的則是充滿了「誤說」甚至「胡說」。言之有物，而且真有獨到見解，甚至開拓出一個知識之新世界的並不多見。像那樣的書，讀十本跟讀一本沒什麼兩樣，讀了之後的知識儲量，並不會有等比例地成長，甚至還可能誤入歧途呢！但翁佳音的書，則絕對是例外，他每次出書總是令人期待：不知這次，他又要帶我們泅泳於哪一個知識之海呢？

　　目前數量不算太少的臺灣史研究者當中，翁佳音絕對算是一個「異數」。他總是可以言人所未言，甚至帶你進入一個（經常比臺灣更大的）廣袤的歷史世界。當年，他用荷蘭文獻為我們重建出一個臺灣中部地區的「大肚王」，讓人驚豔。[*1]那時我就公開說：荷蘭時代的臺灣史研究，已經進入一個新時代了。「大肚王」的這個研究之所以可能，不但要能閱讀荷蘭文獻，也要能夠將這些外文文獻與中文史料相比對，最重要的是要對於臺灣內部的微細地理有所了解，這是外國人研究者相對陌生的（據我所知，中村孝志是少數的例外）。因此，外國學者都著力於研究臺灣與外部的關係（貿易），而少研究臺灣內部的問題（傳教事

業應該是例外）。翁佳音既可以利用外文文獻（主要是荷蘭文、英文與日文），又熟悉漢文史料和臺語（翁佳音一直認為這兩種材料更是重要），而且對於臺灣地理、民情、風俗等在地知識都鉅細靡遺地了然於胸。因此，他總是可以隨手拈來各種文獻相互對證而見人所未見。最近他在個人的FB上所連載的「地名的野生思考」，就是很多人每天期盼的「臺灣史地新知識」。

我與翁佳音相識甚早，彼此之間也知道各自對於台灣史及其研究的基本看法。因此，我也借這次他的大作《解碼臺灣史1550-1720》出版之際，將我們所主張的一些臺灣史研究之基本看法，做個說明。

首先，臺灣史研究者必須「警覺」到我們據以進行研究之史料，絕大多數是「外來者（或外部者）」所留下來的。這些「他者」透過他們的理解（或誤解）來記載（重現）臺灣。「他者」這個曲光鏡，必然多少會將臺灣變形了（翁佳音經常喜歡舉的例子是：外文書中如何將臺灣的廟宇畫成教堂模樣）。「他者」也必然不會是沒有選擇性地來記載台灣。因此，如何穿過迷茫、扭曲而「穿透紙背」地看到這些他者所製作出來的史料，就應該是研究者的基本工作了。

其次，不論是哪一種史料都內含著製作者的意圖，而且這些史料為何可以穿過時間留存到現在被如今的研究者所使用呢？也就是說，史料必須被「質疑」而不是被原樣地抄錄使用。其實，這也不是什麼高深的道理，就是一般所謂的「史料批判」。大學歷史系的大一新生在「史學概論」的課堂上，應該都被老師這樣教過。但或許大家都還記得「史料批判」這四個字，卻在具體的研究過程中給忘記了。

再者，我們更不能忘記：歷史上臺灣是個「文盲社會」。或許「文盲社會」這個詞用得太猛了！但請想一下：1945年的時候，臺灣具有寫日記程度之文字書寫能力的人口比率有多少？[*2] 即使臺灣的史料有一些是本地人所留下的，但這些史料卻極為少數，而且也多集中於某些內容（例如：財產、祭祀、宗教相關，或文人之詩作）。因此，非文字的史

料（例如：口述、記憶、技術、工藝、器物等）的重要性，就會相對增加。但這卻是一般的歷史學者所忽視，或相對無法駕馭的。

另外，即使是大家相對熟悉的漢文史料，也有很多需要注意的。清代以後所留下來的漢文史料，大都是官僚、官府所留下來的與行政相關的史料，自然有它的局限性。但是對於漢文史料裡幾乎無所不在的士大夫儒教主義，也不能不加警覺。儒教主義不但會扭曲庶民的行動、作為和文化、價值觀，而且也會因此而對於社會的現象有所取捨和特別的詮釋。除此之外，漢字的「表意」性質，也經常誤導了我們對於台灣事物的理解。就如本書中也特別舉出來的例子：「大灣」、「臺灣」、「埋冤」，如果只從漢字的表意性質來看，「大（海）灣」當然與「埋（葬）冤（魂）」相去甚遠，但如果從表音的側面來看，其實「大灣」＝「臺灣」＝「埋冤」。對於不識之無的文盲來說，當然不能理解漢字所表的意而只能取其音。因此，對於一般人來說，「大灣」、「臺灣」、「埋冤」都一樣，都是Taiwan（甚至是Tayouan）；但是對於識字的士大夫來說，它們便有所不同了（尤其，「埋冤」是多麼具有音義兩方的豐富意象啊）。類似的例子，只要看看連雅堂或是最近一些文史工作者的地名（過度）解釋，就知道真可謂是「俯拾皆是」了。但是西洋文字（其實還包括日文、臺語），很容易就會讓人注意到它的表音性質，因此翁佳音常常用荷蘭文和臺語來做他的歷史考證。

上述的關於史料之性質的說明，其實卑之無甚高論。但是卻經常被研究者在實際的研究過程中給「忘記」了。

翁佳音的台灣史研究，可以說是堅守博搜史料、深入解讀、細緻考證、宏觀解釋這幾個歷史研究者應有的基本守則（雖然不少歷史研究者做不到）。但是，我還要特別強調兩點：接地氣、想像力。一般歷史學者在不知不覺間都會有一些文人氣，也就是不識草木蟲魚、不知稼穡、不知升斗小民之生計，只知家國大事、只知人文雅興、抽象思考。但是歷史的主角除了有英雄、政客、文人、大思想家之外，更多的是每

天為生活奔波奮鬥的小民。要瞭解（研究）這些小民的奔波與奮鬥，顯然必須接地氣。這種接地氣，還必須接本地的地氣。我們本土的文字史料相對地少，鄰近的國家又是個「文字大國」，因此不知不覺間常會被數量龐大的外地文字史料裡的知識給「殖民」了。例如，目前建築學者不知從哪裡找來了「馬背」這個詞來指稱臺灣傳統建築的部位，但我懷疑臺灣師傅真是這樣稱呼該建築部位的（至少，我用我的母語講不出「馬背」這個詞）。當然，如今既然是事過境遷之後來理解（研究）歷史，歷史研究者自然也需要有相當的想像力。我雖然認為翁佳音是目前臺灣少數的優秀臺灣歷史研究者，但這樣說下來，他似乎也只是踐行了一個歷史研究者的基本而已（希望他不會因為我這樣評價他而失望！哈哈）。

　　翁佳音的臺灣史研究雖然不斷地有亮眼的成果，但要將這些成果彙整成書，需要借助於內容架構的規劃、編寫能量的統合，並且還需要一個強力的後製團隊來整編、校勘，力求完美。此次，本書的合作搭檔黃驗，編輯經驗豐富、功力老到，對於臺灣歷史也有深入的瞭解，尤其難能可貴的是，從他在書末臚列的註釋（參考書目），可以發現，不僅將翁佳音的學術精華充分轉寫成可讀性的內容，並且全面地擷取了江樹生先生長期而系統地譯註的第一手荷蘭檔案史料，將荷蘭時代臺灣這塊土地上發生過的種種栩栩如生的人物、故事，一一重現，如同將臺灣史曾經失去的記憶重新建置回來，這是一個很有建設性的嘗試，並且呈現了可觀的成果，一部優秀的臺灣史大眾讀本，當然值得極力推薦。

（本文作者為臺灣史學者，現任國史館館長）

◆ 1.——這個「大肚王」，雖然在荷蘭文獻中稱之為 King，但將之解釋成台灣中部曾經出現過「大肚王國（Kingdom）」（據說，最近還有人將它升級成為「大肚王朝」），就太過分了。
◆ 2.——以我個人的例子來說，我可能是我家族裡第一個具有寫日記之文字書寫能力的成員。

目次

I. 渾沌
摸索・看見・相遇

II. 開光
交會・激盪・解密

III. 翻轉

傳承・轉轍・尋跡

IV. 傳奇

奇遇・奇談・神會

假如歷史像一塊五花肉

翁佳音、黃驗

「葡萄牙船員航經臺灣海峽，遙望臺灣，樹木青籠而美麗，乃譽之為美麗之島（Ilha Formosa），於是臺灣之名，廣播於世！」許多教科書、大眾讀物如此描述西方世界第一次發現臺灣，發出這一聲驚嘆，「福爾摩沙」一詞因此成為歐西人士對臺灣的定稱。但徵諸16-17世紀西方文獻，葡萄牙人講到Formosa，多半是指臺灣島北方的一個島嶼，並無「葡萄牙人驚嘆美麗之島」的文獻依據，追根究柢，此說是後來的誤解、遐想與編造，逐漸訛傳成為定說、成為講述臺灣信史源流的一個標準化開場白。

如同18世紀《葡英雙語字典》的〈Ilha Fermosa〉之釋文說葡萄牙人統治過臺灣，有關早期臺灣史的敘述，存在不少訛誤、謬說，許多模糊空間、無人地帶有待解密。這裡摘引一個老編和他經常請益的一位學者之間的相關對話：

老編： 荷蘭人在1624年被趕來臺灣，意外地開啟了「荷蘭時代」，但臺灣的信史並非斷自1624年，在此之前若有一段前置期，可上溯至哪一個年代？

學者： 1550年代起，東亞華人海盜，即中國史籍所說的「倭寇」便在臺灣進進出出，一直延續到1624年，這七十多年間（「前荷蘭時代」）或可定義為「東番時代」，甚至稱「倭寇時代」也無妨，這才是近代初期（early modern period，1500-1800）臺灣史

的開端。

老編：　這是大膽設定。「東番」之名，始見於1573年海盜林鳳侵擾事件，這麼說來，「東番時代」與1550年豈不是有一段時間差？

學者：　文獻記載1610年代福建海澄有臺灣名產：鹿筋、烏魚子、鰻魚脬，這三味並非一夕之間聲名鵲起，至少先有一二十年的「賞味期」，才形成口碑然後見諸文獻。同理，「東番」之名必也經過一段生成期，然後人云亦云，到了1570年代，「東番」終於正式出現在西班牙神父、大明官方的文書上。

老編：　1550-1620年代中文文獻關於臺灣的記載比較片段、含糊，需經多方爬梳、比定，才能建立拼圖；1620年代荷蘭人留下系統性的文獻，這些文獻的抄錄、譯介，十分關鍵；前行代學者村上直次郎、中村孝志、曹永和、江樹生、包樂史等相繼奠定可觀成果，您也參與其中；相對之下，坊間的譯介五花八門，譬如，中文翻譯有倍德基雷姆（Betgirem）、巴西敢（Vassican）、柯達王（Quataong）等等，這些歐式地名、人名，跟這塊土地似乎有段距離？

學者：　Betgirem、Vassican即清代中文文獻的馬芝遴、猫兒干；Quataong，從漳、泉音應譯作「番仔王」，這些基本考證，我二十幾年前都作過了。荷西文獻中的地名、人名、村社名，直接音譯，固然帶有異國風情，「具國際觀」、「學術性濃厚」，卻往往不知所云；因此必須徵諸東、西方文獻，從歷史、語言、考古學等多角切入，才能與跟歷史，跟斯土斯民對焦、連結。

老編：　這是重構歷史現場，通俗地說就是「接地氣」。荷蘭人引進臺灣的事物、制度之中，有一項是土地面積單位「甲」，其確切根據何在？

學者：　這個議題，我二十幾年前也寫過了，荷蘭文獻：「甲」是根據

臺灣的漢人自己的計算單位；相反地，最近我發覺，田園開墾計算單位的「張犁」，是源自於荷蘭時代，這種計算，中國本土不常見……

老編： 文獻上說，鄭成功左手臂長了幾顆腫瘤，因此延請駐在雲林貓兒干的荷蘭醫生渡海去中國看病，何以另有「鄭成功罹患梅毒」之說？

學者： 荷蘭文獻有的寫作morbum（病），有的寫成knobbellen（腫瘤），後者指病名，morbum是拉丁文，泛指生病。中國學者把morbum譯作「梅毒」，該書在臺灣出版前，我未能有機會訂正，殊為遺憾。翻譯失誤，會嚴重影響歷史圖像的重繪與論述的再建立，不能不慎。

老編： 1600年代閩粵航海人奉祀的海神，主要有協天大帝（關帝）、天妃（媽祖）、舟神，並未定於一尊；1650年代文獻指出，當時漢人尊奉的神祇有72位，媽祖排名第39，這是有趣的社會現象。

學者： 依據當時在臺灣的蘇格蘭人萊特（D. Wricht）之觀察，漢人社會有72尊神，首位是（玉皇上）帝（Ty），其次是地皇（Te-oung）、水仙帝王（Tsuy Zyen Tei Oung）、菩薩、觀音等等，媽祖（娘媽Nioma）排名第39，他所記的傳說滿有意思，指媽祖以在室處女之身，遷居澎湖……；媽祖在臺灣後來居上，且香火鼎盛，是清代以後的事。照清代官方文獻，是天妃娘媽助清打敗明鄭王朝，大清帝國因而敕封為天后。

老編： 您在facebook發表許多精闢文章，寫到荷蘭時代臺灣即有「孝女白琴」；又寫到很多連研究荷蘭、西班牙的專家學者也不知道的重要插曲，這讓朦朧的臺灣歷史變得清晰、立體。

學者： 我寫FB，主要作為博碩士生的教學討論，兼而反省當前學術或教育界的臺灣史論述，是否有欠缺方法論，或實證批判，或墨

守斷代分期的舊規。目前已發表「地名的野生思考」一百二十幾篇、歷史隨筆百餘篇。這些文稿基本上不限於歷史斷代，也不限於臺灣本島，我想具體表現我們國家歷史的世界視野，同時也是釘根土地的喜怒哀樂，讓歷史不再像學術論文那般嚴謹冷硬，或像政治語言那樣武斷、激情，令人神經緊繃。……

以上這些對話揭露出各種鮮為人知，或翻轉常識，或以訛傳訛的史事史觀。在1550年代仍經常被叫錯名字、畫錯方位的島嶼臺灣，從封閉、朦朧的初始狀態，倏然撥雲見日，跨入國際歷史舞台，交織著不少傳奇色彩。2015年初，老編徵得這位學者的首肯：以第一手文獻的生鮮故事為本，擷取前述種種精闢創見，薈萃成編。臺灣的存在從頭說起，呈現一部深度解密、原汁原味的大眾讀本。《解碼臺灣史1550-1720》一書的編撰構想，於焉成形。

本書的一大特色，在於提出長期歷史的概念，起自1550年代，斷至1720年代，涵蓋東番、荷西、鄭氏、清朝四個歷史分期。在編輯的協力下，將51個單篇劃分為四大單元，形成本書的內容結構。臺灣史由各個不同時期、族群、文化，一段一段的接續，不論是脈絡相連，或層層堆疊，它在時空的熔鑄下演化成一個盤根錯節、合為一體的結構。雖有1550-1720的年代斷限，但在編寫上，素材的剪裁、專題的觸角都相對開放、彈性，概因臺灣史的本質具有多種特性：

一、貫時的（Diachronic），歷史是個有機體，形狀像一塊五花肉，皮肉相連、肥瘦相間，一層一層之間存在著各種連續性，因此有「荷規鄭隨」、「鄭規清隨」等脈絡關係，譬如：荷、鄭、清一脈相傳的「臺灣萬萬稅」；清人說臺灣的房屋稅（厝餉）始於鄭氏，殊不知1638年荷蘭人便已開徵房屋交易稅，買、賣雙方都應繳10％稅率；清代當差傳送官

府文書的快遞「麻達」，可追溯到荷蘭人征服各村社後訂定的條約，規定原住民應無條件聽命差遣，負責傳遞公司的書信、包裹、箱子、籃子等物，若有怠慢或違令，視同反抗。

二、共時的（Synchronic），同一時期的歷史現象，分別在不同區域或國度發生，其間存在著某種相似性或巧合。譬如，擅長理髮兼拔牙、割瘤、切肢的荷蘭船醫，在臺灣、在長崎的際遇和發展有別，以荷蘭船醫為背景的流行歌曲〈長崎物語〉和〈安平追想曲〉卻異曲同工。1656年德國人保羅・佛斯特（Paul Fürst）繪製的鳥嘴醫生（瘟疫醫生），反映了肆虐歐洲的黑死病，同一期間臺灣飽受天花、瘧疾、麻疹肆虐，有的村社95個成年男子僅34個倖存。同一期間，2歲的愛新覺羅・玄燁（康熙帝）感染天花，遭到隔離，癒後形成輕微症狀的麻臉。透過這些參照，可發現不同的地理空間之相似性、共通性。荷蘭時代將原住民的祭儀視為異端，採取獵巫（witch hunt）手段，驅逐西拉雅族女巫、搗毀各村社的偶像，此舉可放在16、17世紀歐洲如火如荼地迫害異端、絞殺女巫的脈絡中來觀察。

三、在地的（Local），臺灣史研究不僅在彰顯主體性，更要體現在地性。荷蘭人、西班牙人以羅馬字拼音，帶有異國風味的地名、社名與人名，到底是指臺灣何地、何人？學院作家似乎比較無心思，或無力去索解，畢竟，這項工作必須參照東西方文獻，透過歷史學、語言學的視角，才能深入歷史荒原，尋跡辨位。例如，1630年代全臺灣第一大聚落Favorlang，歷來被音譯成：華武壠、費佛朗、法佛朗、法波蘭、法勃蘭等多種洋化地名，都缺乏在地感；譯作「虎尾壠」，歷史現場立即浮現，這是歷史文獻接地氣。

歷史研究是一門科學，不是一種信仰。本書要傳遞的，是讓更具體的史

實自己說話，提供一個對話空間，避免強求標準答案。一塊完整的五花肉，要連皮帶肉、有肥有瘦，不能挑肥揀瘦，獨沽一味。臺灣史亦然，觀點、視野不能偏執；受到荷蘭殖民史觀的影響，論者或以為1630年代的臺灣走向泛蘭治世（Pax Hollandica）、臺灣人因接受宣教而成為「文明」族群。這是從殖民者、從政治或宗教來看，但是若從被殖民者及其族群文化來看，觀感截然不同。荷蘭時代是臺灣近代化的先聲，但其不文明的一面不遜於黑暗時期；鄭成功有生之年，開國、復國雙轡並進，並未定調，後人難以代他自主心證；歷史事件的因果關係，有時曲折複雜，甚至動機與結果相悖反，鄭成功矢志恢復明室，卻成為東寧獨立的先機；施琅滅鄭後，與姚啟聖都盤算欲將臺灣賣還荷蘭，無奈對方興趣缺缺，只得將臺灣收入版圖。觀點必須全面，才不失信於史。

在視野上，除政治史外，本書兼及若干人群、風俗、信仰等文化社會史領域，譬如，早期臺灣部分地區、部分族群存在著「有室家者百不得一」的社會現象，但若逕以「有唐山公無唐山媽」來概括，則過於簡化。見樹亦見林，應是我們對待臺灣史的一種基本態度。

前言

　　從Fremosa到Formosa；從雞浪到雞籠；從琉球、北港到東番；從大灣、大員到臺灣，這些自1550年代以來莫衷一是的島名、地名，經過半個世紀甚至更長時間的演化後，名稱逐漸底定；島嶼上少被外界注意的族群，裸體追逐的「外島野夷」，1630年代以後陸續被安排與荷蘭東印度公司簽約，被宣稱是讓出主權；其後，統治機構從公司制轉入帝王制、整個島嶼剃髮易服、遍地鹿群的地景完全改觀……。16-17世紀的臺灣經歷了前所未有的劇變時代。

　　劇變下的臺灣，到底發生了什麼事？這些事的前因後果、來龍去脈為何？由於若干文獻史料闕如、解讀失真，或因特定目的與主觀情感的投射，形成對早期臺灣史各種臆測、訛傳、認知失調的現象，亟待第一手文獻來解碼、深入的考訂來釐清、具體的故事來定位、高度的視野來關照，讓臺灣的存在，全面地從頭說起。

　　本書在編寫上，將1550-1620年代定義為「東番時期」，作為臺灣信史的開端，試著將這一朦朧渺遠的歷史舞台勾勒出概要的輪廓；其後接續荷西時期（1624-1662）、鄭氏時期（1662-1683）、清代時期（1684-1720）。荷蘭東印度公司來臺殖民，留下大量、系統的日誌、書信與決議，在荷蘭國家總檔案館典藏、萊頓大學與荷蘭國家出版局編輯出版，以及江樹生教授帶領的團隊長期進行譯註計畫下，各類文獻成為本書編寫時多方引用的材料，但為顧及大眾閱讀之便利，行文中標記的註釋（參考書目），集中置於書末（見P.292）；16-17世紀的臺灣地名、村社名，其對應現今何處？需要從地理學、歷史學、語言學等多管齊下，並從清、鄭、荷文獻往前追溯，東西方文獻相互勾稽、比定，才能一步步解開歷史密碼。相關地名村社、年代的對照，也附載於書末附錄（見P.316）。

荷西時期雖僅38年，影響卻極深遠，種植檳榔、捕撈烏魚、房屋買賣等均課稅且中國所無的稅制，都在1620-1630年代形成。荷規鄭隨，鄭規清隨。其他如贌社、土地制度、行政區劃雛形等，荷蘭人開了先例，鄭、清因襲之。找出不同事件在時間軸或空間軸上的關聯性、類比性，可知歷史脈絡。鄭氏時期一方面承先啟後，一方面建立政治體制，並將社會文化轉型漢化；清代時期臺灣的若干政策措施沿襲自荷鄭舊規，在政經體制上則納入了大清帝國的官僚體系與經濟分工的形態。1720年代康雍之交，臺灣在帝國的角色位置即已定型化。

16-17世紀臺灣之族群、人物、風俗、景物的具體樣貌為何？西方各國博物館、圖書館的文物典藏相對豐富。2013年荷蘭國家博物館（Rijksmuseum）基於「館藏品屬於公眾」的理念，將12.5萬張高解析度圖檔開放全世界自由使用，去年底已增至近60萬張；紐約大都會藝術博物館、紐約公共圖書館等也有相同作法；大英圖書館釋出的公版權圖檔更超過100萬張。本書藉助於此一公共領域（Public Domain）的共享概念，取自荷蘭國家博物館、荷蘭國家檔案館，英、美、西等國博物館，以及國內各典藏機構逾200張歷史圖像，以圖解文，讓臺灣的地理地貌、族群動態更為具體鮮活。

編寫一部早期臺灣史的大眾讀本，是新的嘗試與挑戰，必須勇於面對各個角落的文獻荒原、歷史誤區。本書對於若干文獻的比定、解讀，提供不少創見，但容許保留一點商榷的空間；整體內容的編寫，觸角欲廣而剪裁難全，不可避免會有疏漏甚或出入，有待學界先進與讀者諸君不吝指教，以便改正。本書歷經5個多月的整編階段，黃靜宜、張詩薇一直扮演挑剔者、矯正器，讓人見識到專業編輯的執著和厲害；美術設計黃子欽重建歷史氛圍的功力，不在話下。臺灣史研究界大老江樹生、許雪姬與吳密察諸教授百忙中惠予賜序推薦，在在銘感五內，一併於此誌謝。

「臺灣」 名稱演化簡表 1554-1684

監製／翁佳音 資料整編／黃驗 設計製作／黃子欽

小琉球

小琉球盜木賊

❖ 海盜許二 (1555)

❖ 海盜曾一本 (1575)

到小琉球找水找米

Formosa

❖ 葡萄人海圖 Fremosa（1554）

❖ 西班牙船長：As Ilhas Fermosas (1584)

❖ 西班牙地圖 Hermosa（1597）

東番

❖ 海盜林鳳潛往東番（1574）

❖〈東番記〉(1604)

北港

❖ 雞籠淡水地鄰北港（1589）

**大員
大灣
臺灣**

❖〈東番記〉大員（1604）

1550　　1570　1580　　　　1600

東番時期

1550-1620年代，中文文獻、大明官方以小琉球、東番、北港等名稱，來指稱臺灣或臺灣北部；西方人則稱臺灣為Fremosa或Lequio minor（小琉球）。大多數東、西方人無法釐清島嶼的位置、形狀、名稱。1624年荷蘭人來臺後，Formosa才成為定稱；而在1600年代前後，福建漳、泉人士用Tâi-oân來稱呼島上的一個大海灣，拼寫成大員、大灣，最後音轉成臺灣……

❖荷蘭人首次記載
　Formosa（1622）

❖大明兵部：「東番諸島」（1625）
　❖海盜屏息東番（1626）
　　　　　❖番薯，其種自東番攜來

❖北港居民　❖北港彭湖淡水雞浪
　不認識神　　（1636）
（1626）

❖紅夷潛退大灣（1624）　　　❖楊英：「臺灣紅夷」　福建
　　　　　　　　　　　　　　　（1657）　　　　臺灣府
❖Tayouan（1622）
　❖臺灣者，故與我中國不屬（1629）　　　　　（1684）
　　　　　　　　　❖〈遠遊篇〉
　　　　　　　　　臺員（1660）

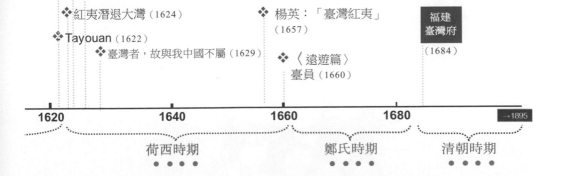

| 1620 | 1640 | 1660 | 1680 | →1895 |

荷西時期　　　　　　鄭氏時期　　　　　清朝時期

FORMOSA
福爾摩沙族群畫像
1550-1650年代

監製／翁佳音 資料整編／黃驗 設計製作／黃子欽

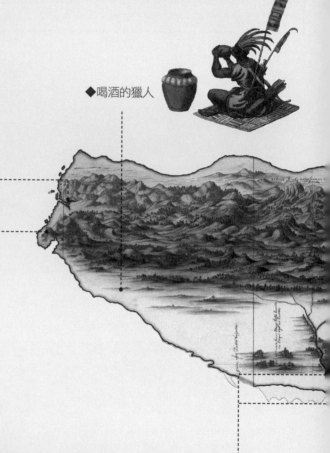

◆喝酒的獵人

◆雞籠原住民
（1590）

◆淡水原住民
（1590）

◆海盜／倭寇
（1555）

1550年代以來，葡萄牙人、西班牙人相繼乘著大航海時代的風潮來到亞洲，與中國閩粵商人、倭寇、海盜等在海上頻繁接觸與交易，西方視野下的臺灣地理、族群樣態逐步浮現：西南部住民與漳泉、澎湖漁民商人的互動；雞籠、淡水住民的生活型態與性格，都載諸文獻；髡鬚剃頂穿六尺褌的海盜、自然裸露的原住民、附庸風雅的華商、「走海如鶩」的窮民，都在島嶼交會……

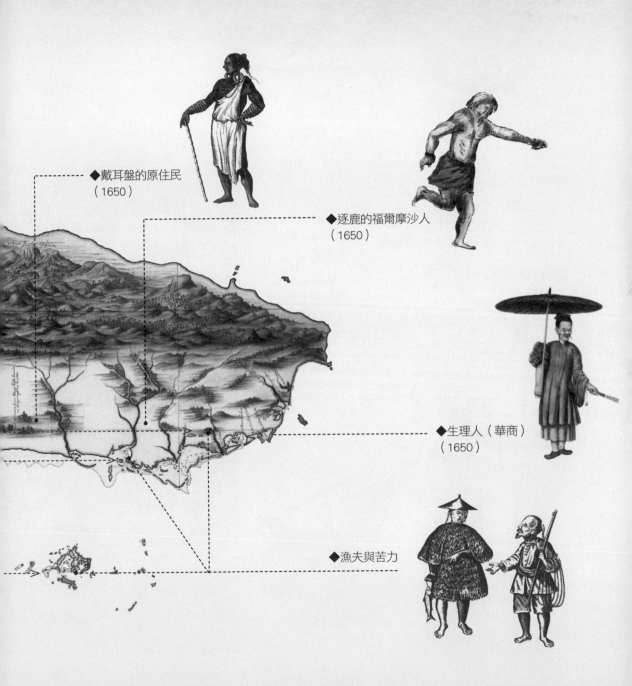

◆戴耳盤的原住民
（1650）

◆逐鹿的福爾摩沙人
（1650）

◆生理人（華商）
（1650）

◆漁夫與苦力

大航海時代，臺灣
1534-1683

監製／翁佳音 資料整編／黃驗 設計製作／黃子欽

❸ 海盜來襲 1555

1550年代活躍於東亞海域的海盜、倭寇，開始將臺灣作為取米取水的基地；1570年代海盜多次登陸掠劫，遭到南部原住民殺退。

❷ 陳侃與封舟 1534

大明國冊封使陳侃，搭乘封舟前往琉球，航程中「隱隱見一小山，乃小琉球也。」這可能是中文文獻首次「發現臺灣」。

❽ 府城篷船

❹ 亞洲戎克船 約1595

16世紀末往來亞洲海域的篷船，泛稱戎克船（junk、junco）；歐洲的船帆大多以整塊布製成；篷船則以竹材為主要材質，一整面的帆由多片竹材連綴而成，若有部分毀損，可局部更換。

16-18世紀各式篷船。上圖為府城海邊的篷船；下圖為乾隆年間珠江海灘的篷船。

16、17世紀西方航海家、冒險家、傳教士藉由各式船舶，無遠弗屆；麥哲倫環繞地球一圈航抵菲律賓，成為西班牙人殖民北臺灣的前奏曲；荷蘭船隊從印尼滿載香料航抵阿姆斯特丹，這支船隊的副司令在5年後航抵澎湖，成為荷蘭人殖民臺灣的序曲。歐洲大帆船、中式篷船（戎克船）、日式篷船（朱印船）競逐於東亞海域，原本與世無爭的臺灣，被捲進大航海時代的巨流中。

❼ 日本朱印船 1634

江戶幕府核發特許權（朱印狀），給前往臺灣、澳門、馬尼拉等地的貿易船。海商李旦自1617年起，往返日本、高砂國貿易。

❻ 荷蘭商船 1624

1624年大明官員形容「望之如山阜、觸之如鐵石」的荷蘭船隊已從澎湖遠遁，寄泊東番。西、葡、荷等各國大船都配置數十門火砲，商戰合一，兼做海盜。

❺ 西班牙帆槳船 約1600年代

西班牙的雙桅帆槳戰船或稱排櫓船（galei、galley），學者陳國棟研究推測，1603年馬尼拉大屠殺後，少數倖存者之一的華人李旦，可能被西班牙人發配到帆槳船充當划槳手。圖為1626-1642年間，航行於馬尼拉、雞籠間的西班牙帆槳船。臺灣西部海域為荷蘭人據有，西班牙船隻必須沿東岸航行，因無季風，需仰賴划槳作為動力。

❶ 維多利亞號 1521

葡萄牙人麥哲倫在西班牙國王支持下，於1521年繞了地球一圈，航抵菲律賓；翌年載運丁香返抵西班牙。麥哲倫的航行，是西班牙殖民菲律賓、殖民北臺灣的前奏曲。

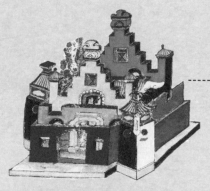

監製／翁佳音 資料整編／黃驗 設計製作／黃子欽

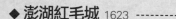

◆ 澎湖紅毛城 1623

荷蘭船隊司令雷爾松選在風櫃尾就地取材興建城砦，設四個稜堡。面向馬公灣這一面護牆內側，有一棟高出護牆的「東門大樓三層」建築，是司令官的居處兼倉庫。1624年荷人被迫拆毀城堡撤往臺灣時，「尚留戀不忍」。

◆ 熱蘭遮城 1634

熱蘭遮城是荷蘭時代的軍政中心，城堡內有：長官公署、商館、營舍、教堂、倉庫、監獄等建築群，1639年初，巴達維亞當局將臺灣寄來的一具紙製的熱蘭遮城堡模型、一張城堡地圖隨船寄給荷蘭的公司高層鑑賞。全盛時期這裡駐守近兩千名公司職員、士兵、水手、奴隸等，是荷蘭在亞洲殖民的重鎮。

◆ 紅毛樓 1653

1652年爆發郭懷一事件，約3,000名漢人遭到屠殺，臺灣當局與被俘虜的500人交換條件，以工代罰，興建赤崁樓，做為赤崁省長的辦公廳舍，兼做防禦。興建期間因設計結構問題而被預言會垮，入清之後果如所料。1884年清法戰爭期間，法國託言曾在臺南建有一座城堡，以此作為侵臺的藉口。

1624年荷蘭人拆除在澎湖的城堡，轉進臺灣興建熱蘭遮城，城堡周邊有海堡、烏勒特支堡兩座防禦工事，另在魍港興建砲台；1626年起西班牙人分別在雞籠、淡水興建城寨，與荷蘭人南北分治。1652年郭懷一事件後荷蘭人增建赤崁樓（紅毛樓）。這些行政中樞與防衛工事是西方殖民的據點，也是近現代初期臺灣走向海洋與世界的重要地標。

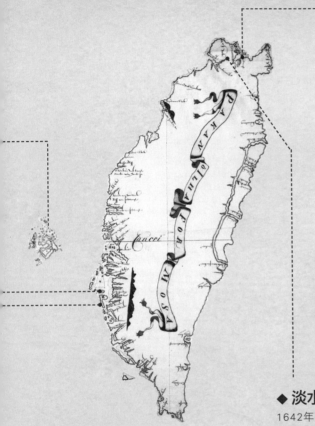

◆ 聖薩爾瓦多城 1626；北荷蘭城 1642

西班牙人入據雞籠後興建聖薩爾瓦多城，兩年後在淡水興建聖多明哥城，形成雞籠、淡水雙城。1642年荷蘭人趕走西班牙人後，修建雞籠城堡（稱北荷蘭城）。荷蘭人被鄭成功逐退後，處心積慮要光復福爾摩沙，於1664-1668年間短暫重返此城。

◆ 淡水紅毛城 1644

1642年荷蘭人擊退宿敵西班牙人後，在淡水新建「安東尼堡」（今淡水紅毛城）。17世紀漢人稱荷蘭人為紅毛，將澎湖、淡水的荷蘭城砦稱為紅毛城（Hongmaotchai），罵荷蘭人為紅毛狗（Ammokau）。

I.
渾沌

摸索
看見
相遇

●諾得洛斯（J. Ijsbrandts Pordeloos）

●雷庄秀荷

●雷約茲（Cornelis Reijersen）

●甘治士（George Candidius, 1597-1647）

過去

未來

解碼臺灣史 1550-1720

番薯圖像的形成 *1

早期世界地圖中的臺灣，多半呈多島或群島狀態，形狀、名稱、經緯度五花八門；
16世紀末臺灣首次被畫成一島，荷蘭人來臺，才描繪出島嶼的番薯形狀。

被譽為16世紀「地圖雙雄」之一的荷蘭人歐特流士（Abraham Ortelius），在1570年刊行了《東印度群島圖》，從左頁局部圖上所見的「臺灣」，可用「渾沌未開」來形容。原圖下方的一條細線為北回歸線（Tropicus Cancri），線之北綿延二千公里的「東亞群島」，與日本連接。群島由南至北幾個島名分別為：Lequio minor（小琉球）、Reix magos（八重山）、福爾摩沙（ÿa Fermosa）、Lequio maior（大琉球）。更早之前的1554年，葡萄牙製圖家羅伯歐蒙（Lopo Homem）以Fremosa來標示一個疑似臺灣、又不像臺灣的島嶼，但它卻成為「Formosa＝臺灣」的開端；同一時代的中國海圖多以「小琉球」或「琉球」來標示臺灣。歐特流士將Fermosa、小琉球兩種認知系統兜在一塊，「東拼西湊」，地理資訊之紛雜紊亂可見一斑。這一點不足為奇，比這幅圖晚40年（1609年）刊行的明朝地圖《三才圖會》，日本、大琉球、小琉球、澎湖被畫為緊鄰的四島，其中小琉球（臺灣）、大琉球（琉球）面積都比日本大很多，日本面積則與澎湖差不多！約1613年刊行的《四海華夷總圖》，以中國、印度為世界的中心，福建東南方有大琉球、小琉球，無法判斷何者為臺灣；世界的邊緣，還有長臂國、小人國、穿心國、無腎國等「國家」。

■1554年葡萄牙人繪製的海圖，在北回歸線以北，畫了一個像變形蟲的島嶼，標註為 Fremosa，疑似臺灣，它是「Formosa＝臺灣」的起源。

◀1570年荷蘭人歐特流士繪製的《東印度群島圖》局部，臺灣位於朦朧的東亞群島。圖中的 Fermosa 與小琉球皆無法判定是否即指臺灣。

琉球、大琉球、小琉球迷蹤　約在1500-1620年代期間，中國海圖對於大琉球、小琉球、琉球三者經常含混不明，大、小琉球的位置忽南忽北，莫衷一是；西方海圖對於Lequio maior（大琉球）、Lequio minor（小琉球）、Lequio（琉球）一樣混淆。歐洲人航海家、海圖繪製者初到亞洲，不可能到處周詳測繪，也參考亞洲人的傳統海圖。例如，1512年葡萄牙滅麻六甲王國後，派船往東航行到香料群島、班達島，得到爪哇航海者給予的地圖；葡萄牙航海家德巴羅斯（João de Barros）的《亞洲旬年史》，提到曾經獲得中國地圖，圖上用中文標記山脈、河流、城鎮等，並有華人協助翻譯地圖內容。西班牙駐菲律賓第一任總督黎牙實比（Legazpi）試圖派修道士隨船前往福建招攬漢商，因執照問題未能成行，但漢人給了黎牙實比一幅廣東至寧波的海圖。[*2] 地圖情報的流通，使得大琉球、小琉球忽上忽下的混亂，也出現在西洋地圖上。1591-1593年間，西班牙人透過天主教道明會、漳州人處理的國書，都把菲律賓翻譯成小琉球，菲律賓總督寫信，自稱管轄地與臣民是「小琉球等軍民」[*3]，這是給複雜的「小琉球」添亂。1602年耶穌會傳教士利瑪竇繪

■臨摹自1602年利瑪竇《坤輿萬國全圖》的日本版《坤輿萬國全圖》（局部），將中文版原圖上的一個無名小島命名為「東寧」。

製《坤輿萬國全圖》，是中國第一張彩繪世界地圖，若依據圖上的畫長線（北回歸線）通過的緯度來看，此圖的「大琉球」是臺灣；其東北方有小琉球，西南方有一個無名島。後來日本人將《坤輿萬國全圖》摹繪、上色，逕自將無名島命名為東寧──這是鄭氏時期臺灣的名稱。

多島、三島形狀的臺灣　從16世紀末到1620年代，不少西方海圖逐漸將臺灣從群島改為三島形狀。1592年，荷蘭人繪製的東南亞海圖，臺灣是北、中、南三島組成，北島名為Fermosa，中島無名，南島名為Lequio minor（小琉球），*4 這是歐特流士的進化、簡化版，屬於「福爾摩沙＋小琉球」拼湊體。1621年荷蘭人Hessel Gerritsz 繪製的東亞海圖，將臺灣畫為北、中、南三島，三島統稱小琉球，因此，Lequeo Pequeno（小琉球）這一組字是拆開來，標示在三個島上，北回歸線通過中島，而南島之西有一個Pescadores（漁翁）群島，即澎湖，從相對位置看來，Lequeo Pequeno明顯是指臺灣，但古怪的是，北島的北方有一狹長的島嶼，稱為Formosa，這是「福爾摩沙＋小琉球」的另一種變體。

　　臺灣形狀、方位混亂不一的狀態，隨著東、西方航海經驗與相關知識的增進，渾沌漸開；被描述為一個完整島嶼，並有準確的地名標示之地圖，在16世紀末首次問世。

■左圖為1621年荷蘭人所繪製的臺灣島圖，三島合稱Lequio Pequeno（小琉球）。右圖為1627年英國出版的地圖中的臺灣三島，北島為Fermosa，中島為小琉球，南島無名。

第一張臺灣獨島地圖　有一種見解認為，臺灣第一張獨島形狀的地圖，是1625年荷蘭人諾得洛斯（J. Ijsbrandtsz. Noordeloos）駕駛船隻環島進行實地測繪，將臺灣清楚地繪成一島，臺灣的面貌首次清晰地浮現在世界地圖中。[*5] 不過，實際年代要往前推移30年。早在1575年，西班牙神父Martin de Rada在遊記提到Tangarruan（此字為東番Tang-hoan的對音）島，並記載云：東番是一個周圍334公里的大島，島上住著跟菲律賓島民相似的人群。[*6] 334公里這一數字顯示西班牙人對臺灣地理的掌握程度；1597年，馬尼拉的西班牙人藉由長期地緣關係，繪製一張《呂宋、福爾摩沙與中國局部圖》，這是有史以來第一張臺灣獨島形狀的地圖，臺灣呈完整大島，標名為Hermosa（讀音「艾爾摩沙」），島上並標記了兩個地名：淡水港、雞籠港。

　　1624年荷蘭人佔領臺灣之初，稱呼整座島嶼為「北港或福爾摩沙島」，1625年3月下旬，荷蘭人派遣新港號、北港號二船，進行環島測繪與偵察，完成第一張實地測繪的臺灣島圖，圖名為《北港圖》。1554年葡萄牙版變形蟲島嶼Fremosa，歷經70年的渾沌狀態後，島嶼的番薯形輪廓至此清晰浮現。

　　從1630年代起，荷蘭人繪製的多幅臺灣地圖，都相當程度反映了番薯形狀，但國際間地圖資訊的流通與認識仍有顯著落差，1714年法國傳教士馮秉正（Joseph de Mailla）等人來臺實地測繪，完成了精準的臺灣地圖；半個多世紀後，日本地理學者林子平繪製臺灣島圖，顯示1723年以前的行政區劃諸羅、臺灣、鳳山三縣，但島嶼的形狀卻十分怪異、離譜。無獨有偶，19世紀德國學者J. Klaproth為大不列顛暨愛爾蘭東方翻譯基金會（Orientale Translation Fund of Great Britain & Ireland）繪製的臺灣島圖，完全抄襲自林子平的怪圖，但圖上標示TAIWAN，卻是現代用法了。

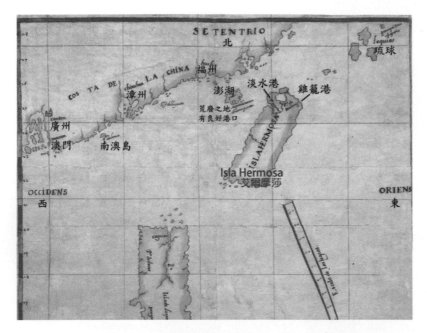

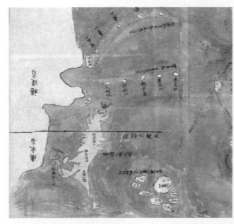

■1597年西班牙人繪製第一張臺灣島地圖，一掃西方海圖數十年來的迷霧，首次將臺灣畫為獨立一島。

■1625年荷蘭人繪製的《北港圖》，臺灣首次被呈現為番薯形狀的一個完整島嶼。（原地圖為橫式，臺灣北部在左。）

■1785年日本人林子平編寫的《三國通覽圖説》的臺灣怪圖。

誰在驚嘆美麗之島？ *1

福爾摩沙島的首都為臺灣（Tyowan），1635年荷蘭人從葡萄牙人手中奪走福爾摩沙；
荷蘭人同樣也被國姓爺擊退，荷船運載之金銀財寶遭其巧奪，分賞給士兵。

——1773年版《葡英雙語字典》Ilha Fermosa 詞條

說起「福爾摩沙，美麗之島」，人人琅琅上口，幾乎歷史教科書、各式文章千篇一律指出：16世紀葡萄牙船員航經臺灣海岸時，從海上遠眺，發現高山峻嶺、林木蔥鬱，不禁高呼：Ilha Formosa！意即美麗的（Formosa）島嶼（Ilha 讀作 'ila）。Formosa這個形容詞，從此轉性，成為西方人指稱臺灣的專有名詞。

　　遍查16-17世紀外文文獻，並無葡萄牙人驚嘆美麗之島的證據。絕大部分葡萄牙文獻指稱臺灣本島為Lequeo pequeno（小琉球）。1580年代，西班牙人的航海誌才出現As Ilhas Fermosas（美麗諸島）一詞，比葡萄牙人更明確地以Fermosa來指稱臺灣本島。

葡萄牙人統治臺灣？　近代初期（Early Modern）有關「葡萄牙與臺灣」的歐洲文獻，多少含混不清。荷蘭牧師法連太因（F. Valentyn）編輯的《新舊東印度誌》指出：葡萄牙、西班牙人比荷蘭人先到臺灣，並為臺灣命名。1773年倫敦出版的《葡英雙語字典》，設有Ilha Fermosa詞條，其釋文曰：「島上首都稱為臺灣（Tyowan），1635年荷蘭人從葡萄牙人手中奪走福爾摩沙。荷蘭人同樣也被國姓爺擊退，荷船運載之金銀財寶遭其巧奪，分賞給士兵。」二種知名文獻都無中生有，幫葡萄牙人統治了臺灣！

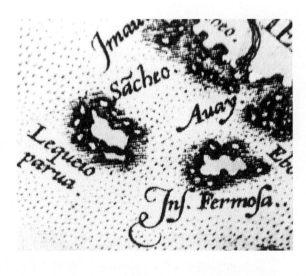

■1584年歐特流士繪製的中國地圖（局部）。與廈門、泉州兩地緯度相對應的有Fermosa、Liquio parua（小琉球）二島，無法判定何者為臺灣；其中 Fermosa 與葡萄牙羅伯歐蒙最早描繪的形狀一樣，像變形蟲。

◀1606年的《中國地圖》（局部）上，Fermosa 的緯度偏北，顯然是指臺灣東北的島嶼；Fermosa 的西南方有一串島鏈，最南端的橘黃色大島為Liquio minor（小琉球），也無法判定是指臺灣。

■1600年葡萄牙人繪製的東亞地圖（局部），這是歐特流士作品的翻版，紅色的北回歸線以北的東亞群島，由南至北分別標示：小琉球、三王島、福爾摩沙、大琉球。

目前所知，有幅1554年葡萄牙王室屬下傑出製圖家羅伯歐蒙繪製的海圖，把北回歸線以北一個狀如變形蟲之島嶼，標名I. Fremosa。[*2] 稍後，其子迪奧戈（Diogo）改正為I. Fermosa。這是葡萄牙文獻中最早有關Formosa的紀錄，也是臺灣與Formosa最早的淵源。一般研究者據此認為，葡萄牙耶穌會士約於1543年到日本，此後葡萄牙船隻從澳門航經臺灣前往日本，途中船長或水手記錄了臺灣這座美麗島嶼，歐蒙父子參考這些航海紀錄而標誌在地圖上。遺憾的是，16世紀葡萄牙遠東航海日誌原檔多已缺佚，難以佐證此論。

西班牙人的美麗諸島　有些論者認為，葡萄牙船員驚嘆福爾摩沙，應是荷蘭人林氏侯登（J. Linschoten）航經臺灣海峽時所寫下，但此一說

法同樣缺少佐證。不過，未曾來過東亞的林氏侯登，於1590年代將葡萄牙、西班牙祕密航海資料譯為荷蘭文，編輯成《東印度水路誌》，[*3]其中第32章有葡萄牙領航員描述：小琉球島的山極高，島的北東盡端岬角（hoeck）位於北緯25½度——臺灣極北富貴角為北緯25度18分，可證葡萄牙人稱臺灣島為小琉球；第36章記載：航經小琉球（臺灣），先往北，再往北東航行，翌日可看到Fermosa島的盡端。Fermosa是個「橢圓形、無人佔領（leech）之島，中間為破裂、沖刷（geschuert），像是空曠之地。」不久，看到位於Ilha Fermosa 東南東方的三王島（即宮古島）。這裡的Ilha Fermosa，指的是緊鄰臺灣本島北部之一島。第54章是1584年西班牙船長、著名航海家Francisco Gali在中南美洲、菲律賓、澳門、日本間的航海誌，提到As Ilhas Fermosas（美麗諸島）位於北緯21¾度——臺灣極南座標為21度53分，由緯度來看，這是臺灣本島。

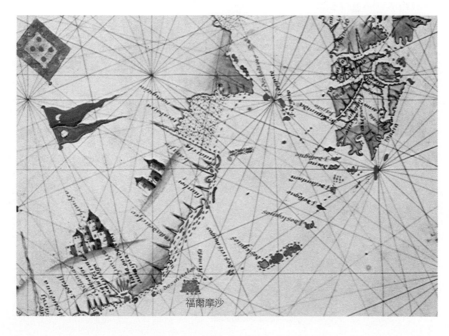

福爾摩沙

■1600年葡萄牙人繪製地圖中的Fermosa。葡人的海圖，Fermosa絕大多數不是指臺灣。

林氏侯登編譯的葡、西航海誌，不僅無葡萄牙船員「驚歎美麗島」，葡萄牙人所指的「福爾摩沙」，多是模糊地指臺灣北鄰之島嶼。西班牙人則是在1580年代形容臺灣為「美麗諸島」，明確地以Fermosa指稱臺灣本島。

福爾摩沙的定稱　1970年代，一部臺灣史的專著寫道：「葡萄牙人航經臺灣海峽，遙望臺灣，樹木青籠而美麗，乃譽之為美麗之島（Ylhas Formosa），於是臺灣之名，遂廣播於世，而啟歐人覬覦之心矣。」[*4] 此說出自撰寫者的想像與推論，卻成為「葡萄牙人驚嘆美麗之島」歷史敘述的起源，誠屬無中生有，積非成是。徵諸文獻，還原史實，釐清誤解，雖然少去一聲驚嘆，但並無損於吾人共同認知的「美麗之島」！

有鑑於此，教科書理應改寫。試擬其文，曰：

■1661-1662年荷鄭交戰期間荷蘭人繪製的臺灣地圖，圖上標示：北港（PAKAN），或福爾摩沙（FORMOSA）。

1554年，葡萄牙航海家在一幅世界地圖上，畫上一個像變形蟲的島嶼，標記為Fremosa；1584年西班牙船長航經臺灣時，首次在其航海誌形容這個島嶼為As Ilhas Fermosas（意為美麗諸島，Ilhas讀作'ilas），西班牙人後來繪製一幅地圖，將臺灣稱做Hermosa（艾爾摩沙）；1624年荷蘭人來臺以後，則改稱Formosa——福爾摩沙，從此成為西方世界對臺灣的定稱。

大灣、臺灣、埋冤？

1550-1620年代，臺灣史的「東番時期」，臺灣的對外關係相繼形諸於文獻，
島嶼、族群的面貌逐步浮現。首先要釐清的是，「臺灣」的名稱怎麼來的？
這個問題，混淆、朦朧至今四百多年……

■左圖為1691年於義大利刊行的《中國
福建與廣東省圖》的臺灣，上圖為1636
年刊行的海圖，二圖都將臺江內海畫成一
個大的海灣。

「臺灣」名稱的起源與演變，從中文文獻看來，十分多元、分歧。1617年成書的《東西洋考》說：「雞籠山、淡水洋，在彭湖嶼之東北，故名北港、又名東番。」可見當時尚無定稱。1636年刊行的一幅海圖《福爾摩沙、澳門、廣東地圖》（見前頁），將臺江內海畫成一個極大的海灣，早期漳、泉人士將這一帶稱為「大灣」，1622年荷蘭艦隊司令雷爾松（Cornelis Reijersen）來臺尋找港口，從舊安平港一帶進入臺江內海，看到一個大海灣，當地人告訴他，這裡叫做大灣，荷文有Tayouan、Teijouan等多種拼法，並理解Tayouan的意思是大的（grote）海灣（baai）。[*1] 提供資訊者顯然不是原住民，而是福建漳泉一帶的走私商人、海盜或漁民。大灣，在書寫上因區域性的口音差異而衍生出大員、臺灣、台員、大冤、埋冤等多種同音異字，1620年代末期以後，「臺灣」一詞脫穎而出，逐漸成為島嶼的通用名字。

■中國明代封舟圖。明世宗嘉靖時期的1534年，陳侃在出使琉球的報告提到，封舟船航經臺灣北部（小琉球）、雞籠嶼等島嶼，這是有史以來中國文獻首次「發現臺灣」的記載。

船體標記：插花、頭篷、大篷、神旗、尾送、神堂、將臺、神燈、兔朝牌

1550年代的小琉球

16世紀中葉以來，臺灣的中文島名，以小琉球、東番、北港三種最常見。大明帝國從1404年起，每逢琉球新王繼位，都派「冊封使」搭乘封舟船前往認證。自1534年冊封使陳侃以來，有多部專書記錄出使琉球事，各書大同小異，沿途航經小琉球、雞籠嶼、平嘉山（彭佳嶼）、花瓶山、釣魚嶼等島嶼，從各島間的航程、相對方位，「小琉球」指臺灣北部（1616年福建巡撫呈報倭情時說：「雞籠淡水，俗呼小琉球」），封舟船從福州開往琉球，兩地緯度相

近，直線東航可達，但船出港後偏南航行，以便借助諸島作為定位點，小琉球因此成為航線的定位點，接續就看到緊鄰的雞籠嶼、平嘉山諸島。1534年陳侃清楚地描述：「隱隱見一小山，乃小琉球也」，[*2] 可能是近代初期（Early Modern）中文文獻第一次「發現臺灣」。

1548年主持閩浙海防軍務的朱紈，督兵攻破浙江舟山雙嶼港，一名被俘虜的海賊供稱從「小琉球國開洋而來」[*3]，1554年徽州幫大海盜許二，侵擾廣東、走往日本，1555年浙江當局派鄭舜功去日本採訪倭情，同一年，許二「歸經小琉球，盜島木植，島夷殺之。」鄭舜功所繪地圖，在雞籠山之旁有小東島，注云：「小東島即小琉球」[*4]。大海盜在臺灣本島的北部偷砍樹，被島上住民追殺，這是近代初期中文文獻首次提到發生在臺灣或其附近的事件。

陳第〈東番記〉說，臺灣原住民「始皆聚居濱海，嘉靖末，遭倭焚掠，迺避居山。」嘉靖（1522-1566）末年，海商、海盜、倭寇縱橫於中國東南海域，一海相連的臺灣，無法自外於「海盜經濟圈」。福建巡撫塗澤民深知其癥結在海禁，乃於1567年（隆慶元年）上疏，「請開市舶，易私販為公販」，獲准在福建月港（海澄）開港通商。船商申請「文引」（又稱船引，出海執照），始可出海，自此，持有航海執照的海商、走私販洋通番者紛紛進出雞籠、淡水、北港。臺灣，由此逐步進入「歷史時代」！

1560年代末期，漳州人曾一本為閩粵海域頭號海盜，福建當局興師合剿，塗澤民向總兵俞大猷指出，澎湖、小琉球（臺灣及其附近）、倭國，皆為曾一本突圍逃遁之地，小琉球「可濟水米，夷人不從，彼惟自去自來。」[*5]臺灣可供應補給，但島民不肯從他做賊，因此曾一本出入臺灣及其附近，自去自來。

臺灣史的東番時期　1570年代，「東番」一詞開始見諸中文文獻。大海盜林鳳擾亂閩、粵、澎湖，被大明官兵追剿，逃竄到東番、魍港。同

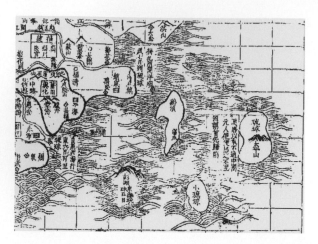

■明朝末年兵部編製《皇明職方地圖》之〈福建地圖〉（局部），雞浪（雞籠）與湛水（淡水）合為一島，此島不論形狀、緯度、名稱，及與彭湖（澎湖）、小琉球的相對位置，都呈紊亂不明狀態，可見官方對臺灣的認識之侷限。

一年代，西班牙神父以Tangarruan（東番）來指稱臺灣。[6] 東番之名，通用逾半個世紀。鑒於此一時期多數中文文獻，稱臺灣島為「東番」，因此本書以「東番時期，1550-1620」作為臺灣史之分期名稱（其後接續荷西時期，1624-1662）。

「北港」一詞，最早出現於1590年代的文獻，其後，西班牙人、荷蘭人等都用它來稱呼臺灣。1636年12月28日巴達維亞當局向董事會報告說：「我們對福爾摩沙又稱北港（Packan）反抗者的鎮壓大有成效。」極力避免福爾摩沙島住民，即北港人，取得荷蘭人武器方面的知識。此後，大多稱福爾摩沙，鮮見北港一詞了。1636年，大明兵部官員陳祖綬主持編製《皇明職方地圖》，在總圖上，將雞籠、澹水畫為一島，北港、彭湖畫為一島，但分圖〈福建地圖〉，變成雞浪、湛水為一島，彭湖為一島，卻不見北港，反而有個小琉球。[7] 從方位、形狀、地名之紊亂，足見明朝當局認識臺灣的程度。澹、湛、淡三字，漳泉音都讀作tam；籠、浪二字之讀音相近，都屬「同音異字」，可見在明朝崇禎時期，對於雞籠、淡水仍未有定稱。

大灣／大員／Tayouan → 臺灣　最遲在1600年代，臺江內海的港灣一帶，已有一個約定俗成的地名叫做「大灣」；1603年福州人陳第寫作「大員」；莆田人周嬰寫作「臺員」。大灣、大員、臺員，在漳泉人士看來，都是同音異字。日本人稱作大冤、大宛，連橫將清代人傳述的「埋完」，演繹成為「埋冤」，也是同音異字。大灣、大員最先是指臺江內海一帶，1620年代末期以後，崇禎朝官員的奏疏出現「臺灣」一詞，1650年代「臺灣」被用來泛指整個島嶼。1661年，鄭成功在臺灣開國立家，將赤崁城改名「東都」，作為大明的國都、京城（明京），鄭經改東都為東寧。東都、東寧皆指京城，不是指全臺灣，鄭經有時候稱臺灣為東寧，但1670年代與英國人簽訂通商條約，對方稱他為「臺灣國王」（King of Tywan）。1684年清朝設「臺灣府」，臺灣之名稱就此底定。

鏡山全集卷二十四

自萬曆甲辰歲求通彼時稅監高寀許之而其府臣子方興稅使爲難障南道沈公一中首使把總沈有容好却之及于近議屢欲求市我以爲賊痛趕之海至南公至于大剿歉伴而彼尚憨不畏死一心通市據在臺灣時時開入中左奧鄭之龍爲唇齒之交矣臺灣者其地在彭湖島外於夷人無所屬而我亦以彼海外區脫不問也今則紅夷入據其處茅刈當苫蓋家室此中國一大縣我中國窮民俱就其處耕作衍高腴可奸民莉中國貨物接濟之於是洋稅之利不歸官府而悉私之

■1620年代末期，明朝工部侍郎何喬遠在奏章提到，荷蘭人佔據臺灣，與廈門的鄭芝龍為唇齒之交，並指出臺灣是朝廷管轄不到的「區脫之地」。

大員、熱蘭遮城、普羅民遮

　福州人陳第以「大員」一詞，來指稱臺江內海的大海灣，音諧而義不協。「員」字與海、海岸、形狀等意象、意涵完全違和，從大員轉化為臺灣，就顯得十分斷裂、跳tone。

　同樣問題，也見於熱蘭遮城（Zeelandia），荷語Zee為海，land為陸地，Zeelandia意為海上城堡、海陸之城。事實上，Zeelandia是位於一個地名叫大灣（臺灣）的城堡、也是代表全臺灣的城堡，應叫它「臺灣城」，荷蘭人未被趕走之前，中國人已稱之為「臺灣城」、「王城」，現代將Zeelandia音譯為熱蘭遮城，與鄭、清時期的脈絡銜接不上，形成斷裂。1624年臺灣長官將赤崁命名為Provintie，這個字，意思是行政省

分。因此若譯為「赤崁省」，望文就能知義；但是音譯為普羅民遮／普羅文西亞，看起來像是一個城堡、一個地名或一個市鎮，不會想到它原來是一個行省。

這也是筆者一再主張荷蘭時期地方會議，四個區中的南部、北部，應稱為南路、北路，荷蘭時期建立了行政區的雛形，鄭氏有南路安撫司、北路安撫司之設，可謂「荷規鄭隨」。南路地方會議、南路安撫司，二者才能形成「歷史的連續性」。

再舉一例，1630年代全臺第一大村社Favorlang，譯名有：華武壠、費佛朗、法波蘭、法佛朗等多種。Favorlang所在位置，在新、舊虎尾溪流域之間，因此，將Favorlang譯為虎尾壠，歷史的脈絡就接上了。在荷西文獻的研究、解讀上，務求「本土化」，荷蘭人與西班牙人以羅馬字拼音、帶有異國風味的地名、社名與人名，到底是指臺灣何地、何人？有待我們一起來追究，唯有將文獻「接地氣」，才能活化歷史。（翁佳音）

臺灣島中文名稱的來源與演變（1534-1684）

名稱	出處	原文／說明
小琉球（1534）	陳侃《使琉球錄》	「九日，隱隱見一小山，乃小琉球也。十日，……過平嘉山、過釣魚嶼。」
小琉球（1555）	鄭舜功《日本一鑑》	「東渡諸海，結彭湖等島，再渡結小東島，一名小琉球，彼云大惠國。」
東番（1573）	曹學佺〈倭患始末〉	「潮賊林道乾勾倭突犯漳泉海洋，竄據彭湖，尋投東番。」
東番（1574）	《明神宗實錄》	「福建海賊林鳳自彭湖逃往東番魍港」
Tangarruan（1575）	西班牙神父 Martin de Rada	Martin de Rada遊記提到Tangarruan島，此字為東番（Tang-hoan）的對音
東番（1603）	陳第〈東番記〉	「東番夷人不知所自始……」
東番（1617）	《張燮集》第二冊《霏雲居續集》	海盜趙秉鑑「既謀攻郡縣，翻念安頓處所，莫如東番。」
東番（1617）	黃承玄〈題報倭船疏〉	警告日人明石道友：「汝若一旦戀住東番，則我寸板不許下海、寸絲難望過番」
東番（1626）	《明熹宗實錄》	海盜「鍾六為楊六併，亦屏息東番。」
北港（1589）	許孚遠〈海禁條約行分守漳南道〉	「又有小番，名雞籠淡水，地鄰北港捕魚之處，產無奇貨，水程最近……」

北港（1593）	《順風相送‧松浦往呂宋》	「小琉球雞籠頭山，巡山使上，用丙午六更，見北港、沙馬頭、大灣山。」
北港（1610-1620）	《東西洋航海圖》*8	此一海圖所繪製之臺灣，分為二島，北島名「北港」，南島名「加里林」
北港（1625）	荷蘭大副諾得洛斯	臺灣第一張實地測繪圖，名稱為《又名北港》
北港（1626）	臺灣長官德‧韋特*9	「福爾摩沙，又稱北港（Paccan）的居民，不認識神。」
北港（1636）	陳祖綬《皇明職方地圖》	「近時民多走北港、彭湖、淡水、雞浪四嶼……」
北港（1638）	《一般報告》	「極力避免福爾摩沙島住民，即北港人，從我們這邊獲得武器的知識。」*10
大員（1603）	陳第〈東番記〉	「起魍港、加老灣，歷大員、堯港、打狗嶼、小淡水……」
Tayouan（1622） Teijouan（1622）	荷蘭艦隊司令雷爾松	荷蘭人認知Tayouan/ Teijouan的意思是當地有一個grote（大）baai（海灣）。
大灣（1624）	沈鈇，上書福建巡撫	「紅夷潛退大灣，蓄意叵測……」
臺灣（1628-29）	何喬遠〈請開海禁疏〉、〈海上小議〉	「有地名臺灣者，故與我中國不屬，而夷人亦區脫之。」；「紅夷亦住臺灣，與我私互市。」*11
臺灣（1638）	工科給事中傅元初〈請開海禁疏〉	「海濱之民，惟利是視，走死地如鶩，往往至島外區脫之地曰臺灣者，與紅毛番為市。」
臺灣（1639）	吏科都給事中王家彥〈海寇疏〉*12	「閩省……窮民緣是走海如鶩。長子孫於唐市，指窟穴於臺灣，橫海鷗張。」
臺灣（1653）	大清平南王尚可喜致書臺灣長官花碧和*13	「平南王諭荷蘭國臺灣虞文礁律（Commandeur/ Gouverneur）管理北港地方等處事尼高勝氏攀直武祿（Nicholas Verburg）」
臺灣（1657）	楊英《從征實錄》	「臺灣紅夷酋長揆一遣通事何廷斌至思明啟藩，年願納貢和港通商。」
臺灣（1684）	大清帝國：臺灣府	※「臺灣」名稱底定。
臺員（約1660）	周嬰〈遠遊篇〉	「其地為蟒港、打狗嶼……沙八里、雙溪口、伽老灣、家哩林、臺員港。」
大冤（1688）	石川俊之《萬國總界図》	臺灣島呈橢圓型，島名「大冤島」
埋冤（1918）	連橫《臺灣通史》	「明代漳、泉人入臺者，每每為天候所害，居者輒病死，不得歸，故以埋冤名之。」 ※此説脱胎自清代李元春《臺灣志略》：鄭成功「惡臺灣之名（閩音呼似「埋完」），改稱安平。」
臺窩灣（？）		荷蘭文Tayouan、Teijouan，轉譯成日文：タイオワン，多出一個O（オ）的音；タイオワン再轉譯為中文，變成「臺窩灣」

福爾摩沙早期住民群像

1550-1620年「東番時期」，臺灣地理、族群的樣態逐步浮現：北部雞籠、淡水人好客，
金包里人是流浪的專業技工；南部原住民早已與漳泉、澎湖漁民商人往來、交易；
1610年代東番美食三味已在福建海澄打響名號⋯⋯

1604年陳第〈東番記〉這樣描寫東番（臺灣）原住民：「家有死者，擊鼓哭，置尸於地，環焜以烈火。」將往生者的尊體以火烘乾，舉行葬儀；1650年代荷蘭文獻說，在今臺南一帶的漢人，治喪時請哭喪女來代哭。這是閩粵漢人從中國古制「代哭之禮」演化而來的習俗；1726年荷蘭人François Valentijn描繪福爾摩沙人的祭儀場景（左頁圖），則與陳第所述的情節部分雷同，恰可相互印證。

　　1590年西班牙人在菲律賓留下的《謨區查抄本》（Boxer Codex），這份手稿中有75幅各地原住民的繪像，其中一幅描繪西班牙船員向南美洲原住民買魚，其穿著與早期臺灣住民部分相似，1550年代起，臺灣與外界接觸頻繁，島上的族群樣貌逐漸被外界所認識，臺灣住民之女性大多「微蔽下體」，男性相對開放，《東西洋考》（1617）說男子「裸逐無所避」，女性「或結草裙蔽體」；荷蘭人統治時，蕭壠社男子「坦然裸行」（1623）、放索社男子赤裸走路（1636）。[*1] 1550年代以來的東、西方文獻，逐步勾勒出東番時期臺灣住民的眾生相。

臺灣西南部原住民　　1550-1560年代（明嘉靖末年），倭寇焚掠臺灣，原住民避居山區，「始通中國」。1567年，大明帝國開放海禁，大約在這一時期，今臺灣南部的原住民，與海盜、倭寇、漳泉漁民及商人開始

■1590年西班牙文獻《謨區查抄本》的原住民畫像之一，描繪西班牙船員向南美洲原住民買魚的情景。

◀荷蘭人描繪福爾摩沙人（平埔族）在親人過世後，以火烘乾尊體、舉行祭儀的情景。

頻繁接觸。1574年7月，海盜林鳳率領「賊船六、七十號到魍港地方，……駕入四十里地名新港，劫取米糧，連與番人格鬥三日，彼此殺傷數多。」[*2]林鳳盤據魍港、洗劫新港社；8月間，新港社人出動三百多人，與福建水兵聯手合擊，林鳳見狀即遁往澎湖，所劫取的米糧不及帶走；11月間，林鳳再率眾打劫麻豆社，遭到北邊的棲林（二林）等社夾攻，被殺部眾五百多人，林鳳「以輕舟四五十號走西洋呂宋等國」。臺灣斯土斯民，以對抗海盜、倭寇的侵擾而踏上了歷史舞台。

　　1603年，大明浯嶼水寨把總沈有容率軍抵達大灣（大員），征剿東番海盜，隨軍來臺的陳第，撰寫〈東番記〉，對於臺灣原住民族的生活樣態、社會習俗、婚姻喪儀等作了全面概述，成為臺灣第一篇民族誌；1627年，臺灣第一位牧師、德籍的干治士（George Candidius）抵臺，向新港、麻豆、蕭壠、目加溜灣、大目降、大武壠等西拉雅村社宣揚上帝之道，來臺16個月後撰成一部民族誌〈臺灣略記〉[*3]。

　　〈東番記〉與〈臺灣略記〉同為17世紀初描述臺灣原住民的第一手文獻。依目前學界的分類，這一族群為西拉雅族（Sideia，今作Siraya）。干治士指出大部分族人「親切、可信、心地善良」，但是愛向人乞討。婦女主要負責耕種；男子40歲之前很少從事家計，「殆半為狩獵與戰鬥」，獵獲的鹿肉賣給漢人，或跟漢人交換衣物，「甫一射倒鹿隻，體溫猶存之際，即割

■1650年代荷蘭人達波（Olfert Dapper）所描繪的臺灣原住民，頭戴羽毛冠的是男性；頭綁布巾者為女性；圖右女子的腳旁有一頭豬。

其肉吞食而盡。」年輕男子的另一項任務是獵人頭，「一旦獲得頭顱，即擁有相當威權，倍受尊敬，十四日之內幾無人敢公開與他對話」。房子失火時，首先搶救的是這些戰利品。

村社各自獨立，無統治數社的國王或頭目；村社會議處理社務，「由12名適當男子組成，每兩年全部改選，被選任者，同為約40歲之年齡層。」社中大事，先在會議中議論；之後，長老在社眾大會為自己意見辯解，說服社眾接受。干治士描述，彼等口才便給，「狄摩西尼（Demosthenes）本人亦無如此口若懸河與豐富言詞。」狄摩西尼是西元前四世紀希臘演說家。村社會議監督族人的信仰慣習，因而形成某種刑罰制度，但非「監禁、鐐銬或體罰，罕用死刑，僅課以布匹或鹿皮、若干稻米，或一壺烈酒。」每歲有三個月全社族人必須全裸，若有違犯，「彼等神明便不賞賜雨水，稻穀會在田園中腐壞」。在稻穗將熟或稻株長大期間，村社會議監督族人「不得醉酒；不得食糖、檳榔等物」。其他罪行如：竊盜、殺人與姦淫

■達波描繪的17世紀臺灣原住民的房屋，以竹、木材料建構，屋簷下垂掛貝殼、獸牙等裝飾品。

等，並非由會議執行懲罰，慣例是由個人直接求償與報復。

男子20歲前不得結婚，若中意某位女子，請母親之姊妹、堂表姊妹或其他女性親友，攜帶聘禮至女子家示意，「若女方歡喜，則留置禮品；無婚禮或喜宴，翌日晚，男子便可與她同寢。」已婚女子37歲（按：此一年紀有爭議）以前不得懷孕，若懷孕，由尪姨施行墮胎。老人甚受年輕人尊敬，「路上相遇，年少者稍讓於路旁，背對老者俟其經過。」死者不入土，將遺體用火烘乾後，放置在家中的架上30年之久。

一切宗教信仰，全由老人口耳相傳給子孫。他們有不少神明，但有兩位主神：一名Tamagisanhach，為創造人類、使人類俊俏美麗之神；一名Sariafingh，是作惡之神，讓人變醜，滿臉痘花；他們祈求美麗之神抵擋作惡之神，訓斥祂、懲罰祂。

　　有女性祭司尫姨（Inibs），無男性祭司，女性祭司尫姨召喚神明時，渾身激動進而陷入混然無我狀態。尫姨能預卜晴雨天候與人生運命，能驅邪除魔，手中揮舞「日本短刀」怒驅惡靈，使其溺斃於水中。

　　干治士所撰〈臺灣略記〉，對西拉雅族先民形象有深刻的描寫，是第一手的臺灣民族誌，部分內容可與〈東番記〉相參照或互補。

臺灣北部馬賽族：金包里人、沙巴里人、三貂人　依學界的族群分類，近代初期北部臺灣的原住民為「凱達格蘭族」；荷蘭、西班牙、清代中文文獻指出這個族群自稱馬賽人（Basayer）。

　　17世紀中葉荷蘭的戶口調查，馬賽族（Basay）大致分為三個村落群：1.沙巴里人（Taparri）或淡水人；2.金包里人（Kimauri或Quimaurri）；3.三貂人（St. Jago）。此外，還有尚待進一步確定族群

■1590年《謨區查抄本》所描繪之雞籠人（左圖）、淡水人（右圖）畫像。雞籠人使用標槍叉魚，淡水人擅長射箭。1582年葡萄牙船隻在北臺灣發生船難時遭到搶劫，右圖以塗上金飾的頭骨來強調原住民的馘首行為。

歸屬的臺北平原武勝灣、里族；淡水河南岸的八里坌（Parihoon）、稍南之Baritschoen（或Baritson）人。[*4]

　　近代初期北臺灣原住民與外來族群接觸頻繁者，首推馬賽族。馬賽人懂得計算、富語言能力、操舟航行於近海、漸有貨幣交易、因交易而形成交易圈與交通圈。[*5] 1582年一艘葡萄牙船從澳門航往日本途中遭遇暴風，於7月16日晨衝撞到臺灣本島的蠻荒海岸，可能在淡水河口右岸一帶。搭載的船員登陸後，當地人一度駕駛以藤條（raízes como vimes）綁成的筏，載著米（aroz）、匏瓜（abobora）、無花果（figos）、鹹肉（carne salgada），甚至可能是熊掌等來與他們交易，但因溝通不良，或猜忌而失控，互有殺傷，遂不再往來。[*6] 1584年西班牙人傳聞，北部原住民駕舟到中國沿海交易鹿皮、小粒金等物。西班牙據臺後的資料顯示：沙巴里人、金包里人幹過海盜。17世紀初的《東西洋考》指出：「淡水人貧，然售易平直。雞籠人差富而慳，每攜貨易物，次日必來言售價不準，索物補償」。稍後的西班牙文獻指出，金包里人（Quimaurij）與沙巴里人（Taparri）原住在雞籠海灣內，當過海盜、巧於工藝；當各村社相互交戰時，唯獨這兩社與其他村社友善。清初郁永河《裨海紀遊》記載：金包里人比較精明，「人性差巧，知會計，社人不能欺。」

　　當時北部臺灣的交際語（lingua franca），除本地馬賽語，尚有漳泉語、葡萄牙語等。1632年西班牙神父耶士基佛（Jacinto Esquivel）報告說：兒童在短期內便學會西班牙語，包括髒話；有些成人能操一口包括髒話在內的流利西班牙語。據荷蘭資料，金包里人自稱男女老少都懂西班牙語，但三貂角人只懂得一點點。金包里人還通北部臺灣8個村社語言，但其他村社相互之間只聽懂部分。

　　1620-1630年代西、荷文獻顯示：淡水人與金包里人懂得硫磺等物的價格與獲利。因漢人要求原住民與西班牙人交易時索取銀兩，再用銀兩向漢人購物；金包里人也教淡水人使用銀貨，導致西人來臺初

期銀貨缺乏。1640年代以後，噶瑪蘭原住民與荷蘭人交易，甚至賣子女給荷蘭人當奴僕，「通常13歲的青少年，一個賣10個荷蘭銀元（rijkdaelder）」。

金包里以漁獵、製鹽，為其他村社造弓箭、刀斧、衣服，以及建造房屋為生。西班牙人觀察，金包里有4-5個村落，總人口約600人，多為手工匠（craftsmen），而非農夫，且被形容成具有狡猾、譏刺的性情（crafty and satirical）。耶士基佛的報告說：

這群人不耕種也不收穫，生活得更像遊牧民族（nomads）或Sangleys（生意人）；行走於一個村子到另一個村子之間，為村人修理房子、弓箭、衣服和手斧。因為不耕種，所以他們到各個村落去購買稻米、玉米做為食物。換句話說，他們以打漁、狩獵、製鹽、弓箭、房子、衣服和刀子等維生，而不像其他土著一般種植。

位於北海岸的沙巴里人，有2-3個村落；其中一個村社，往往像海盜般對付受難的船隻，故西班牙人稱當地為惡魔角（Punto Diablo，意為魔鬼岬角，今野柳），而且金包里人的足跡已經抵達淡水河口。

南部中國人／漢人　1567年（隆慶元年），大明國開放海禁，船舶從福建前往東番，需申請「文引」。依法前往北港（臺灣，或臺灣西南部）、雞籠、淡水的商船，以及走私商人，開始頻繁地與臺灣接觸、交易，另有「貧民時至其地，規魚鹽之利，後見兵威不及，往往聚而為盜。」[*7]

1574年，海盜林鳳竄逃至魍港，劫取新港社原住民的米糧，澎湖漁民劉以道、郭太原等人在東番捕魚、交易，諳曉番語，因此向福建官府通報。官府命劉以道為通譯，偕同水兵前往新港社，共商合擊海盜。[*8]從這一事件看來，澎湖漢人在臺灣西南部活動已有一段時日。

1603年〈東番記〉云：「漳、泉之民，充龍、烈嶼諸澳，往往譯其語，與貿易……」充龍隸屬泉州同安縣積善里。「充龍社」漢人移居臺

■鄭氏時期臺灣的漢人家庭生活。荷蘭人達波描述,漢人家庭中的女性,吃飯時不與男性同桌。男子若無結婚對象,則花錢購買女子來成家。

南、高雄一帶,有歷史脈絡可尋。他們來臺交易,「譯其語」,因而居住下來,傳衍後代。

1611年日本耶穌會士的一份報告指出:臺灣原住民敵視外國人,卻允許漢人居住,因漢人有納「貢物」;同時期,姚旅撰《露書》亦云:「捕魚逐鹿者入其境,必分贈甲長土宜」;[*9]《露書》另有一則東番美食的記載:「鹿筋、烏魚子、鰻魚胗,最佳味,而海澄最多,皆來自北港番。」海澄是明末中國對外貿易的門戶,臺灣美食在這個港市闖出名號,當非一朝一夕。

荷蘭人1624年從澎湖撤至大員,活躍於該地的漢人已建立大型聚落;兩年後西班牙人繪製的大員地圖有「漢人漁民、賊仔居住區」,約5,000人,如實地反映出漁民、海賊雖然樣態互異,卻又聚為一體。

相對於「定住型」的聚落,另一類為「移動型」住所,福建巡撫劉堯誨〈報剿海賊林鳳疏〉提到「林鳳等賊業已登埒柵營而處」。海盜屢遭追剿,故柵營為屋,聞風而動。1624年前後,顏思齊、鄭芝龍來臺,

在魍港等地活動，荷蘭人的公司日記、長官書信無一語提及顏、鄭屯墾或建立聚落事，卻多次詳載顏、鄭率船隊懸掛荷蘭親王旗劫掠於海上，兩大勢力應與林鳳一樣「柵營而處」，並非定住。

北部中國人／漢人 1550年代奉派赴日偵探倭情的明朝人鄭舜功，在其著作記載：1554年海盜許二侵擾廣東、走往日本，次年返航時「歸經小琉球，盜島木植，島夷殺之。」書中附圖雞籠山之旁有小東島，注云：「小東島即小琉球，彼云大惠國。」[*10] 學者指出，有一段時期，「小琉球」用來指稱臺灣北部或琉球群島的奄美島，及至16世紀中葉，逐漸以「雞籠山」或「雞籠嶼」取代「小琉球」來指稱北部臺灣。[*11]

約於16世紀末，浙江吳興人慎懋賞寫道：「雞籠國、淡水國，俱出硫黃，杭人販舊破衣服換之，俱硫土載至福建海澄縣。」[*12] 1597年西班牙探險家科羅內爾（Hernado de los Rios Coronel）主張在福爾摩沙佔領一個港口，他向國王呈上一份報告，說明雞籠港口東北有300名住民，有

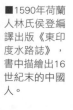

■1590年荷蘭人林氏侯登編譯出版《東印度水路誌》，書中描繪出16世紀末的中國人。

中國貿易船往來。1610年代《東西洋考》指出，漳泉商人來交易時，雞籠、淡水人若與他們認識，就會熱情邀來招待，「踴躍延至彼家，以酒食待我，絕島好客。」

在西班牙來臺（1626年）之前，淡水的沙巴里人已出售硫磺給漢人；中國官員也來購買。荷蘭人佔領雞籠後，仍有未持執照的漢人到淡水載運硫磺、伐木，其中包括福州官員的船隻。清初（1697年）郁永河來臺採購硫磺，都是這一交易圈的延續。

西班牙人來臺後，北部臺灣開始有漢人構屋定居、形成街市。佔領初期，天主教神父即在漢人市區（Sangley parian）為馬尼拉來的漢人（Maieles Chinos）、漢族生意人（Sangley）建立一座教堂與宣教師的住屋，地點位於今基隆市仁愛區內；在今日和平島的福州街，或許亦有漢人市區。

西班牙文獻提到：漢人在里族（今臺北市松山區一帶）建立一個小市區（Parian），將有漢人去墾耕、種蔗。1642年荷蘭人趕走西班牙人後，與淡水附近及里族村社交易，有甘蔗一項，似已種植有成。1654年荷蘭人繪製的地圖，在淡水紅毛城附近（今油車口一帶）標記漢人區（Chinese quartier）；綜合中西文獻，可知北部臺灣的原住民並不排斥漢人定居；進而言之，戰亂與統治者的更替，漢人未必就會遷逃廢村，其聚落仍有可能繼續存在。

今三芝的八連（Pat-liân）溪、汐止「叭嗹港」等地名，都在清初行政區八芝蘭堡轄內或附近。八芝蘭（或八芝林）地名，音Pat-che-nâ，或Pat-chi-nâ、Pat-chian-nâ，向來被解為原住民語「溫泉」之意，已有學界指出此說不可靠。換一個視角來看，東南亞的爪哇、呂宋二地有幾個與「八芝蘭」同名的地名，此語源自馬來亞語的Pêchinan（印尼語Pecinan），意指漢人市區。[*13] 由是，推斷八芝蘭的地名，起源於近代初期該地區有漢人聚落，似比臆測之說更有關連性。

臺灣第一站——魍港

魍港曾是「臺灣第一站」，港口繁忙、海盜進出。
荷蘭人在此設立海關，徵收鹿肉出口稅；
一艘貿易船在港灣沉沒，意外掀起了臺灣史上第一樁撈寶熱潮。

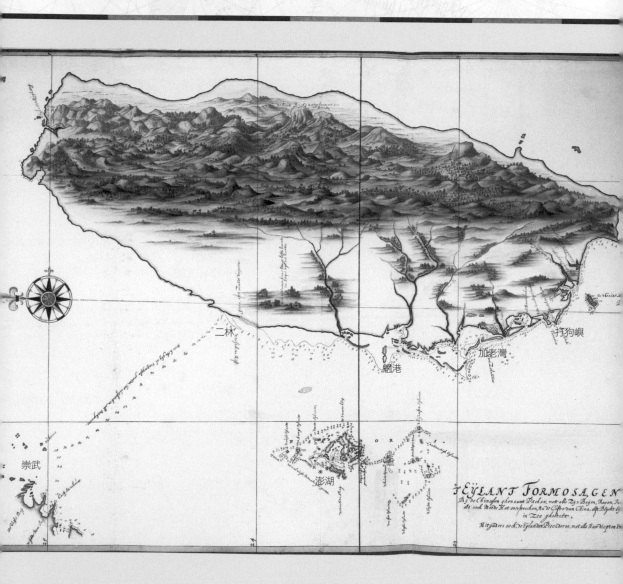

早期中文文獻提到臺灣的地理，都從魍港說起。1603年〈東番記〉說：臺灣「居彭湖外洋海島中，起魍港、加老灣……」；1617年《東西洋考》說：「東番，人稱小東洋，從澎湖一日夜至魍港，又一日夜至打狗。」

　　時序往前推移三十年，1574年間，海盜林鳳遭大明總兵胡守仁追擊，「自彭湖奔東番魍港」；翌年，林鳳再犯閩、粵，「而留船於魍港，為窟宅。」[*1] 這是文獻上最早關於海盜入據魍港的記載；當林鳳盤據時，有一批在魍港一帶捕魚及交易、能「譯其語」的澎湖人，早在魍港出入活動。最遲在16世紀中葉，魍港應已成為南部繁忙的港灣，漳泉人士、臺灣原住民操舟往來，從事採捕與交易；每年冬季從福建來的捕烏魚船，穿梭於魍港與南部海岸。

臺灣第一站、第一港　　1624-1625年間，顏思齊、鄭芝龍來臺，以魍港為主要根據地。1628年鄭芝龍被福建當局招撫後，其子鄭成功從1643年起每年從廈門派船來魍港，向當地漁民徵稅；[*2] 荷蘭人尚未來大灣（大員，今安平）以前，魍港是臺灣第一港；1644年荷人繪製的魍港圖，在麻豆溪出海口的陸地、沙洲共標示三個漁村，可見其發展盛況。

　　1625年，荷蘭人派船長諾得洛斯率領新港號、北港號篷船（戎克船），進行環島偵查、探測，完成了第一張將臺灣描繪成一個完整島嶼、番薯形狀的地圖，圖上清楚標示了魍港（Wankan），位在大員以北7荷里（1荷里約等於7.5公里），大約在今臺南市北門

麻魍港水道及入口圖

麻豆溪出海口

竹林

航道

三兄弟嶼

漁夫汕

農夫穀倉

■17世紀荷蘭人測繪的魍港水道圖局部。位於麻豆溪出海口的魍港，是荷蘭時代十分重要的軍事據點與貿易港口。

◀1630年代荷蘭人芬伯翁（Johannes Vingboons）繪製的臺灣暨澎湖群島地圖。魍港是16-17世紀臺灣南部門戶，重要漁港、交易據點、軍事重地。二林是另一重要港口，與福建崇武間是早期的對渡口岸。

區一帶。

魍港附近有一個石灰島，可燒製石灰，供應熱蘭遮城（臺灣城）、大員市鎮（臺灣市鎮）大量需求的建材。1634年3月間，海盜劉香率領一百多艘篷船，從澎湖傳信請荷蘭人讓他的艦隊來魍港維修，又請求賣他大砲、砲彈與火藥。臺灣長官普特曼斯（Hans Putmans）予以拒絕，並嚴加戒備；4月初，劉香派600人攜帶特製雲梯攻打熱蘭遮城，遭到擊退。為加強防禦，1635年魍港建造菲力辛根堡（Vlissingen），高32呎，基地40平方呎，地下深15呎，位於麻豆溪口的一個島上，旁有一個漢人漁村。1638年臺灣當局以荷文、中文公告：凡從福爾摩沙銷往中國的鹿肉，必須在魍港或大灣（大員）由檢查員過秤、徵收什一稅後，始得裝船出港，[*3] 魍港成為公司的兩個海關之一。

第一樁沉船打撈　菲力辛根堡完成後，海流、風浪、豪雨連年肆虐，整個南風季節（5-9月）都要動工維護，1644年碉堡在漲潮時已被海水淹沒。翌年，長官卡隆（François Caron）選定新址興建新堡（仍稱菲力辛根堡），並在碉堡對岸造一座砲台。巧合的是，卡隆1646年卸任搭乘平底船Joncker號返回巴達維亞，翌年10月，Joncker號從長崎開往臺灣，在魍港附近沙洲發生船難，70名船員僅15人生還，載運的75箱白銀、數百箱銅條全部落海。[*4] 中國人長老聞風而來，請求自費打撈，臺灣評議會同意他們：每撈到15箱銀，分給1箱；每撈到10箱銅，分給1箱。魍港撈寶熱從此登場，一切在荷蘭士兵監督下進行，七、八年間鍥而不捨，陸續共撈獲七、八批，1654年9月底最後撈出兩門鐵砲、一個荷蘭錨、若干銅條，臺灣史上第一樁沉船打撈終於結束，[*5] 沒撈起的約9箱銀、上百箱銅，永遠埋入魍港海底。

1655年，長年堆積的沙丘已與新蓋碉堡南面的稜堡一樣高；翌年10月，強颱挾帶暴雨肆虐臺灣，各地災情慘重，菲力辛根堡地基外露，對面的砲台被吹垮；漢人漁村的房屋、漁網全都流失，許多婦女、孩童淹死。今民間傳說魍港天妃宮在荷蘭時期遭遇洪水，士兵將媽祖神像迎至

碉堡保護。

　　強颱過後半年，菲力辛根堡倒塌；1661年巴城總部否決臺灣當局在魍港修復圓堡、新建崗樓的提議。鄭成功來臺後，親臨蚊港（魍港、蚊港，閩南語同音）巡視，但鄭氏時期無力投入維護蚊港工程。1683年鄭克塽降清所獻的臺灣地圖，此地名為「莽」港；[*6] 入清以後，水師汛塘駐守蚊港，1720年代「港面甚闊，大小船具可泊。自此以南至麻豆港，皆此港支分。港北設網寮捕魚。」[*7] 荷蘭人興建的「青峰闕砲台」已是當代知名古蹟；清初臺灣南部出產蔗糖、稻米，鄰近蚊港的鹽水港街快速發展成重要街市，雍正年間，水師中營增設一名千總，駐紮鹽水港街，後又將佳里興巡檢移駐於此，[*8] 蚊港逐漸失去軍事、商業機能。約在1800年代，倒風內海受到八掌溪、急水溪的河沙淤積、港灣填塞，蚊港退縮成為小港，曾是「臺灣第一站」的魍港，結束了輝煌年代。

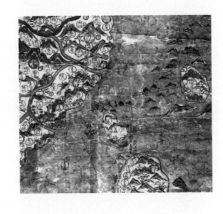

■明代《東西洋航海圖》中的臺灣，島上只標註兩個地名：北港、加里林。

臺灣西部要港二林

另一要港二林，中文文獻有加哩林、加里臨、樓林等寫法。2008年在牛津大學圖書館內重新發現的《東西洋航海圖》，約完成於萬曆年間（1566-1602）或稍晚，[*9] 此圖之臺灣，只有北港、加里林（即二林）兩個地名。1574年，二林人、麻豆社人合力擊退海盜林鳳。荷蘭時代，二林、福建崇武（Samboeuw）之間有一條航路，沿線一路標記水深，顯然兩港之間已有船隻往來。1630年代全臺第一大聚落虎尾壠，有兩個主要亞族，一族自稱Tern，約在今西螺一帶；一族自稱Tackey，即漢語二林。荷蘭時代的二林是鹿皮集運地之一，1638年從二林運往大灣（大員）的鹿皮多達2萬張。[*10] 但從二林至魍港間的海域，也是海盜活躍的領域；1636年臺灣長官普特曼斯向東印度總督的報告提到，西班牙人的宣教工作，已推展到二林一帶。

東番海盜忙進忙出

16世紀是海盜、倭寇的時代，閩粵、澎湖、東番等地是海盜生活圈。
1620年代，荷蘭人、西班牙人、李旦、顏思齊、鄭芝龍等都當過海盜。

■明嘉靖年間畫家仇英作品《倭寇圖卷》（局部），描繪水師與倭寇接戰的場景。

　　中國明代文學家馮夢龍在《醒世恆言》描寫倭寇抓百姓、抗官兵的一幕：「其男子但是老弱，便加殺害；若是強壯的，就把來剃了頭髮，抹上油漆，假充倭子。每遇廝殺，便推他去當頭陣。官軍只要殺得一顆首級，便好領賞。平昔百姓中禿髮癩痢，尚然被他割頭請功，況且見在戰陣上拿住，哪管真假，定然不饒的。」十分生動地呈現倭寇、官兵之間矛盾共生的關係。

　　明世宗嘉靖（1522-1566）年間，中國東南沿海成為海盜淵藪，海盜、倭寇連年侵擾，永無寧日，加上海禁政策雷厲風行，罷禁市舶、封鎖港口，商家與民眾生計無著，紛紛下海為寇，福建籍官員謝杰說：「寇與商同是人，市通則寇轉為商，市禁則商轉為寇。」*1

倭寇建構的「海盜經濟圈」 從13世紀起橫行東亞海域的「倭寇」，源自日本武士、浪人，正牌倭寇「髡首鳥音」，臨陣時「不甚別生死，每戰輒赤體提三尺刀，舞而前，無能捍者。」[*2] 到了15-16世紀，朝鮮、中國的文獻都提到本國人假倭寇之名掠劫海上。嘉靖年間，「真倭十之三，從倭者十之七」，穿梭於閩粵、澎湖、東番（臺灣）的海賊多半為冒牌倭寇，明朝官員鄭曉指出：凶徒、逸囚、罷吏、黠僧，及衣冠失職、書生不得志、群不逞者，都成了海盜的耳目。曾任琉球冊封副使的謝杰更言「海濱人人皆賊」，沿海民風強悍，1548年福建按察司巡視海道副使柯喬在奏報中提到：「漳州府龍溪縣月港地方……，其俗強狠而野，故居則尚鬥，出則喜劫，如佛郎機、日本諸夷。」[*3]

福建同安縣令曹履泰（1625-1629）提到海盜有兩大收入：搶劫、勒索，「隨意出沒，拿人報水不絕。」報水，即強收漁船保護費；曹履泰又云：「賊（鄭芝龍）聞外洋有番船，遂率諸船出外劫掠，而內地仍有賊哨，乘潮往來各港，令人報水。」[*4] 由於賊勢甚熾，各地船民往往插旗從賊，董應舉《崇相集選錄》說：「李魁奇、鍾六、劉香入犯，動百餘艘，而其地之有船者，往往買其旗號，附之而來，……所至登岸搶掠。」海盜不僅仗勢壓境，其「鳥尾船」更有四層防護：「一破網，一生牛皮，一溼絮被，一週迴懸掛水甕。」[*5] 因此槍不能入，火不能燒。

四處打劫的閩粵海盜，則向更大的海上勢力靠攏。1623年一股海盜

■從上圖可見《倭寇圖卷》描繪的倭寇模樣。下圖為仇英的另一幅作品《抗倭圖卷》，描繪三名僅穿著兜襠布（丁字褲）的倭寇被俘的情景。

遇上荷蘭Groeningen號與Engelssen Beer號，要求懸掛荷蘭的三色旗，遭到船長邦特庫（W. Y. Bontekoe）拒絕。荷蘭人佔領臺灣後，反過來邀賊入夥，顏思齊、李旦、鄭芝龍乃紛紛靠行。

倭寇海盜猖獗，癥結之一是背後龐大的「海盜經濟體」。倭寇一來，動輒數百、數千人，後勤補給、據點、通路、情報網路等缺一不可，明朝浙江抗倭官員萬表描述：「杭城歇客之家，明知海賊，貪其厚利，任其堆貨，且為之打點護送……；近地人民或送鮮貨，或饋酒米，或獻子女，絡繹不絕。」[6]官與盜也是水乳交融，邊境衛所的官員，遇到海盜頭子王直，「則拜伏叩頭」。倭寇、海盜、官兵、百姓合成一個利害共同體。

東番海盜／海商逸事　1555年和1563年分別有徽州海盜許二、漳州海盜曾一本登陸或進出臺灣的記載；自1567年明朝開港以後，到1635年鄭芝龍擊滅劉香這一段期間，倭寇、海賊、走私商人往來臺灣絡繹不絕。各路海盜形形色色，橫行於1566-1573年間的潮州海盜林道乾，文獻傳說他來臺「恣意殺戮土著，取人血造船」；另有文獻說他「左右諸女郎皆能校讐書史，舟中女樂數部。」[7]以及「掘墳墓、淫人妻小、蠶食人田土」[8]；海盜劉香（人稱「香老」）生財有術，將人擄上賊船，再逐一發出贖票，叫家屬憑票贖人，福州府當局形容他是「真天地幻生之魑魅，人世未有之窮奇。」[9]

1574年8月間，潮州籍海盜林鳳，入新港社搶劫米糧，與原住民格鬥三日，彼此殺傷甚多。興泉兵備道命「通曉番語」的澎湖人劉以道帶領水兵前往新港社，約定共擊海盜，在返航時碰上林鳳，以火器攻擊，新港社也派三百多人助戰，林鳳遁往澎湖；11月中，林鳳又率眾打劫麻豆社，被棲林（二林）等村社夾攻，折損部眾五百多人。[10]

1603年1月21日，浯嶼把總沈有容率軍至東番擊潰海盜，停泊於大灣（大員），這是大明官員首次踏上臺灣；其後，福建當局鑒於北港

（臺灣）屢有倭寇生事，曾有派遣數百人屯田之議；福建右布政使沈演，鑒於海盜林錦吾在北港招攬日本商人，而擬「移檄北港詰問」。此之「移檄北港」，與1555年兵部回覆胡宗憲「令巡按衙門移檄日本國王，責問何人倡亂」、1603年福建巡撫徐學聚「移檄呂宋」詰問西班牙人屠殺華人、1624年沈鈇建請福建巡撫移檄「暹羅島主」請其諭令荷蘭人勿盤據大灣一樣，是將臺灣視同外國、外夷。

1617年，漳州書生趙秉鑑，自稱宋代皇室後裔，聚眾謀反，以東番為根據地，收攬海盜沈國棟、楊鐘國；廈門把總林志武、澎湖把總方輿兩人也「棄職來歸」。趙秉鑑並且在赤嵌築城，這是最早關於赤崁築城的文獻。[*11] 1619年漳州海盜李新稱王（「僭號弘武老」），率領徒眾千餘人流劫焚燬，勢甚猖獗。[*12]西班牙文獻說，本年有「中國王」（rey de China）率領80艘船

■1636年《皇明職方地圖》之總圖，特別標明沿海幾股海倭（海盜／倭寇）的根據地，海倭在官修地圖上佔有一席之地，可見其根深柢固、聲勢之龐大。此圖將雞籠澹水（淡水）畫為一島，北港、彭湖（澎湖）畫為一島。

劫掠西班牙神父B. Martínez。[13]

　　1617-1624年間，持有德川幕府發給的「朱印狀」，往返日本、高砂國（臺灣）貿易的平戶商人李旦，人稱Captain China（中國甲必丹），原為呂宋華商（中文文獻稱之為：遊棍、巨寇、海賊），與肥前國平戶藩主松浦隆信、英國的平戶商館館長考克斯（Richard Cocks）結交，還讓考克斯當自己女兒Ignacia的教父。其在大員一帶經營有方，1624年8月，應荷人之邀赴澎湖為明、荷衝突斡旋，促成荷蘭人撤至臺灣。1626年其子李國助被荷蘭人指控在大員擅發捕魚證、課徵什一稅。

　　李旦手下有兩號人物：顏思齊、鄭芝龍。鄭芝龍受李旦之推薦，1624年初從日本抵達澎湖，擔任荷蘭艦隊司令雷爾松的通譯。[14] 同年7月，亡命日本的漳州海澄人顏思齊（Pedro China），受到日本的唐人推舉為盟主；9月，顏思齊從日本來臺，「安設寮寨，撫恤土番。然後整船出掠，悉得勝焉，故閩浙沿海，咸知思齊等踞臺橫行。」[15] 這一年年底，李旦、顏思齊被荷蘭人招攬，合夥去菲律賓沿海搶劫船隻。李、顏相繼於1625年8月、10月去世，鄭芝龍隨即接收二人的船隊、部眾，懸掛荷蘭的親王旗行搶，打劫所得與荷人平分。[16]

■仇英《倭寇圖卷》上的倭寇形象。文獻上說，倭寇憨、勇、不怕死，「赤體提三尺刀，舞而前，無能捍者。」

　　明末中國東南海上有三大集團：江浙皖海商（王直、許棟等）、閩廣海商（林道乾、林鳳等）、鄭芝龍南安安平海商，彼此各擁勢力，利害關係複雜。[17] 海商有多重身分，許心素、鄭芝龍、褚彩老都是商、盜、官三棲。官方也周旋於各股勢力間，同安縣令曹履泰向福建巡撫熊文燦建議，「撫魁奇不如助芝龍」；鄭芝龍陸續擊滅許心素、李魁奇、鍾斌等海盜，1633年擊潰臺灣長官普特曼斯的艦隊，1634年劉香、李國助率眾攻打熱蘭遮城失敗，翌年劉香敗於鄭芝龍，自沉於海，騷擾約七十年的海盜漸趨平息。

海禁、走私、護照

大明頒布海禁、核發船引、拒與荷蘭互市；日本禁教、核發朱印狀、宣布鎖國……，
各種設限與禁制，都為海商、海盜、海防官員帶來無限商機。
16世紀是海盜、倭寇的時代，閩粵、澎湖、東番等地是海盜生活圈。

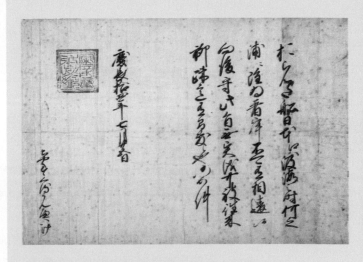

■右圖為1609年德川家康發給荷蘭船長Jacques Groeneweg的出海許可證，因蓋有朱印而稱「朱印狀」。左圖為1646年11月8日荷蘭的平戶商館發給南京的絲商船長一官（Paasmin Iquan）前往臺灣的通行執照。

・若無文引而竊過關津者……，杖八十。

・凡守把海防武職官員，有犯受通番土俗、哪噠、報水……，及引惹番賊、海寇出沒戕殺居民，除真犯死罪外，其餘俱問受財枉法罪名，發邊衛永遠充軍。

・凡夷人貢船到岸，未曾報官盤驗，先行接買番貨及為夷人收買違禁貨物者，俱發邊衛充軍。

中、日走私貿易交會點　上述法令，是《大明會典》的部分條文。明太祖朱元璋多次頒令，禁瀕海人民私通出海、禁民間用番香番貨、與外國互市，海禁成為基本國策。在「封海」近二百年之後，1567年（隆慶元年）打開了一道窗口：以漳州月港（海澄）作為通商口岸，「准販東、西二洋」。船商從月港出海，必須請領「文引（又稱船引，出海執照）」，上面載明：器械、貨物、姓名、年貌、戶籍、住址、向往處所、回銷限期。[*1] 第一年核發船引50張；1597年，「東西洋引及雞籠、淡水、占婆、高址州等處」[*2] 加發至117張。北港（臺灣）以及雞籠、淡水等「小番」（或為「東番」之誤，或指「小國」），屬於外國，因此前往該地必須請領船引。

　　有鑒於倭寇侵擾，對日貿易仍未解禁，不少商船因此需要一個從事走私貿易的據點。1592年福建巡撫許孚遠指出，福建沿海各地船商「每年於四五月間告給文引，駕使鳥船，稱往福寧卸載、北港捕魚，及販雞籠、淡水者，往往私裝鉛硝等貨，潛去倭國。」[*3] 大約從1567年福建開港後，臺灣逐漸發展成中國商人從事中、日走私貿易的交會點。

　　同一時期，日本亦管制海外貿易，約於1604年實施「朱印船」制度；1617-1624年間，德川幕府核發「朱印狀」給往返日本、高砂國的商人，平戶華商李旦在此時期獨佔了臺日貿易。日本船來臺，販賣銅、鐵、藥罐等給中國人，向中國人購買生絲，向臺灣購買鹿皮、硫磺。

　　1587-1633年間，從豐臣秀吉到德川家康、德川家光，陸續祭出禁

教、朱印狀、禁航、鎖國等一連串政策。禁教與排外一體兩面，1623年英國的平戶商館被迫關閉，1624年日本與西班牙斷交，1630年代日本一步一步踏上鎖國之路。

憑照通航、繳稅通關　1624年荷蘭人來臺不久，開始行使國家主權（執法權、發照權等），所有從臺灣航往國外，或從大灣（大員）前往臺灣沿海的篷船，需持有臺灣長官簽發的通行證，上面載明人員、日期、目的地、船貨內容等。從福建來打狗（今高雄）捕烏魚的篷船，事先要取得通行證，一艘漁船若撈獲10,000尾烏魚，返航前需先前往大灣，繳交1,000尾烏魚當作什一稅；從日本來的貿易船，必須取得荷蘭平戶商館的通行證，來臺之後，所有進口貨物必須課徵什一稅。

　　大明對於荷蘭人佔有臺灣，不干預、不承認、不否認。從1624年到1644年清軍入關的20年間，福建當局僅核發極少數通行證，給擁有資本的商人、船長前往臺灣。臺灣長官特勞牛斯（Paulus Traudenius）的報告指出：無通行證者若遭官方查獲，篷船及貨物一律沒收，但商人心知肚明，軍門（提督）與一官（鄭芝龍）都蒙著眼睛默許。[*4]

■日本大阪商人末吉孫左衛門獲得江戶幕府將軍發給「朱印狀」的特許權，從事海外貿易，其船隻稱為「末吉船」。圖為畫師北村忠兵衛所描繪的末吉船。此一彩繪於1634年（寬永11年）由末吉家奉獻京都清水寺。

打仗不妨礙借貸　1550年代葡萄牙人落腳澳門、1604年韋麻郎（Wybrand van Warwijck）佔領澎湖，都靠賄賂官員得逞。1624年荷蘭人從澎湖撤至臺灣，宋克（Martinus Sonck）長官向巴達維亞總部報告說，為疏通閩粵當局，必須餽贈大禮，在12月12日信中第一次提到直接餽贈對象為：廣東都督、福州都督、海防官、遊擊；由海商許心素經手，贈給都督的重要部屬，總共1,200里爾。翌年2月初，宋克又報告說：沒有理由不作餽贈，這一次賄款也是1,200里爾，對象包括：福州軍門（提督）、布政、兩個海道、兩個海防共900里爾，另付許心素活動費300里爾。[*5]

■1620年代福建政商各界積欠荷蘭的臺灣當局共十幾萬荷盾，表中第三列為1624年明荷對抗時的澎湖守備葉大經，最後三列分別為海盜豬屎六（Tousaijlack）、一官（鄭芝龍）、大商人亨萬。從這一紙債單可見明荷、鄭荷之間利害關係複雜。

巴城總部對臺灣當局不斷撒錢之舉頗多意見；臺灣當局對於閩粵官員收錢後敷衍、推拖、變臉這一套也漸感不耐。1633年，臺灣長官普特曼斯為迫使大明通商而訴諸武力，率領艦隊侵擾福建沿海，直到在料羅灣被鄭芝龍擊退。這一年，普特曼斯移交的一份歷年中國人欠債名冊，Simboaij（沈部爺）、Japtaijckin（葉大經）、Poijsingh（布政）等官員赫然在列，還有Iquan（一官）、Simpsou（許心素）和Gamphea（顏伯爺）等大海商。[*6]葉大經是1624年逐退荷蘭人的澎湖守備，敵我關係緊繃，無妨借貸往來；1630年代甚受荷人倚重的大海商亨萬

（Hambuan），周旋於福建當局倍感吃力，臺灣長官向總部報告說，「一如我們所熟悉的情節一樣，亨萬仍受官僚的敲詐。」

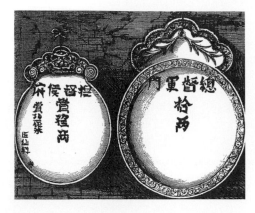

在日本一連串的禁教、鎖國政策下，葡、英、西三國都先後出局，僅荷蘭、大明獲准在長崎立足，這個歷史轉機，讓糾結於福爾摩沙島上的荷、日貿易衝突煙消雲散，同時讓大員的荷蘭人開始轉型為殖民地經營。

荷蘭人從事走私生意，或主管關員包庇貪瀆，也時有所聞。1654年6月初，一艘將出港的篷船，被懷疑嚴重逃漏鹿肉什一稅，臺灣長官命稽查員上船盤點，發現漏報數量、帳單竄改，將下席商務官逮捕、監禁，隔天，稅務局的兩名砲手、一名助理也涉案，遭到逮捕、監禁。[*7]

驗明疤痣、核對箕斗　臺灣在1684年（康熙23年）納入大清帝國版圖後，設鹿耳門、廈門為對渡口岸（稱為正口）。乾隆年間，增設鹿港與蚶江、八里坌與五虎門對渡。舉凡貨物進出、班兵輪調、官米輸運等業務，從掛驗牌照、照單查驗、通關放行等嚴加把關。對於入出境的商人船員水手，怎樣驗明正身？以「班兵」為例，駐臺班兵三年一換，輪調時，各營必需「造具年貌、籍貫並注明疤痣、箕斗清冊三本，一存原營、一交廈門點兵官核驗、一交臺灣驗明收伍」[*8]，全體班兵一律登錄年齡、容貌（年貌）、疤痣，雙手指紋也需捺印在冊（螺旋形者為「斗」，不成斗者為「箕」），以備查驗；商船比照辦理，出海舵工、水手的通行證上，「姓名、年貌、籍貫、疤痣、箕斗，逐一開列，填註明白。」[*9]這是當時的通關護照。

高山國招諭文書

豐臣秀吉要求「高山國」入貢，德川家康派人來臺調查物產、派兵攻打臺灣；
德川家光接受「臺灣王」獻地臣服，荷、日勢力在臺灣發生一連串的貿易、主權衝突……

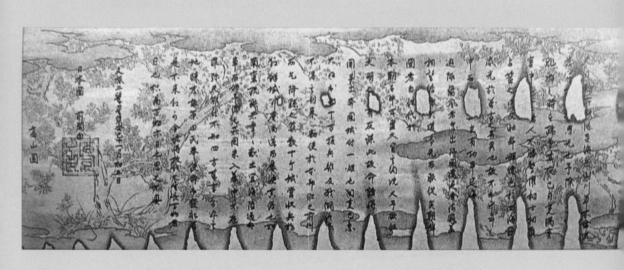

■豐臣秀吉的親筆信，招諭「高山國」入貢。信末並蓋有「秀吉」二字。1882年金澤城大火，此文書亦遭波及，留下多處燒痕。

1593年，日本國「前關白」豐臣秀吉，派菲律賓日商原田孫七郎，攜帶招諭文書〈豐太閣の高山国勸降状〉，促「高山國」入貢。因無收件人、無地址，成為一封無法送達的國書。16世紀末，豐臣秀吉發國書給臺灣高山國，暴露了其國際觀之薄弱。[*1] 招諭文書先吹噓自己何等神聖，在他母親懷胎的夜晚，「日光滿室，室中如晝；諸人不勝驚懼。」又說他攻打朝鮮，大明派兵數十萬救援不利，朝鮮乞降、琉球來獻土

宜。但高山國沒來朝貢，「不庭之罪彌
天」，若不聽命，「可令諸將攻伐之」！
末了，豐臣秀吉以日神自況，語帶威脅
說：「生長萬物者，日也；枯竭萬物，亦
日也。」

挑戰東亞國際秩序　豐臣秀吉於1590年統
一日本後，開始挑戰以大明為中心的東
亞國際秩序，[*2]1591年致書葡屬印度總督，提到前年「半天連」（傳
教士）來日本「魔魅道俗男女」，已予以刑罰，若有再犯，「可族滅
之」；葡人若來日朝貢，「幸許商賈往還」。同年，豐臣秀吉致書西屬
菲律賓總督，要求「匍匐膝行」前來朝貢，若是延遲，必加討伐！菲
律賓總督因此派道明會
教士赴日交涉；豐臣秀
吉又有第二、第三次致
書，語氣傲慢自大，西
班牙人一直不敢掉以輕
心。1592年、1597年豐
臣兩度發動大軍入侵朝
鮮，1598年豐臣病死，
日軍從朝鮮退兵，才結束
在亞洲鄰國的擴張策略。

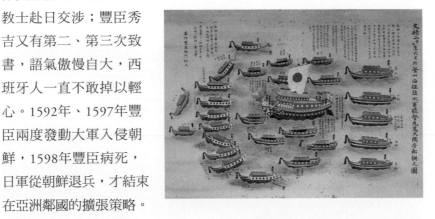

■1592年日
本入侵朝鮮的
水軍總督九鬼
嘉隆的艦隊，
其中最大一艘
旗艦為「日本
丸」。此次出
師，遭到朝鮮
水師擊潰。

遠征東番驚動中國　繼其後掌權的德川家康，也有兩度對臺行動：1609
年，派有馬晴信赴高山國調查物產，有馬掠奪漁船、出兵雞籠，攻打一
個月不能得逞，乃「髡漁人，為質於雞籠，請盟。」[*3]向雞籠人表示願
與結盟，並將擄來的漁夫剃髮裝扮成日本人，送去雞籠當作人質。雞

籠人不知其詐，出面交涉，被有馬晴信抓走一批人，帶返日本，德川家康見無利用價值，予以釋還；1615年德川家康命長崎代官村山等安籌謀攻臺。日本文獻說村山等安年輕時經營南蠻菓子生意——由葡、荷傳入長崎的時髦糕點。1616年，一艘琉球船航抵福建，懸掛的旗幟上書「報倭」二字，來者是琉球國王派遣的通事蔡廛，攜帶執照、咨文各一，向大明報警：「邇聞倭寇各島造戰船五百餘隻……，欲恊取雞籠山等處。竊思雞籠山雖是外島野夷，其咽喉門戶有關閩海居地……」[*4]，福建方面深知若日本佔領雞籠將帶來潛在威脅，因此預作防備；5月，村山等安派次子村山秋安、部將明石道友，率13艘船遠征雞籠，途中被颱風打散，村山秋安率3艘飄至交趾（越南），7艘飄至浙江沿岸，2艘飄至東湧（今東引）；只有1艘抵臺，被原住民襲擊，日人切腹自殺。[*5] 中文文獻說，倭寇「往東番竹簝（竹塹）港；遊船追剿，為所敗。」

　　日本對外擴張，明朝有識之士引以為憂，吏部官員董應舉指出：日本「前殘朝鮮，又併琉球，又志雞籠。」翰林院檢討徐光啟云：「雞籠

■荷人來臺之前，日本朱印船已往來臺、日多年。圖為1930年代日本畫家小早川篤四郎作品，描繪一艘朱印船停泊在鹿耳門北邊，岸上有不少忙碌的日本人，幾位荷蘭的公司職員、士兵穿梭其間。

淡水,彼圖之久矣。漸圖東番以迫彭湖,我門廷之外,遍海皆倭矣。」福建巡撫黃承玄云:日人若得雞籠、東番,兩浙「恐未得安枕而臥也」;[*6]各家立論都是深恐日人據臺,則中國東南門戶洞開。

涉臺日商抗荷事件　日人覬覦臺灣、威嚇菲律賓,牽動了西班牙人的對臺布局,而於1597年向西班牙國王報告,主張佔領雞籠;1619年英、荷同盟共謀壟斷東亞貿易,在海上劫掠西、葡船隻,更加強了西班牙人佔領北臺灣的動機,在聽聞荷蘭人佔領南部大灣後,即於1626年付諸行動,佔領雞籠。

　　日本幾度謀臺不遂,從1617年起核發「朱印狀」給日本漢人(Japanees Chinees)李旦等人,前往臺灣購買鹿皮、向當地的中國人轉買生絲,並逐漸形成一個160人的聚落。1625年荷蘭人開始針對日人課徵什一稅後,臺灣長官納茨(Pieter Nuyts,一譯奴易茲)在報告中提到,日商對於這兩年荷蘭人故意阻撓中國船隻來臺灣交易生絲,以致從臺灣返航的日船沒有生絲可載,必須裝沙壓艙,頗多抱怨與憤怒。[*7]諸多齟齬升高了荷日貿易衝突,1627年日人為宣示擁有臺灣主權,導演一齣「臺灣王」理加(Rijcka)獻地給幕府將軍的戲碼,將新港社頭目封為臺灣王,雖是演戲成分、外交手腕,[*8]但亦凸顯一批涉臺商人之居心。翌年,引爆濱田彌兵衛事件,直到1633年德川幕府頒布鎖國令,嚴控對外貿易,40年來日人對臺之紛擾、荷日間的爭執糾葛,隨之消弭。

■屏風上為葡人上京圖。葡萄牙人從1550年代開始在日本從事貿易、宣教,為歐洲與日本交流的先驅。1620年代江戶幕府關閉平戶英國商館,對西班牙、葡萄牙貿易船禁航或扣留;1630年代葡人多遭迫害、拘禁、驅逐、處死。日本走上鎖國體制。

紅毛番無因忽來？

荷蘭人為打開荷、中貿易障礙，硬軟兼施；福建當局的使臣形容荷蘭人很醜陋，
是窮乞丐；耶穌會士則向北京當局說，荷蘭人沒有土地，以海盜為生。

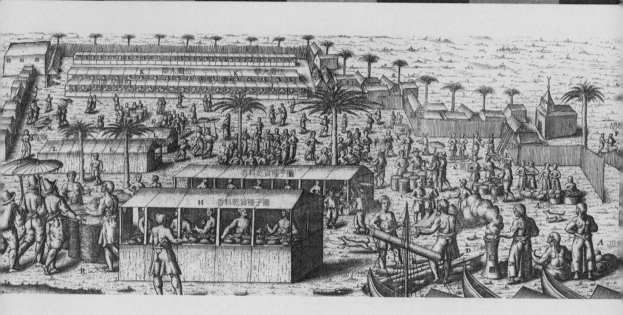

■16-17世紀
印尼萬丹市
集，是歐亞交
易的重鎮。市
集裡的香料：
肉豆蔻、丁
香、肉桂等是
歐洲人眼中的
貴重物品，被
譽為「天堂的
種子」。

印尼爪哇島的萬丹（Banten），是16世紀香料交易重鎮，從摩鹿加（Moluccas，亦稱香料群島）來的丁香、班達島的肉豆蔻（nutmeg）等歐洲珍品充斥在萬丹市集，各種香料乾貨、種子、肉品、刀劍、珠寶等商品雲集；華人、印度人都在此設攤交易。早在1511年，葡萄牙人已捷足先登，踏上摩鹿加群島，滿載而歸；1519年麥哲倫的航海計畫即指向香料群島。從1568年起，荷蘭人開始反抗西班牙的統治（史稱「八十年

■荷蘭畫家描
繪1599年四艘
從印尼購買各
種香料的荷蘭
船隊,返抵阿
姆斯特丹的場
景。

戰爭」),也挑戰西、葡等國壟斷的海權及香料貿易,荷人的首航船隊
於1596年抵達萬丹,但鎩羽而歸;1599年7月19日,四艘荷蘭船從萬丹
滿載香料返抵阿姆斯特丹,港灣擠滿船隻迎接船隊凱旋歸來。荷蘭畫家
Hendrik Cornelisz Vroom用彩筆描繪了這一幕。此舉讓荷蘭人繼西、葡、
英等國之後,崛起於海上。[*1]這支船隊的副司令Wybrand van Warwijck,
就是中文文獻的「韋麻郎」,五年後他又出任務,率領一支船隊航抵澎
湖,尋求與大明帝國貿易。崇禎皇帝說:「紅毛番無因忽來,狡偽叵
測,著嚴行拒回。」[*2]荷蘭人豈是「無因忽來」,他們是在大航海時代
的浪潮下,尋覓商機,乘風而至。

大航海時代的先鋒　　自15世紀起,葡、西、英、荷等國藉由航海探
險,拓展海外貿易與殖民。西班牙人在哥倫布的遊說下率先開展美洲
殖民(1492);葡萄牙人達伽馬為了尋找教徒和香料,航抵印度果阿
(Goa)找到貿易航線的據點(1498),葡人並透過賄賂大明官員而佔
有澳門(1553);西班牙探險家黎牙實比(López de Legazpi)在呂宋的
宿霧(1565)建立據點。荷蘭首航船隊抵達印尼(1596)三年後,荷蘭
的第二支貿易船隊滿載而歸,揭開了荷蘭在亞洲貿易、殖民的序幕。

1600年，英國女王授予新成立的英國東印度公司擁有貿易特許狀。荷蘭人隨即跟進，1602年阿姆斯特丹、荷恩、鹿特丹等地14家公司合組荷蘭聯合東印度公司。荷蘭聯邦議會授予它在東印度的各種統治、徵稅、宣戰、締約等權力。它雖是一家公司，但是其在海外所作所為代表國家，聯邦議會得考核追認（公司於1799年破產之後，轄下殖民地印尼即由荷蘭政府負責接收）。1609年，公司開始任命東印度總督、組成東印度議會，掌控各殖民地、商館、據點的人事與營運，在雅加達購地建立堡壘；1618年總督顧恩（Jan Pieterszoon Coen）上任後，與英國商館爆發戰爭，翌年在雅加達建造一座新的殖民城鎮，命名巴達維亞。

掠奪者的天堂　1623年顧恩總督去職，留給繼任者卡本提爾（Pieter de Carpentier）的備忘錄與訓令中說：「Reyersen（雷爾松）率艦隊往中國時，負有貿易的重任，若無法達成，則根據備案，可在不花費遠征軍費用的情況下，獲取該國之一些國民，男女、孩童……」[*3] 顧恩所言派艦隊前往中國海岸，目的是像葡萄牙人盤據澳門一樣，尋求對中國貿易的據點，若求之不得，則以武力強取。

荷蘭東印度公司成立的翌年，就做起海盜，俘獲從澳門開往麻六甲的葡萄牙船聖凱瑟琳（Santa Catharina）號，將絲綢、陶瓷等戰利品載返阿姆斯特丹拍賣；1619年在巴達維亞建立亞洲總部後，海上打劫是其營業項目之一，1622年《一般報告》提到：今年擄獲9艘小型海船，其中6艘屬於澳門的葡萄牙人，3艘屬於馬尼拉的西班牙人。[*4]

荷蘭人為了佔有、壟斷印尼班達群島昂貴的香料肉豆蔻，大舉屠殺島上原住民，倖存的一千多人被充當奴隸。荷蘭人在澎湖、臺灣時都可見班達奴隸的蹤影；1618-1626年公司的傭兵利邦（Elie Ripon）記載，巴達維亞總督顧恩懸賞：每獲取一個人頭獎賞10里爾，因此他們常常出

■荷蘭在印尼建立殖民地，仰賴華人從事開發。圖為17世紀印尼一帶的華人水果商。攤位上有榴槤、波羅蜜、椰子等熱帶水果。

■17世紀中葉德國人Caspar Schmalkalden在《東西印度驚奇旅行記》一書中描繪的東南亞華商。明朝人的服裝、髮式;一手持長柄紙傘,另一手握著摺扇、留著長指甲,以示文雅。

擊、常常領賞。但馬上發覺割人頭報功太累贅,改割右耳,「串起來掛在腰帶上」。[*5]

1622年7月佔領澎湖的荷蘭艦隊司令雷爾松,一整年在中國沿海與島嶼燒殺掠奪,從廣東到漳州、舟山島無一倖免。此外,也捉人運往巴達維亞當奴隸,有時捕到超額,就丟入海裡,「送他們去餵魚」;1624年首任臺灣長官宋克,批評雷爾松讓全中國忿恨反感,「把我們看成謀殺者、強暴者、海盜。」[*6]

荷蘭人的亞洲拼圖　荷蘭人在印尼萬丹(1598)、泰國北大年(1601)、印尼安汶(1605)、日本平戶(1609)、印度普利卡特(1613)、印尼占碑(1615)、印度蘇拉特(1617)等地陸續取得據點後,在亞洲尚缺一塊重要拼圖:中國。巴達維亞當局的如意算盤是攻打澳門,取而代之,以建立荷中互市。

1622年6月,雷爾松率領荷蘭艦隊攻打澳門失利,轉向替代目標澎湖,在風櫃尾建立城堡,與大明福建當局折衝了兩年多,於1624年8月底撤離澎湖,轉進大灣(大員,今安平),興建城堡,從事轉口貿易與農業殖民,同時開啟了臺灣的信史時代。

17世紀荷蘭人對亞洲布局的核心目標:荷、中貿易,一直受到葡萄牙人的掣肘,葡人早在1550年代即佔有澳門,進行貿易與宣教,廣結善緣,徐光啟曾上奏說:紅夷(荷蘭人)之志,欲剪澳夷(葡萄牙人)以窺中國;澳夷之志,欲強中國以捍紅夷;[*7]與葡萄牙人親善的各國耶穌會士長期以來對荷蘭人多所排拒,荷蘭人於1655年派遣特使團前往北

京交涉通商時，知名的德國籍耶穌會傳教士湯若望等人對清國禮部官員說：荷蘭人沒有土地，以海盜為生，[*8] 生活在小海島上，帶來獻給康熙皇帝的禮物都是從別的國家買來、搶來的。

　　1650年代荷蘭人兩度勞師動眾到北京尋求通商，都吃了閉門羹。其後，鄭成功來襲的風聲不斷，1662年荷蘭人被逐出臺灣，到17世紀之末，始終維持著以東印度為大本營、巴達維亞為中心的經營格局。

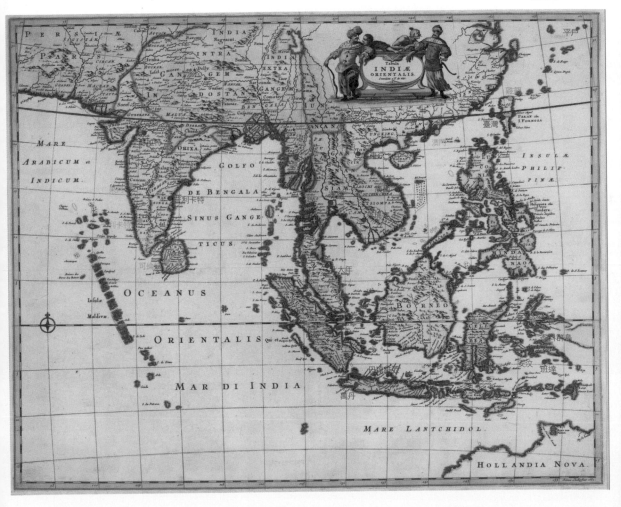

把荷蘭人逐去東番

大明官員嚴守明、荷談判底線——荷蘭人必須退出澎湖，撤往「海外別港」；
最後迫其撤往大灣（大員），「寄泊東番瑤波碧浪之中，暫假遊魂出沒，不足問也。」

呂國正／繪

■雷爾松在澎
湖風櫃尾興建
的荷蘭城堡復
原圖。本圖依
據《1623年澎
湖島地圖》並
參考學者之研
究而繪製。

1622年6月，荷蘭艦隊攻打澳門，遭致重挫，艦隊司令雷爾松召開
船隊會議，決定佔領澎湖。7月11日抵澎，船上水手上岸取水，盜竊取
水處附近澎湖官員房舍的財物、亂擲瓷器，還折斷廟中一尊神像頭，引

來當地漢人的控訴。雷爾松恐事態惡化，妨害與大明貿易關係的建立，乃頒布禁令，並嚴懲一位水手，扣上腳鐐、服勞役6個月。[*1] 8月初，在風櫃尾開始興建城堡，由於公司有令，城砦不要太大以減輕負擔，加上建材奇缺，面向馬公港的防衛主力Delft稜堡，並無磚石可用，就地以敲鑿的岩石堆砌，護牆則挖掘現場之土方堆築，鋪以草皮。不久城牆即因風雨、地震而倒塌，必須不斷填土、用木板固定。這座壽命僅一年多的紅毛城，為近代初期臺灣史揭開了序幕。

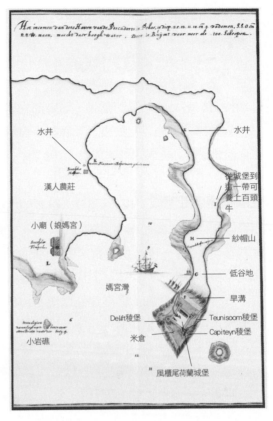

水井

漢人農莊

小廟（娘媽宮）

媽宮灣

小岩礁

Delft稜堡

米倉

水井

從城堡到這一帶可養土百頭牛

紗帽山

低谷地

旱溝

Teunisoom稜堡

Capiteyn稜堡

風櫃尾荷蘭城堡

■一位荷蘭公司職員依據司令官雷爾松在澎湖島上踏查所見，繪製成《1623年澎湖島地圖》（局部），這張示意圖為臺灣史上第一座城堡留下了歷史見證。

沈有容勸退韋麻郎　澎湖自從13世紀中國元朝設立「澎湖寨巡檢司」以來，因「山多礁磔，農不可耕，地甚窪濕，人不堪處，以是先年往往議棄」[*2]，官方無暇他顧，常淪為化外之地。1592年日本豐臣秀吉入侵朝鮮，大明朝野深受震撼，有鑒於附倭海盜出入澎湖，遂從1598年起，自福建沿海水寨抽派兵船，每年春、冬汛守澎湖，駐巡半年。不過，後來防汛工作並未落實，福建巡撫南居益指出，「三汛徒寄空名，官兵何曾到島」[*3]，以致盜寇、紅夷乘虛而入，據為巢穴。

1602年荷蘭東印度公司成立後，首航艦隊司令韋麻郎前往萬丹、澳門等地尋找商機；1604年前往澳門，遭遇風暴而於8月間在澎湖登岸，要求與大明互市，並透過有「金錢癖」的福建海澄稅監宦官高寀，以「三萬金」進行疏通；[*4]巡撫徐學聚、分守漳南道沈一中等力主逐退，都司沈有容率50艘船抵澎勸諭，韋麻郎知難而退。當代文士描寫沈有容以「天朝體統」加以曉諭後，韋麻郎「悔悟」、「頂禮墮淚」、向沈將軍「泣別」[*5]；後來的福建巡撫南居益說，沈有容是「三寸舌立功」。

在風櫃尾建紅毛城　1622年6月，被東印度總督顧恩譽為「公司最勇敢海員之一」的雷爾松奉命率領8艘船、一千多人組成的艦隊，攻打澳門失利後，於7月11日轉抵澎湖。不久即前往打狗、大灣（大員）探測，未發現良好港灣，乃決定佔領澎湖，雷爾松避開大明水師例行巡駐的媽宮（馬公）灣，選在風櫃尾建造城堡。10月初，福建巡撫商周祚明示：不准荷人互市；漳州守備王夢熊、洪千總、商人黃明佐前來澎湖，建議荷人搬去淡水，彼處可泊大船、產金、糧食豐富。[*6]雷爾松拒絕，派兵去福建沿海劫掠，但船隊遭強風吹散，14個荷蘭人、2個日本人被俘。

　　荷蘭人佔領澎湖約4個月時，艦隊總共414人，有1/3生病；返航巴達維亞的船隻上經常有死亡者的遺囑抄本；許多水手把全部薪水用來

■荷蘭巴達維亞總督顧恩，任內對待亞洲殖民地極不文明。

買衣禦寒、買魚佐餐，沒多餘的錢奉獻上帝，士兵、牧師、探訪傳道（krankbezoeker，探訪病患，為牧師之助理）等紛紛請求解職；雷爾松疲於征戰，在寫給總督顧恩的信上說：「萬一我死了，敬請您閣下把我的存款簿寄回祖國。」[*7]

　　1623年1月雷爾松為營救俘虜赴福州談判，前後與8個官員周旋，但釋俘、互市兩者皆落空。福建巡撫商周祚向朝廷奏報說：「諭

令速離彭湖，揚帆歸國，如彼必以候信為解，亦須退出海外別港以候。但不係我汛守之地，聽其擇便拋泊。」[*8] 這是明荷雙方談判的底線：荷蘭人應撤往「海外別港」，只要不是大明

帝國管轄之地，去哪裡都聽便。

3月間，雷爾松向顧恩指出：大灣（大員）比澎湖更好；6月，強勢的福建巡撫南居益上任，強調對「狡夷」的「天討之誅必加」；顧恩給的訓令同樣強悍：不開市，就開戰。10月25日雷爾松派法蘭斯（Christiaen Francx，中文文獻稱「高文律」，為司令官Commandeur或長官Gouverneur之對音）去漳州談判；自己帶一批人前往大灣興建要塞。法蘭斯與一名上席商務官、一名船長被誘捕，船隊遭到火攻，六十多人被俘。

這期間，福建巡撫派兩位特使黃明佐、陳士瑛前往巴達維亞，說明福建當局與雷爾松的協議內容。1623-1624年間，從福建前後任巡撫到中央政府，都聚焦於驅趕紅夷「速離」澎湖，雖未明說「海外別港」在哪？但地方要員、荷蘭當局、海商海盜等各界共識就是大灣。

荷船遠遁寄泊東番 1624年下半年，明朝水師、陸軍陸續增援，兵力逾一萬人；荷蘭船隊僅991人，戰爭一觸即發；8月初，接替雷爾松職務的宋克長官抵澎，發現城堡已被明軍包圍、飲用水源遭切斷；中旬，商人李旦應邀前來調停，明荷談判旋即達成協議，宋克於8月30日率領13艘船撤離澎湖。南居益在奏捷疏中說，荷蘭船隊遠遁，「寄泊東番瑤波碧

浪之中，暫假遊魂出沒，不足問也。」[9]

明末部分知識分子對荷蘭人轉移陣地深以為憂，福建詔安進士沈鈇上書巡撫南居益，指出大灣（大員）是沿海商民捕魚貿易必經之地，建請「選擇武士帶諭暹羅島主，嚴令紅裔速歸本土，不許久駐大灣。」其理由是：暹羅（Ayuttaya，今泰國）管轄六島，而「紅裔數千附籍互市，每歲納貢于暹羅者，決不敢抗命。」

荷蘭人被趕到臺灣後，轉而將澎湖當輔助港、轉運站，往來巴城、臺灣、日本的荷船，若吃水超過13荷呎，通常停泊澎湖，由臺灣派船前往卸載；臺灣也載運糖、絲等前往澎湖，裝船赴日。每年暴風雨季節，荷船一艘艘往澎湖避風；公司還將媽祖廟當糖棧、有時請託廟公三哥（Samko）幫忙採購，[10] 當地可能還有公司房舍。1629年底，臺灣長官普特曼斯登上澎湖，帶領水手士兵走遍全島，目睹明軍的碉堡荒廢、鐵砲腐蝕；來到荷蘭碉堡，發現17門鐵砲都已鏽蝕，荒涼破敗；1630-1650年代，荷人的船舶自由進出澎湖，不管是停泊或交易往來，「獲得默許顯然比雙方明文協定為宜」。[11]

1661年5月鄭成功圍困熱蘭遮城時，提議將赤崁城堡（赤崁樓）及城堡前之土地劃為荷蘭人居住區，讓公司繼續自由通商，同時願以澎湖交換或賣給公司，方便荷人建造城堡與倉庫。[12] 但臺灣長官揆一等人固守熱蘭遮城，對澎湖毫不考慮，最後被完全逐出臺灣。

■17世紀的荷蘭船，福建巡撫南居益曾形容「望之如山阜，處之如鐵石」，是商船，也是戰船；畫面中其他四艘為中國福建、潮州、寧波等地的商船。

西班牙人進出雞籠

請從馬尼拉載運一些婦女來雞籠，一起為國王的這片土地繁衍子嗣，
解救這些寡婦以及雞籠駐軍這些單身男性的靈魂。

——耶士基佛神父

DESCRIPCION DEL PVERTO DELOS ESPAÑÕ LES EN YSLA HERMOSA

雞籠代

朝向中國之岬
距港口3哩

入港處，朝北。
水深14噚，退潮
時深低2.5噚

此處正在
建造堡臺

萬人堆鼻

楠豏嶼

番社

船隻停泊港
鸞公嶼

水深2.5噚

番社

鱟母嶼

鱟公嶼

三貂灣
距港口2哩

聖卡塔林娜灣
距港口5哩

MONTES GRA DES
DE MVCHA MA
MA DERA

大河
（淡水河）

大山，有林木
可伐

繪製：Pedro de Vera
解說：翁佳音

■左圖為1626年西班牙人繪製的雞籠、淡
水地圖。圖上描繪北部港灣形勢、水深、航
程，以及原住民村社。上圖為1590年西班
牙文獻《謨區查抄本》中的菲律賓原住民卡
加延人畫像，他們被西班牙人騙來雞籠當奴
隸，因不堪虐待，一部分逃逸，消失在山
林、村社中。

西班牙道明會神父耶士基佛在1631年來臺宣教，翌年向菲律賓當局提交福爾摩沙島事務報告，鑒於馬尼拉有不少西班牙寡婦、混血兒，以及女性修道院、慈善團體收容的孤兒；駐守雞籠、與原住民女性同居的單身士兵也不少，神父建議讓那些女性來與此地的單身駐軍結婚，既拯救寡婦與士兵的靈魂，更可為國王腓力四世（Felipe IV）的這片國土繁衍子孫。神父也提到許多菲律賓原住民卡加延人（Cagayenos；Kagiander）被騙來雞籠短期做工，另有一些因犯了罪在划槳船上服刑，期滿之後都遭留置此地從事勞役，有的人拿不到薪資、遭無理責打，形同奴隸，有的人與妻子兒女拆散至今7年，妻兒因不堪飢餓而被販賣為奴；[*1]有些人不堪苦役，陸續潛逃。

「八十年戰爭」打到臺灣　16-17世紀荷蘭為脫離西班牙而爆發「八十年戰爭」，這場戰火還從自己國家打到臺灣來。1593年日本豐臣秀吉對在菲律賓殖民的西班牙人多次威嚇，讓馬尼拉當局亟思對策，1597年向國王提出建議：目前迫切地需要在福爾摩沙佔領一個港口雞籠，在此駐軍防守。一來防範日本，一來建立據點以因應日、英、荷等國殖民者的貿易競爭。1619年，一向關係不睦的荷、英締結盟約，派船掠奪開往日本的西、葡船隻，並阻止中國船前往馬尼拉。同年，西班牙籍道明會士馬地涅斯（Bartolome Martinez）前往中國遭遇風暴漂流來臺，返菲後建議當局佔領福爾摩沙島一個叫做北港（Pacan）的港口。[*2]西班牙人一直謀定而未動，讓荷蘭人於1624年8月底捷足先登，佔領大灣（大員）。

1626年，菲律賓總督命令伐爾得斯（Anttoni Carreno de Vades）率領大划船隊及士兵300人進取臺灣。5月5日出發，臺灣西南部海域已遭荷蘭人控制，船隊因此沿臺灣東海岸北上，11日到達北緯25度——島嶼東北角的外海，命名Santiago（三貂角）；12日進入雞籠港，命名Santisima Trinidad（聖三位一體）；16日在社寮島舉行佔領典禮，開啟了1626-1642年荷蘭、西班牙分據南北殖民臺灣的時代。

社寮島——北臺政治中心　隨後西班牙人在社寮島上興建了一座聖薩爾瓦多城（Fort San Salvador）作為統治中心，設雞籠淡水長官治理。初期駐臺總人數約千餘

人，1642年8月向荷蘭人投降時共446人，包括115名西班牙人、60名婦女與孩童、116名奴僕，以及62名邦板牙人（Pampanga）、93名卡加延人。[*3]

西班牙人在北臺灣殖民，未如荷蘭人有計畫地發展農業，而必須到處收購糧食，多次與原住民爆發流血衝突。1627年派兵向淡水圭柔社（Senar）購糧，遭各村社攻擊，隊長及7名士兵被殺。翌年，雞籠長官派100名士兵征討淡水，事後在淡水建造聖多明哥城（Santo Domingo）。1631年有6個卡加延人搭乘舢舨從淡水逃抵大員，向荷蘭人透露了一些訊息：淡水的西班牙人不到內陸或村落去；雞籠的西班牙人只有番薯、香蕉，別無其他土產。[*4]

西班牙人與雞籠地區的金包里（Kimaurij）、三貂（St.Jago）住民建立較好的關係；天主教神父不要求原住民納稅，只要求捐獻教堂的蠟燭費；但統治後期考慮徵稅，1636年5月，大商人亨萬告訴荷蘭人：西班牙人擬向雞籠每一對已婚夫婦每年徵收2隻雞、3斗（gantingh）米，住民群起反抗，向殖民者「發動戰爭」。[*5]

西班牙人的三個省區　1632年一艘西班牙船遭風漂流而被噶瑪蘭人殺害，雞籠長官派兵焚毀7座噶瑪蘭村落；1635年再派兵擊敗噶瑪蘭人。西班牙人統治或認知的空間範圍，可分為三個「省區」（partido／provnce）：淡水省區（Tamchui）、噶瑪蘭省區（Cabaran）及哆囉滿省區（Turoboan），不同程度地深入臺灣北部、東北部及東部。[*6] 依西班牙文獻，Cabaran區有70個（一說四十幾個）村社，各有其傳統社名，大都流傳下來，如Quimabolao社，即今冬山鄉三奇村，舊地名幾穆撈、奇武荖、冬仔爛。日本時代移川子之藏、幣原坦等學者，推論Kavalan（Cabaran）是從族稱而轉為地名，語根應為Ka-val-an，或Ka-banan，並主張val、bala之意為「平原」，後人因此衍生「噶瑪蘭，意指一群住在平原的人類」之說，且奉為圭臬。吾人若將視野移往南島語族此一網絡：福爾摩沙有Cabaran、Basay，菲律賓有Cabaran、Pasay，兩者有無地緣上的關連性，似更耐人尋味。

　　雞籠距離馬尼拉雖僅1,100多公里，但海上航行頗受季風、暴風的影響，且臺灣東海岸有黑潮主流，船隻一不小心會被強勁的海流帶往太平洋，兩地間的運補極不容易。西班牙人從臺灣出口鹿皮、硫磺等物，向中國商人購買生絲、紡織品轉售馬尼拉。1633年，日本頒布鎖國令、鄭芝龍與荷蘭人達成貿易協定，雞籠作為對日本、大明轉口貿易的機能漸失。1633、1636年前後有伐愛士（Francisco Vaes）、慕洛（Lvis Muro）二位神父在淡水遇害，[*7] 西班牙人決定棄守淡水、拆毀紅毛城，並裁減雞籠駐軍。荷蘭人對雞籠虎視眈眈，1642年8月發兵攻打雞籠，佔領要塞，終結了西班牙人在臺16年的統治。

■1995年葡萄牙政府發行的紀念金幣，將1582年葡船在北臺灣發生船難事件，定義為葡萄牙與臺灣關係史的起點。

荷蘭人毀城撤退　荷蘭人將聖薩爾瓦多城修建為北荷蘭城（Fort Noord-

Holland）；1654年荷蘭人繪製一張《淡水與其附近村社暨雞籠島略圖》（今稱《大臺北古地圖》）[8]，是第一幅大臺北人文活動的紀錄與縮影；荷蘭人被鄭成功逐退後，1664年重返雞籠，試圖據此光復福爾摩沙，但最終不敵鄭經的攻擊，於1668年毀城撤去。荷蘭在臺之殖民畫下了句點。

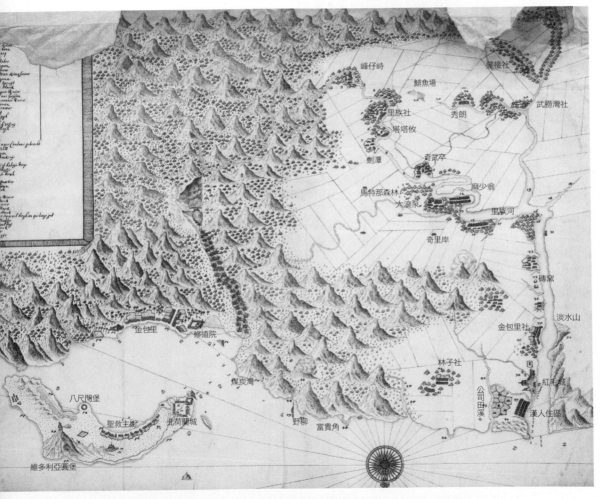

■1650年代荷蘭人繪製的《淡水與其附近村社暨雞籠島略圖》，圖上共有61個符號（圖例），詳細標示大臺北地區的村社、城砦、住宅區、修道院、磚廠、交通要道、淡水河、雞籠港灣、森林、山脈等，甚至亦顯示田園種作、未墾平埔。筆者翁佳音對本圖做了詳盡的考訂。

II.
開光

（ Wattingh ）

普特曼斯（Hans Putmans, -1654）

FORMOSA

未來

現在

交會
激盪
解密

揆一（Frederick Coyett, 1615-1687）

雷約茲（Pieter Nuyts, 1598-1655）

宋克（-1652）

特羅德紐斯

普特曼斯（1604-1661）

雷揚（Rijcka）

Tabula
INDIÆ
ORIENTALIS.
Emendata à F. de Wit.

LATITUDO LUNÆ SEPTENTRION

解密

LATITUDO LUNÆ MERIDIOLIS

PAKAN _Olim_
I FORMOSA

INSULÆ
PHILIP-
Æ.

Tandaya

S
IUAN

MINDA
NAO

BORNEO

CELE
BES

熱蘭遮城一頁輝煌

紅毛城，凡三層，⋯⋯女陴、更寮，星聯內城。樓屋曲折高低，棟樑堅巨，灰飾精緻。瞭亭、螺梯、風洞、機井，鬼工奇絕。

——《重修臺灣府志》

1630年代熱蘭遮城圖

監製／翁佳音　資料整編／黃驗
繪圖／劉鎮豪　設計製作／黃子欽

北

水井：內城東邊半月堡內開鑿1口水井，為城堡主要水源。

內城：由四個稜堡構成的第三層建築群，四個半月堡構成的第二層城垣，以及位於地面下的彈藥庫、儲藏室，合為內城城堡。

北門：內城的正門，門額上刻有T' CASTEEL ZEELANDIA GEBOUWED ANNO 1634（熱蘭遮城建於1634年），內、外城約於1624-1634年間陸續完成。

密得堡稜堡（Middelburch）

甘博菲爾稜堡（Camperveer）

阿姆斯特丹稜堡（Amsterdam）

黑得爾蘭稜堡（Gelderland）

地下室：深一丈多，呈方形；儲存彈藥、糧食、雜務等處所。

荷蘭地亞稜堡（Hollandia）

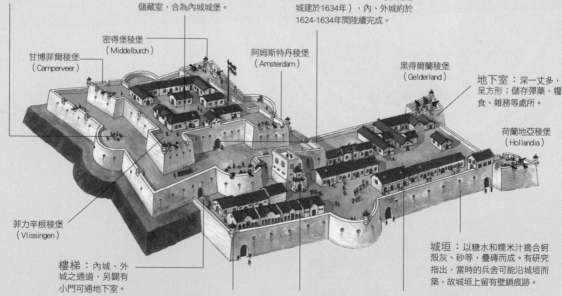

菲力辛根稜堡（Vlissingen）

樓梯：內城、外城之通道，另闢有小門可通地下室。

瞭望台：各稜堡的突出部上方設瞭望台，以監控城堡外動態。1659年為防範鄭成功來襲，在此增建一座新稜堡：Nieuwen Werck

長官公署：臺灣長官的辦公處所，有的古圖繪成平頂，有的繪成尖頂。

外城：在內城外面增蓋長官公署、倉庫、商館以及教堂等建築，並以一個半月堡、兩個稜堡構成外城。

城垣：以糖水和糯米汁搗合蚵殼灰、砂等，疊磚而成。有研究指出，當時的兵舍可能沿城垣而築，故城垣上留有壁鎖痕跡。

從1624年開始興建的熱蘭遮城，在1634年大功告成，坐落於一鯤鯓海邊沙崙荒埔的城堡，開啟了荷蘭在東亞殖民的一段輝煌歲月，也開啟了臺灣歷史的新紀元，這裡，成為臺灣與世界的接點。

　　熱蘭遮城分內城、外城。內城共三層，第一層位於地面下，第二層四周為防禦用的城垣，設有四個半月堡，向東這一邊的地面上開鑿一口水井；第三層建築群呈四方形，設有營房、衛兵室、彈藥庫、糧倉、監獄、蓄水池、排水系統等，建築群外圍城垣的四角，各設有一個稜堡。荷蘭統治末期，東北面的菲力辛根堡牆上掛著一個時髦的大時鐘。這種擺鐘，為1656年荷蘭天文、數學家惠更斯（Christiaan Huygens）的發明，翌年問世後，城堡很快趕上流行。擺鐘發出清脆規律的滴答聲，公司職員、士兵喜歡來此聆賞。[*1]

　　外城呈長方形，有兩個稜堡、一個半月堡，後因鄭成功來犯跡象明顯，在東北角增建一個稜堡，因此內、外城共七個稜堡。外城建築包括長官公署、教堂、倉庫等。七個稜堡上都架設大砲。荷蘭士兵不時酗酒、鬧事，甚至坐在稜堡的大砲上喝醉酒，頭朝下跌落而摔到半死。[*2]

從臺灣城到安平鎮　中文文獻多稱揆一（Frederick Coyett）為王，如：荷蘭揆一王、紅毛荷蘭夷酋弟揆一王；稱熱蘭遮城為王城、臺灣城。另有文獻稱1662年時，「內城改建內府，塞北門，欲闢南門，斧鑿不能入，乃止。又惡臺灣之名（閩音呼似「埋完」），改稱安平」[*3]。封塞北門，有圖可證；但改稱安平之年代有誤。楊英《從征實錄》五月初二日（1661.5.29）記載鄭成功「改臺灣為安平鎮」；1662年1月底，荷蘭人投降、尚未撤退，鄭成功要求土地測量師梅氏（Philippus Daniel Meij van Meijensteen）陪同，一起從熱蘭遮城搭乘舢舨回赤崁住所，他不想留在那裡過夜，因為有很多跳蚤。[*4]鄭成功入主後，在新稜堡旁挖了1.5潯（vadem，1潯為6呎，約等於1.8公尺）下水道，水道兩岸砌以磚石，新稜堡下方安裝鐵柵欄，海水和魚群從柵欄流入官邸前的石造池塘，池

塘邊設一座亭子，作為遊憩處。[*5]鄭克塽在元旦之際，「率文武朝賀於臺灣之安平鎮」。[*6]

入清後，濱海的外城城垣坍塌、潮汐侵蝕牆基，1733年協鎮陳倫炯命人修砌；[*7]1749年亦有城垣被沖毀及修建紀錄。1860年代，英商在臺壟斷樟腦貿易，引發一連串糾紛與衝突，1868年兩艘英國戰艦砲轟安平，摧毀熱蘭遮城的部分城牆、引爆火藥庫，原已傾圮的城堡更見殘破。四年後，英國攝影師湯姆生（John Thomson）鏡頭下的熱蘭遮城，外城蕩然無存，內城亦斷垣殘壁；1874年沈葆楨登臨這座當時稱「紅毛台」的城堡，看到「磚石堅厚，遺址尚存，砲亦鏽而不適用」[*8]，後來在二鯤鯓（今億載金城）興築新砲台，命人拆卸熱蘭遮城的磚牆石板作為新砲台的建材。日本統治臺灣後，於1897年剷平城垣，興建安平海關宿舍及燈塔，熱蘭遮城至此完全消失；1930年，立碑紀念濱田彌兵衛抗荷事蹟。戰後，臺南市政府將其碑文改刻成「安平古堡」、增建一座瞭望台。今僅存部分外城城垣，稱為「臺灣城殘蹟」。

亞洲荷蘭商館連線

從印尼、馬來西亞、泰國，到臺灣、日本，都有荷蘭東印度公司建立的貿易據點。在印尼，巴達維亞總部所在地，今存有雅加達商館Bataviasche Kunstkring；在泰國，1634年暹羅國王將大城府贈予荷蘭東印度公司，2004年荷蘭、泰國為慶祝泰荷關係400年，在大城府復原班恩荷蘭商館（Baan Hollanda）；馬來西亞的麻六甲市，公司在此營運160年，至今保留有建築物、教堂、長官公署及住宅等建築群，構成「荷蘭廣場」。在日本，1609年公司興建平戶荷蘭商館；後因江戶幕府鎖國，從平戶遷往出島新建的商館。1922年日本政府將商館遺跡指定為「國定史蹟」；戰後著手重建、復原計畫，1996-2015年間完成10棟出島建築物的修復；1999-2011年重建「平戶荷蘭商館1639年築造倉庫」。同為VOC在亞洲據點的各國現存商館，在最近共同串起大航海時代的一條歷史脈絡。

在這一條脈絡中，尚缺一座臺灣商館。重建17世紀的臺灣商館，一方面再現大航海時代的歷史場域，一方面為臺灣建立鮮明的歷史座標。這是透過歷史研究重建文化資產的重要課題。[*9]

熱蘭遮城外城南
面城垣至今部分
尚存，稱「臺灣
城殘蹟」。

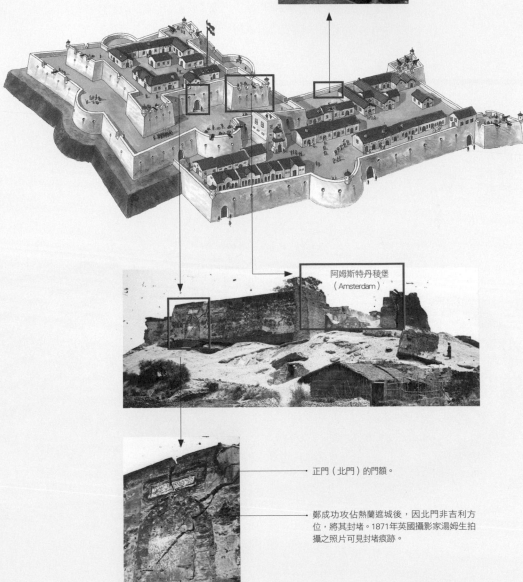

阿姆斯特丹稜堡
（Amsterdam）

正門（北門）的門額。

鄭成功攻佔熱蘭遮城後，因北門非吉利方
位，將其封堵。1871年英國攝影家湯姆生拍
攝之照片可見封堵痕跡。

臺灣市鎮一頁傳奇

17世紀荷蘭人先後在紐約曼哈頓、福爾摩沙大灣（大員），興建城堡與市街。
臺灣市鎮走在時代前端，快速發展成一座歐洲風格的華人聚落。

1648年熱蘭遮城・臺灣市鎮解說圖

監製／翁佳音 資料整編／黃驗
底圖／Caspar Schmakalden 設計製作／黃子欽

北

臺灣市鎮未設圍牆；若建造圍牆，牆邊這條街就是Wall Street。

何斌宅邸
公司特准中國商船在何斌宅邸過秤。據說，何斌因此暗通鄭成功，最後逃往鄭營。

城堡的守護者
牆壁10呎厚的堅固碉堡，與熱蘭遮城共存亡。

林投園

東碼頭
（赤崁渡頭）

絞刑架
在此公開絞死、輾斃罪犯，嚇阻漢人。

南碼頭

臺灣市鎮
（清）臺灣街／安平街
漢人住宅區。巴達維亞大商人蘇鳴崗、通事何斌、頭家娘印結瓦定等都設籍在此；設有市政府、公秤所等機構。道路三縱三橫，所有街道都鋪設路面。

北碼頭

稅務所 公秤所
國外進口貨物在公秤所過磅，再到稅務所繳稅。

荷蘭文Breedstraat譯成英文為Broad Way。1620年代荷蘭人在紐約曼哈頓開闢一條Broad Way，音譯為百老匯。

臺灣港
（舊安平港）

熱蘭遮城
（清）臺灣城／紅毛城／安平鎮
分內外城，內城建於1634年，後來內城北側增建商館、倉庫、長官公署等，外加一個半月堡、兩個稜堡構成長方形城堡，為外城。1661年約住有2,000千人。5月，鄭成功將城堡改名安平鎮。

荷蘭人自16世紀末開始在世界各地興建殖民據點，依照其規模、功能而有不同類型，例如巴達維亞屬於要塞＋市街city；臺灣屬於要塞＋聚落city；日本長崎港內的人工島「出島」則是商館＋荷蘭商人員工居住區。*¹巴達維亞總督於1631年6月向阿姆斯特丹的公司本部報告：熱蘭遮城堡已建造完成。隨著這座統治中心同步發展的，是位於城堡東邊，與城堡隔著一個大廣場的漢人住宅區：臺灣市鎮（stadt Zeelandia，又譯大員市鎮），清代稱為臺灣街、安平街。

臺灣也有一條百老匯　臺灣市鎮的一條東西向的大道，荷蘭文的街名為Breedstraat，譯成英文為Broad Way，意為寬街；這是援引荷蘭國內的命名習慣。

　　1620年代，荷蘭西印度公司在北美洲新阿姆斯特丹（後改名紐約）曼哈頓興建一座城堡，城堡對面一條主要道路，就叫做Broad Way（中文音譯為百老匯）；與Broad Way垂直、位於城牆下的街道，命名為Wall Street（中文音譯為華爾街）。臺灣市鎮四周未設圍牆，當年若設圍

■1660年新阿姆斯特丹（紐約）曼哈頓的城堡及街道圖。荷蘭人在北美洲、福爾摩沙同步拓展殖民地，城市的規劃與風格有些相似。

牆,則東碼頭邊的那條街,就是Wall Street了。

　　與「寬街」平行的一條小街,叫做「窄街」,都是東西向;南北向的街道為橫街(Dwarsstraat),臺灣市鎮分橫一街、橫二街。最東那條街,荷蘭人稱「廟街」,再往東即東碼頭,清代文獻稱赤崁渡頭(往赤崁的渡頭)。1643年起,臺灣市鎮、赤崁間有固定班次的渡輪行駛,1657年時每天5班對渡,每船不得超過12人,船資每人荷盾5分錢。[*2]

第一位女強人在此　在今海山寺與安平基督長老教會一帶,有一棟「女強人」印結瓦定(Injey Wattingh)建造的房子,Injey(馬來語enick,主人)或可譯作「頭家娘」,她是穆斯林,嫁給巴達維亞的華人船主Anachod Watting,丈夫死後再嫁廈門人三官(Sacoa),移居大灣(大員),1631年起她自有的船隻往來福爾摩沙北部、日本、巴達維亞之間貿易,部屬中不乏海賊。三官與她不睦,後來跑回廈門另娶嫩妻,她留在大灣照管生意。[*3] 1636年,在巴達維亞當了17年「甲必丹」的華商蘇鳴崗來臺購屋居住,曾建議臺灣當局課徵賭場稅,他居留約三年,返回巴城之前出售豪宅以清償債務;1637年公司為酬謝多年來促成荷、明雙邊貿易的商人林宗載(號亨萬,Hambuan),決議每年致贈他800-1000里爾,這位廈門進士出身、太常寺卿退休的商人,也參與農業開發,試種苧麻、廣東薑等作物,他與蘇鳴崗等人堪稱臺灣拓墾史先驅。[*4]

■左邊紅瓦白牆的密集街區為臺灣市鎮,右邊為熱蘭遮城。此圖為17世紀荷蘭畫家芬伯翁(Johannes Vingboon)作品,應是根據臺灣繪圖師初稿精製而成。

1652年舉報郭懷一密謀舉事的大賈、地主Pouw，則住在東碼頭一帶。

　　1638年5月，當局公告臺灣市鎮所有房屋交易，買賣雙方都應繳納什一稅，為了取得徵稅的依據，乃針對房屋進行測量，發給所有權狀。1643年曾派遣商務官重新核發房屋所有權狀；到了1650年，產權問題日趨複雜，大部分屋主沒有登記與權狀，有權狀者也多與現況不符，乃於7月底公告：所有人應重新換發登記完整的房屋權狀。*⁵

市鎮建設全臺獨步　1630年代市鎮發展初期，房屋多以茅草、竹子搭蓋，後來當局限期拆除，強制規定用磚瓦建材。許多人在住家門前養豬，因此明令公告禁止，養豬人家紛紛將豬舍移到屋後；1639年8月13日當局公告：在市鎮養豬造成汙臭，一律強制遷往市鎮外的漁場附近。本日同時公告，嚴禁所有人偷吃赤崁地區的甘蔗。*⁶ 1640年代從福建大量進口瓦片、磚頭，可推斷此時期市鎮蓬勃發展。1643年當局重申前令，以茅草竹材搭蓋者應在公告8日內自行拆除，否則將沒收房舍並罰款。1648年，臺灣當局在熱蘭遮城及臺灣市鎮設有市政府、稅務所、公秤所、臺灣病院、女子矯正所、刑場、市場等機構。1652年前後，市鎮擴大成南北向、東西向各三條道路，三橫三縱分割成約19個街廓，最靠近熱蘭遮城的一排，多為公共設施，如居中者為市參議會，其南第二個街廓為墓園，其北第二個街廓為稅務所。研究指出，東西向寬街的路面寬度80荷呎（23-24公尺）。*⁷ 1645年時，從城堡的東北角經過鐵匠坊、市場，通往臺灣市鎮的主要道路進行鋪設工程，以樹枝墊底、上鋪蠔殼，用木頭搗碎蠔殼夯實，上面再鋪貝殼、細沙，道路兩旁邊緣鋪設磚頭，作為排水溝。*⁸ 臺灣市鎮的其他街道也陸續進行整建，每條街的中央地帶用樹枝、蠔殼墊高，工法應如前述道路。到了1651年，臺灣市鎮所有街道的路面全都以石頭、木屑鋪設。

漢人頭家呼風喚雨　市鎮北側的北碼頭一帶，是海關所在，從海外輸入

的貨物，應在「公秤所」過磅，再到隔壁「稅務所」繳稅。中國商船通常泊靠南碼頭，住在南碼頭一帶的荷蘭公司通譯、商人何斌，後來徵得公司同意，准許中國商船就便在他家過磅、課稅，他暗中替鄭成功收稅之事被揭發後，寅夜逃至鄭營，搖身一變成為鄭成功的馬前卒。今延平街「何家古厝」，正巧位於何金定（音譯）、何斌父子的宅邸一帶。

　　1640年代起，臺灣當局遴選10位有力人士任漢人頭家（cabessa），參與公司的商貿、稅收、民事案等公共事務。已故中國商人Jan Soetekau的遺產如何處分，即由漢人頭家議決後，以書面送交臺灣評議會；[9] 公司應國姓爺之請，派醫生去廈門為他治病時，便要求四位漢人頭家擔保醫生可平安回來；1660年3月中，當局懷疑漢人頭家通敵，全部逮捕拘禁，扣押動產、不動產，直到鄭成功攻臺前一個月才予以釋放。[10]

戰後廢墟野兔成群　1656年10月，市鎮遭強颱侵襲，遍地亂石瓦礫，臨海的街屋幾乎全倒，何斌與其他人新造的豪宅無一倖免，市鎮的榮景不再。翌年6月，當局發布一項告示：禁止在市鎮的街道上研磨稻穗等穀物、禁止放置鹿肉吹風，不僅佔用街道、妨礙行人，更讓灰塵、臭氣危害住家。[11] 10月初，當局鑑於市鎮有不少街頭乞丐、罹患疾病者，責成漢人頭家在三天內送去赤崁的中國人病院或移置他處，否則必須共同收容到自己家裡。

　　1661年5月，鄭軍的前線指揮官馬信，率軍駐守市鎮。歷經9個月的圍城、砲戰，鄭軍病死、餓死者眾，許多門板、窗戶等木材被拆去製作棺木；為了作戰需要，連棟房屋幾乎都相互打通；到了年底，從熱蘭遮城堡上面望去，整個市鎮大部分房屋都拆平了。1664年，荷蘭艦隊司令出海王（Balthasar Bort）記載當年已改名為「安平街」的臺灣市鎮，「已呈廢墟，空無一物，野兔成群。」[12] 一個與曼哈頓同步發展、紅瓦白牆的歐風市鎮，至此走入歷史。入鄭、入清以後，發展成中國式市街，已是另一種面貌了。

此紅毛樓非彼赤崁樓

荷蘭人在赤崁興建的新城堡（紅毛樓、番仔樓），與清末在原址上新建的海神廟（赤崁樓），

建築樣式、意涵、功能截然不同，紅毛樓興建時就被預言會垮，

後來淪為蝙蝠洞，還有鬧鬼、地下通道等傳說。

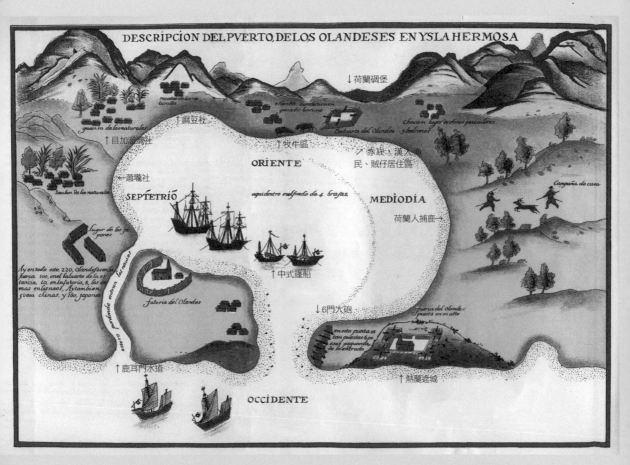

■1626年大灣（大員）港口圖，是臺灣史上最早描繪族群分布與動態的示意圖。這是根據澳門人 Diaz的描述而繪製。在荷蘭堡壘右側，畫有6間房屋處為赤崁社。

1626年，荷蘭西印度公司向北美洲印地安人以物換地，取得長島（Long Island）土地，荷蘭人列出七項交換的貨物，有850多張水獺皮，以及其他的獸皮等物；1625年荷蘭東印度公司以15匹棉布（cangan）向新港社人購買（新港人認係租借）赤崁的一塊地。[*1] 1685年蔣毓英《臺灣府志》說：荷蘭人誘騙赤崁的倭寇，借「約一牛皮地」，再將牛皮剪成細如繩縷，拉長圈匝成十數丈，以此圍成一大塊地。1764年印行的《重修鳳山縣志》，說荷蘭人原先向臺灣原住民（土番）借居，後來騙得一牛皮地，築臺灣城。[*2] 遭誘騙的主角，由漢人倭寇轉變為原住民。

臺灣第一個農墾區　中文文獻記載，明末福建海盜趙秉鑑約於1617年來臺，「七日而築城赤墈」[*3]，這是最早的「赤墈城」，七日搭蓋的城砦，實際情況也許是竹圍、木柵之類。1626年在馬尼拉的西班牙人，根據在大灣（大員）待過兩年的一位澳門華人通譯、會講漳泉話的迪亞茲（Salvador Díaz）之描述而繪製的港口圖，並無一座「赤墈城」，倒是有一處漢人漁民、盜賊及商人組成的聚落。[*4] 屋頂為茅草搭蓋，約有5,000人，另有160人的日人聚落，這幅圖是荷蘭人來臺第三年時，原、漢、日、荷四個族群在這一帶活動的縮影。

　　荷人最早於北線尾設置商館及漢人、日本人居住區，後因條件不佳，1625年在赤崁建立市鎮（Stad Provintie，又譯普羅民遮），將商館及住宅區遷過來，同時拓展農業，栽種作物、果樹、飼養家畜，1626年的示意圖上，荷蘭碉堡旁有個牧牛區。一年多後，瘟疫流行、市民病故，臺灣長官德·韋特（Gerard Frederikszoon de With）報告說：赤崁地區疾病嚴峻，漢人都已逃走，公司派去伐木的130個人半數病倒，只留10-12人看守鹿皮。[*5] 因此，商館及住宅區遷回北線尾，1628年又遷往大灣（大員）；1630年代，重新在赤崁地區推動農業、招募漢人農民墾殖，發展成第一個農墾區，也是重要的行政區。

赤崁省／普羅民遮城　首任臺灣長官宋克將赤崁命名為Provintie，此字與英語Province（省）相同，意指臺灣城堡、市街之外的行政省分。正確來說，這個行省，應稱為「赤崁省」，1652年新蓋的城堡，應稱為赤崁樓或赤崁城。赤崁省在1648年一度改名荷恩（Hoorn）省，後因巴城當局不同意，又改回原名。[*6]

　　1652年郭懷一事件後，臺灣當局在赤崁興建城堡，以增強防禦。《熱蘭遮城日誌》1654年7月記載：巴城當局對新建城堡頗多意見，包括：造價太高、稜堡上安置兩門低射的大砲不妥、「接合處造到那麼高，可能會垮」、省長官邸下面「那麼多的大拱門，（城堡）遲早會因地震而倒塌」。

　　1653年，臺灣當局以確保赤崁安全為由，設置省長（Landdrost），這是沿用巴達維亞的制度。首任省長霍賀蘭（Albert Hoogland）；末任Jacobus Valentijn，中文文獻作「赤崁城夷長猫難實叮」，或「赤崁酋長猫難實叮」。省長下設一法院，管理臺灣本島居民，還設有政務官六名，主持各區政務，分別駐在二林、虎尾壠、麻豆、蕭壠、赤崁、南路（麻里麻崙）；此外，雞籠、淡水設駐紮官，卑南覓設一士官。[*7]

　　赤崁新城堡落成，作為赤崁省的行政中心、省長辦公廳舍，以及防衛保壘；1661年鄭成功來襲，以重兵包圍赤崁樓，斷水斷糧，猫難實叮自知不敵，舉城投降。鄭、清時期都將赤崁樓移作火藥及軍械庫，又稱紅毛樓、番仔樓。

■18世紀鹿皮畫的臺灣府城圖（局部）中，荷蘭時代興建的赤崁樓結構體及外觀尚屬完整。

番仔樓淪為蝙蝠洞　1721年朱一貴起事，攻佔赤崁樓，將城堡的鐵鑄門額拆下來打造兵器。後來，「頻年地震，屋宇傾盡，四壁陡立，惟周垣堅好如故」[*8]，地震倒塌，應驗了當年巴城當局的預警。荷蘭人派駐在臺的建築設計師學藝不精，魍港的防禦工事屢建屢塌；興建烏特勒支堡時，交叉拱穹突然垮下，因此重建；赤崁樓重蹈覆轍，半個多世紀後也垮了。

　　1750年臺灣知縣派人嚴加管理，歲時灑掃，「俾邑人士覽勝焉」。紅毛樓後來「樓半傾壞，房室幽奧，久封塵土，人蹤罕到」。1865年打狗海關稅務司麥士威爾（William F. Maxwell），描述紅毛樓的城堡像囚禁罪犯的地牢，堆滿廢棄物，室內有一股海鳥糞石般的惡臭味，牆壁四周有無數蝙蝠嘈嘈雜雜；從二樓可俯瞰整個城市，牆面幾已損壞，但邊牆和隔間牆尚存，堅實的磚牆上設有射擊孔，四個角落還有角樓；最上層則長出二、三棵大榕樹。[*9]乾隆舉人陳輝的〈赤崁夕照〉詩有「廢堞蟬鳴餘老樹，頹牆雀噪等荒丘」之句，乾隆時期的老樹，到同治年間

是名副其實的百年老樹了。清末美國駐廈門領事李仙得（Charles W. Le Gendre）也來參觀過，他聽說這裡鬧鬼，除了外國人或遊客偶來探訪，無人敢入；[*10] 日本時代，因傳說紅毛樓底下有地道通往熱蘭遮城，實地進行探勘，但無所獲。

海神廟掛名「赤崁樓」　1884年清法戰爭期間，法國人說，臺南有一座他們遺留的城堡。劉銘傳命臺灣知縣沈受謙拆毀紅毛樓基地上的荷蘭建築，以杜絕法國侵臺藉口。至此，赤崁樓成為歷史。戰後，遷建引心書院至赤崁樓的基址上，改稱「蓬壺書院」，另建文昌閣、海神廟、五子祠、大士殿，形成中式建築群。今僅存文昌閣、海神廟、蓬壺書院門廳。海神廟的正廳門楣，懸掛「赤崁樓」牌匾。正確來說，今之赤崁樓是清末興建在荷蘭人紅毛樓基址上的海神廟，這是名實混淆、張冠李戴。海神廟正廳展示紅毛樓復原模型，並有一幅1930年代小早川篤四郎繪製的〈赤崁夕照圖〉，呈現1650年代荷蘭紅毛樓的最初樣貌。

■1652年荷蘭人興建赤崁城堡，作為臺灣最早的行政省分「赤崁省」的辦公廳舍、省長官邸，兼做防禦堡壘，稱為赤崁樓，又稱紅毛樓、番仔樓。圖為1930年代日本畫家小早川篤四郎描繪的赤崁夕照。

濱田彌兵衛的逆襲

臺灣是荷蘭聯省共和國不可分割的領土，不容其他國家染指……；
我們命令您閣下，務必保護臺灣的完整主權，不可退讓給任何人。
——荷蘭聯合東印度公司巴達維亞總部訓令

荷蘭聯合東印度公司12任臺灣長官之中，學問最好、脾氣最倔、處境最慘者，非納茨（Pieter Nuits）莫屬。他倨傲自大，任內發生「濱田彌兵衛事件」，在自己堅固的城堡裡遭到日本人挾持，兒子被指定當人質，帶往日本後遭到拘禁、病死獄中；納茨卸任後被公司判刑、送去日本坐牢贖罪。這一事件的背景，是荷蘭人來臺不久，便主張擁有臺灣主權，因而揭開了荷日衝突的序幕。

讓臺灣隸屬於荷蘭　臺灣長官宋克，於1624年8月底從澎湖撤至臺灣（大灣／大員）。12月間，他向巴達維亞總部報告，「要使這座島嶼的居民臣服於荷蘭聯省共合國的首長大人」；[*1] 翌年1月，宋克親訪新港社，要從「他們擁有主權」的土地取得一個據點；5天後，70個新港人回訪宋克，受到親切招待，荷蘭人以15匹棉布向新港社「購買」赤崁一塊土地，用來興建城堡。7月，宋克與臺灣評議會的報告說，要使這個島嶼成為荷蘭共和國的領土。

荷蘭人認知新港人擁有土地主權，同時意識到公司也要佔有主權，開始透過發照、徵稅、征服、締約等手段，宣告公司在臺灣的主權。1625年初，宋克發給漢人漁夫在沿岸捕魚的通行證，並派出篷船巡護漁船；核發通行證給前往巴達維亞、暹羅、廣南等地的中國篷船；1626年7月10日的決議錄記載，臺灣長官德‧韋特與臺灣評議會決議：將公告要求所有中國人必須申請免費居留證；不久，開始向他們徵收以漁獲量10%繳交的什一稅。

在赤崁興建的市鎮，命名普羅文西亞（Provintie），意為行政省分；城堡命名奧蘭治（Orangie）以紀念奧蘭治親王；1625年9月，宋克在港外翻船溺斃，德‧韋特向總部報告說，長官（Gouverneur）閣下安息主懷。Gouverneur是公司佔領地的首長。這些名稱都有主權的意涵。

荷蘭人來臺時，日本人已經在大灣經商多年，並建立一個約160人的聚落。宋克接到巴城訓令：應向商人課徵進出口什一稅（10%），以

挹注龐大的建城經費。1625年7月，臺灣評議會決議：日人從臺灣輸出
貨品應繳什一稅，同年並沒收日商的金錢、對於日商的生絲交易多加阻
撓；1626年李旦之子李國助在臺灣向漁民課徵什一稅，荷蘭人視為侵犯
主權，擬予以起訴，但日本頭人主張對李國助案有管轄權；又堅持將一
位製造偽幣的日人送回日本；此外還驅逐在臺灣的日本華商，荷、日關
係趨於緊繃。

濱田彌兵衛發動突襲　1627年，新任臺灣長官納茨奉命赴日本江戶打
開僵局，巴城當局訓令他要明白揭示「臺灣是荷蘭聯省共和國不可分割
的領土，不容其他國家染指。」[2] 納茨在7月24日出航日本，4天後，在
臺日人濱田彌兵衛將新港社頭目理加和他的15名族人「裝扮成使臣」
帶往日本，要去晉見幕府將軍。納茨在京都、江戶見不到閣老、將軍、
皇帝，鎩羽而歸；理加等人則代表臺灣向德川家光將軍獻地，並獻上虎
皮、毛氈、孔雀尾三項貢物。德川回贈銀條、衣物、布匹等，但未接受
獻地。[3] 1628年4月底，濱田彌兵衛率二艘日船重返臺灣，臺灣當局登
船查驗，隨後禁止濱田彌兵衛等出海返航，形同軟禁；理加等新港社人

則全部遭到拘禁，從日本攜回的贈品亦遭沒收。6月29日，濱田彌兵衛率部眾向長官納茨交涉，發動突襲，將他劫持！

經過數日談判、折衝，達成協議：釋放納茨、讓日人返航，但約定以納茨之子Laurens、商務官毛瑟等5人為人質，乘坐日船；濱田以自己的兒子等5人當人質，乘坐荷船，航抵日本後雙方交換人質。抵達日本後，事件告一段落，但旋因幕府不滿納茨的專橫，而將Laurens及其他荷蘭人下獄、封閉平戶荷蘭商館。巴城當局驚覺事態嚴重，將納茨視為罪魁禍首，翌年將他撤職。

納茨年輕時就讀荷蘭萊頓大學，精通拉丁語、法律與聖經，為歷任臺灣長官中最具古典人文素養者，他寫給公司高層的書信喜愛賣弄，每每引用西賽羅（Cicero）、塞尼加（Seneca）、馬基維利（Machiavelli）等名人文句。

1628年10月，納茨以「東印度議員暨統領福爾摩沙島、臺灣城長官」，與鄭芝龍訂定為期三年的貿易協定[*4]，體現了總督顧恩所要求的「揭示臺灣主權」。1629年4月底，顧恩指派普特曼斯為新任臺灣長官，並且在給他的訓令中說：萬一局勢難以兩全，寧可放棄日本平戶的據點也要保住臺灣；又說：日本人不承認大灣（大員）屬於臺灣長官管轄，「我們命令您閣下，務必保護臺灣的完整主權，不可退讓給任何人。」[*5]

荷、日衝突的收尾　納茨任內與原住民關係不睦，拘禁理加等人進一步激化原、荷矛盾，1629年7月31日發生麻豆溪事件，公司60名士兵被麻豆社人殺死。納茨於8月初卸任，8月14日從臺灣寫信總督顧恩，開頭說，已遵照總督的訓令與委任狀，「將我們的政府移交給他（普特曼斯）了」；接著，針對總督訓令新長官應糾正、改進臺灣種種缺失一事，納茨寫了121條答辯，洋洋灑灑，十分雄辯、語多譏諷，辯稱總督所提各項缺失均非事實，所有問題、責任都不在他；相反的，他處事允當、績勞卓著。信末，附上一段「酸」話送給總督：Proximus Diis ille est

quem ratio non ira movet（最接近神的人是服膺理智，不是追隨狂熱），
這是有點造次了。荷蘭平戶商館館長曾提到納茨與濱田等人談判之際，
高坐椅上，兩腿橫跨座椅扶把，鞋底朝向日本人，欺人太甚，濱田一怒
之下當場將他綁架。

納茨因失職，連同弊案、醜行而遭到審訊，判刑兩年，1632年巴城
當局餘怒未消，將他引渡到日本監禁。被囚四年期間，江戶幕府鎖國，
嚴控或禁斷海外關係，荷、日在臺灣的矛盾消弭，1636年荷蘭特使卡隆
與日人斡旋，並贈獻796磅的青銅燭臺給奉祀德川家康的東照宮，納茨
才獲釋放。

海權競逐的理論大師

國際貿易競爭、摩擦的背後必然涉及國家主
權。17世紀上半葉，荷蘭法學大師，被後世譽為
國際法、海洋法鼻祖的格勞秀斯（Hugo Grotius
〔荷文Hugo de Groot〕），擔任過奧倫治親王的
法律顧問、執業律師，也曾任職於荷蘭東印度公
司；他的「海洋自由論」*6主張公海自由，荷蘭
人有權航往東印度、有權與任何國家自由貿易。
此一論述挑戰了葡、西、英等海權先佔者的壟斷
理論。在格勞秀斯揭櫫的此一「國際法原理」
下，荷蘭人勇於競逐海權；荷蘭東印度公司從
1604年起，在東印度地區簽訂了二十多個貿易條
約、聯盟條約、和平條約，透過條約來界定或取
得權利（主權），荷蘭人在濱田彌兵衛事件中不
斷宣示擁有臺灣主權；1635年麻豆條約以及後來
連續與原住民簽訂的和平條約，都是標榜國際法
之理念下的產物。

■17世紀荷蘭法學權威格勞秀斯，
是荷蘭人發展海權的啟蒙者。

麻豆人的超級枷鎖

我社今後不再對荷蘭人、其同盟村社或結盟友人交戰；
我社四大公廨每三月輪流懸掛荷蘭三色旗，
若有重大事件發生，我社頭目、長老應齊赴該處會議，接受公司指令……

■左圖為17世紀西方人所描繪的火繩槍手，荷蘭時代的士兵就是使用這種兵器；右圖為使用弓箭的
臺灣原住民。16世紀中葉以來，原住民遇上倭寇，「倭鳥銃長技，東番獨恃鏢，故弗格」。

荷蘭傭兵利邦上尉於1623年率80名奴隸與水手，進入目加溜灣人的領域砍伐竹子，三、四百名目加溜灣人以大刀、長短標槍、弓箭進行反制。利邦描述：對方「毫不懼怕火槍和劍」、「無視於我方的攻擊，不顧生命危險」，一個多月後，300名目加溜灣、麻豆人攻擊荷蘭人的堡壘，遭到火槍、大砲射擊，遍地斷臂殘肢。麻豆社人稱火繩槍為「火柴」，稱火砲射擊發出的火光為「火把」[*1]，對於馬，則是驚為怪獸，1625年宋克長官請求巴城方面送來幾匹「讓人敬畏」的馬，以便用來追逐、宰制原住民或敵人；1641年虎尾壠人見到荷蘭的騎兵駕馭怪獸來襲，驚駭不已。[*2] 荷蘭人在舉辦地方會議時，照例從城堡、快艇等處發射大砲，目的要讓與會者「知道我們有很多要塞」，並從眾砲齊射的震撼中產生「驚異與敬畏」[*3]。臺灣原住民各村社對西方槍砲的見識與體會有別，但以弓箭對決槍砲，其結局則一。

「麻豆條約」貽害無窮　1625年1月，臺灣長官宋克用15匹棉花布向新港社人「購買」一塊地來興築城寨，但新港社人認為是租借，因此，1627年納茨抵臺上任時，新港、麻豆、蕭壠、目加溜灣四社頭目，要求納茨援新港社之例，繳納謝禮或年租。納茨視之為小偷、騙子（praggers）、乞丐，因而要求他們在各社為荷蘭人蓋屋，公司就可支付布匹。荷蘭人初期基於「先佔原則」而宣示擁有臺灣主權，其實是單方面主張。隨著公司勢力不斷伸入原住民村社，原、荷關係日趨緊張、惡化。1629年，漢人海賊三腳大爺（Sachataija）藏匿在麻豆社一帶，長官納茨派兵征討，無功而返，7月31日，在渡過漚汪溪（今將軍溪，荷蘭人稱為「殺人或叛逆者之溪」）時，麻豆社、蕭壠社人幫忙揹人、揹槍渡河，趁機殺死60名士兵，僅一名漢人通譯、一名黑奴逃脫。此時荷蘭人亟欲與大明國互市，無力回應麻豆溪事件。1633年荷蘭艦隊在料羅灣被鄭芝龍擊潰後，雙邊關係調整，荷蘭人開始對臺灣內部動武。1635年11月間，普特曼斯率475名士兵往征麻豆社，尤紐士（Robertus Junius）

牧師率新港社人繞道合擊，領教過砲火威力的麻豆人聞風而遁；未及
走避的26個族人被殺，3,000人規模的南臺灣第一大聚落被縱火焚燒淨
盡。此一掃蕩模式成為荷蘭人往後征討原住民村社的慣例。12月19日麻
豆社與公司簽訂和平條約。條文如下：[*4]

　　一、我大補厘、知汝落、敦使、知打路四人代表麻豆全社，將我社
因風俗習慣炫耀懸掛，現今仍存的荷蘭人頭骨、肢骨，以及所能發現之
鎗銃、衣物，一齊收集立即送到新港交給尤紐士牧師。

　　二、我社呈上種植土中之椰子、檳榔幼樹，表示甘願將我社承自祖
先之麻豆社及其附近草地，東至山、西至海、南北至可管轄之處，獻予
荷蘭聯省政府議會議長。

　　三、我社今後不再對荷蘭人、其同盟社或結盟友人交戰；相對地，
願尊奉上述議會議長，甘願服從，視為我社保護者。緣此，我社眾人允
諾順服、遵從四頭目（仰請長官從我社八名長老中遴選委任）之合理
指示、指揮與命令。再者，四大公廨應每三月輪流懸掛荷蘭三色小旗
（prince flaggetien），且若有重大事件發生，我社頭目、長老應齊赴該
處會議。

　　四、若長官先生欲與其他番社或本島番人交戰時，我社人甘願隨時
準備協同荷蘭人作戰。相對地，荷蘭人應在公司許可下（若交戰有理、
長官同意），盡量合情合理協助我社人。

■17世紀飄揚
在臺灣各原住
民村社的荷蘭
聯省共和國旗
幟。

五、我社人允諾，對所有在魍港與其他地方燒灰之漢人，以及在平地因需要而從事鹿皮與其他交易者，任憑往來，不予阻擾、傷害。然不得收留漢人海賊、脫逃荷蘭人或其奴隸，相反地，得拒其請求，或逕自送至城堡。

六、若差使持宣召杖（prince stock）向個人或眾人出示，命令速往新港或城堡（俾便前來報告或聽憑差遣）時，我社人立即遵從。

七、我社人承認殺戮荷蘭人之罪，每年於事件發生當日攜帶一隻大豬母（sogh）與一隻大豬公（beijer）到城堡給長官先生，長官閣下亦將回賜我等四面荷蘭小國旗（prince vaendelkens），以維持友誼關係。

此一條約生效後，麻豆社的對外主權完全移轉給公司，其中最具象徵的是荷蘭的紅白藍三色旗飄揚在麻豆社四大公廨。這是公司在福爾摩

■1642年荷蘭畫家林布蘭（Rembrandt van Rijn）作品〈夜巡〉，由畫面中16位民兵共同出資，雇請畫家描繪他們巡視街頭的場景。同一個年代，荷蘭士兵在臺灣執行任務，可從這幅畫產生一些想像。

沙「完整主權」的第一塊拼圖，也是國際法定義下的擁有臺灣主權的第一步。條約第三、四、六款規定，麻豆社接受公司保護，應無條件聽命差遣（包括隨軍征伐、差役派遣如傳遞書信、包裹、箱子、籃子等），若有怠慢或違令，視同反抗，必遭嚴懲。這些差役，「荷規鄭隨」、「鄭規清隨」，清初文獻描述：「妨其捕鹿，誤乃耕耘，因而啼饑呼寒，大半鶉衣鵠面」，[*5] 危害村社二、三百年。

近現代臺灣第一個政權 「麻豆條約」是臺灣史上第一份條約，公司隨後以此為藍本，與全臺各村社簽訂條約，陸續將部落的主權移轉至公司；1635年12月，普特曼斯帶領475名荷蘭士兵、四、五百名新港社等村社住民，攻打阿猴社，夷為灰燼，砍了9個人頭；半個月後攻打蕭瓏社，在全體住民面前，

■1624年荷蘭人來臺。「紅毛番」長什麼樣子？從1624年荷蘭畫家Frans Hals作品〈微笑的騎士〉，可以窺見一二。

將當年參與「麻豆溪事件」的7個人公開斬首。[*6] 三個月的武力威嚇，立竿見影，漢人得以「自由無礙地在田野工作」；至1636年10月，已有57個村社歸順。同一時期，日本實施鎖國政策，無形中消弭了荷、日雙邊的貿易與主權衝突。

荷蘭人不斷循此模式擴張領土，琅𤩝、卑南、虎尾瓏等大社陸續被迫締約歸順，1642年擊退雞籠的西班牙人後，荷蘭人成為第一個佔領全臺、具有現代政府雛形的政權。

小琉球人滅族記

荷蘭士兵用煙燻攻勢，將大約540名躲在洞窟裡的小琉球人，

燻死近半，其餘全遭俘擄；一波波的清剿行動持續了九年，

島上的小琉球人因此絕跡。倖存者多數淪為傭人、奴隸，少數嫁給了荷蘭的公司職員。

1636年4月26日，荷蘭軍隊與放索社、新港社原住民，搭船登陸小琉球島，展開獵捕行動，發現許多小琉球人躲入洞窟中，乃將洞口封堵，「放入各種可怕的煙使他們呼吸困難」，士兵們聽到洞內傳出「婦女和小孩悽慘的哀鳴」，[*1] 至5月4日，已聽不到動靜，打開洞口，發現洞內約有200-300具屍體。此後，持續不斷地捕捉、清剿，一直持續到1645年，整個島嶼1,200多人全部抓盡殺絕為止。這個驚悚的「滅族記」，要從荷蘭人佔領澎湖3個月後的一次航行意外說起。

金獅子號帶來的悲劇　1622年10月間，一艘荷蘭快艇金獅子號（Gouden Leeuw）開往拉美島（Lamey，即小琉球島）避風，幾名船員上岸取水，遭島人殺害；荷人記載此事，將這個島嶼標記為「金獅子島」。[*2] 1633年8月，臺灣長官普特曼斯與鄭芝龍簽定貿易協定後，開始規畫向小琉球、麻豆社、目加溜灣社等敵對村社展開報復。11月12日派遣二艘快艇、四艘篷船（junco）往征小琉球，發現島上有「從沒看過如此美麗又整齊的農地」；島人逃進一個有半浬長的洞窟內躲藏，荷蘭人無計可施，焚毀島上所有房子、殺死很多豬，然後撤兵。

　　1636年4月下旬，一百多名荷蘭士兵、約80名新港社與放索社人在小琉球展開全島獵捕行動，除了將躲入岩洞的二、三百人活活燻死之外，並將倖存逃出岩洞、被俘虜的小琉球人，一批批陸續運往臺灣；仍在奮勇抵抗的島人遭到一波波掃蕩。在島上新發現另一艘遇風失蹤的荷蘭快艇貝弗維克號（Beverwijck）的鐵砲與錨，以及西班牙人的船錨、荷蘭人的草帽、毯帽等物，研判也有西班牙或葡萄牙船隻在此遇難，[*3] 這一發現，讓巴達維亞當局狠下了殺盡抓絕、徹底報復的決策。

徹底清剿小琉球島人　6月2日，臺灣長官與評議會決議：為節省數百名被俘小琉球人的糧食供應，以及「一些好的理由」，所有婦女、10歲以下男孩，全部分配給新港人，條件是不准出賣、出讓，或當作奴隸

◀《熱蘭遮城日誌》記載，荷蘭軍隊在小琉球島展開第一波清剿行動後，被煙燻死以及活捉的人數。報告指出：這是全能的神或公正地懲罰魯莽、頑固的異教徒小琉球人，而發生此一悲慘遺憾事件。圖為VOC 1120.fol.417原檔頁面。

使用。6月3日，二艘篷船搭載60個小琉球男子，兩人一組用鐵鍊鎖在一起，載往魍港搬運石灰、磚頭，建造碉堡。

約有四、五百名婦女、小孩被安置在新港社家庭，不少人仍被當成傭人驅使。一個新港社女人蓄意將一名小琉球女傭溺死，加害人後來僅遭鞭打、罰款。1637年7月尤紐士牧師寫信給臺灣長官，建議將這些婦孺遣返，他自願去小琉球住。[*4]牧師之意，擔保她們不會造反。但臺灣當局在巴城的壓力下毫不鬆手，持續到1645年初，總共發動了約20次清剿行動，根據《熱蘭遮城日誌》歷年數字統計，全島約1,250名小琉球人被殺盡抓絕，其中被抓者約700人，被殺者約550人。[*5]幾年後，臺灣當局向巴城彙報：被抓714人，被殺405人，合計1,119人。[*6]

公司在1639年，小琉球人尚未被完全抓盡時，即將全島贌給漢人頭家三舍（Samsjacque），引進中國農人到小琉球耕種、採收椰子，島上居民從此換成了漢人。

荷蘭與葡、西、英、法都是近代奴隸買賣的大國。1621年荷蘭東印度總督顧恩大舉屠殺班達島原住民，倖存一千多人收為奴隸，荷蘭人興築澎湖城堡、大灣（大員）要塞都可見班達人的身影。《巴達維亞城日記》1636年7-9月記載：191個小琉球人分別搭載5艘船隻流放巴達維亞，腳繫鐵鍊充當苦役。

絕斷福爾摩沙　1643年臺灣評議會決議：新港的小琉球人可依意願或情況需要，來熱蘭遮城堡裡學習工藝，以便為荷蘭人服務。兩年後，13個未婚小琉球女子被帶到熱蘭遮城，分配給荷蘭人家庭。1655年舉行的北路地方會議，新港社四席長老之一的Dehalis Lameyer與會。Lameyer意指小琉球人，可見該社的小琉球人為數不少。離散無依的小琉球人悲苦程度各異，唯一相同的是：所有人都喪失了身分。

1657年蕭壠社牧師Hermanus Bushof寫信給臺灣長官說：一個小琉球女子嫁給在臺灣的漢人贌商三官（Zagua），是尤紐士牧師證婚的。她

受到丈夫惡待、不給吃飽，罹患天花而死，兩個孩子Junius、Anna都受過洗，以前跟著她上學、上教堂。現在Anna改穿中國服飾、被迫裹小腳，她不僅得忍受殘酷、劇烈的疼痛，更被父親的妾（Concubine，另一個太太）苛待、凌辱。臺灣評議會決議：兩個孩子分別安頓在蕭壠社政務官、牧師之家，俾便接受教育、過基督徒生活；並責成孤兒院的代表，設法取得她們母親的遺產。*[7]

1650-1661年臺灣婚姻登錄檔案中，有28名小琉球女子嫁給荷蘭人（歐洲人）、亞洲人或福爾摩沙人。*[8] 依照公司規定，職員的配偶必須返回巴達維亞，這些劫餘倖存的小琉球女子及其下一代，1662年2月9日上午，隨著揆一的返航船隊駛離熱蘭遮城，前往下淡水溪（今高屏溪）出海口、小琉球島一帶整備、待命，2月20日拔碇啟航，航向三千里外她們的父兄被終身流放之地，巴達維亞。

■17世紀荷蘭東印度公司大量買賣奴隸，公司派駐在臺灣的職員也可以擁有私人奴隸。此圖大約繪製於1700-1725年間，一位荷蘭商人帶著六名奴隸，走在丘陵地。

頭目長老的「地方會議」

公司每年舉辦地方會議，強化與各村社的主從、盟約關係，將他們凝聚在臺灣長官威嚴、慈愛的管轄之下；會議中公開任命長老、頒授權杖，賦予至高無上的權威與榮耀。

1648年來臺的荷蘭土地測量師Caspar Schmalkalden，親眼目睹在赤崁的公司大庭園舉辦的地方會議（Landdag）：*¹一百多位各村社長老，在長桌並排而坐；臺灣長官、評議會議員、書記坐在前方的亭子裡，後方有一列士兵手持火繩槍、長戟，圍成半圓形護衛著。臺灣長官一面透過年度地方會議，宣布重大政策、任命長老、授與權杖，賦予長老「法統」地位；一面透過此一動員，確立公司與村社的盟約關係，維繫對全臺原住民的統治。

選授長老，權力認證　荷蘭人從1635年起不斷地透過武力征服各部落，迫其簽訂條約，形成領主／臣民的關係，這是在亞洲殖民地擴張的特例。公司在重要村社派駐政務官、牧師或探訪傳道、學校教師，共同執行公司政策、督管部落。對部落的治理，最具統治意涵的年度地方會議，在荷蘭東印度公司是一獨特制度，為其他殖民地所無。

公司與麻豆社簽訂的第一份條約於1635年12月18日宣告生效後，旋即於翌年2月初，比照麻豆條約，與塔加里揚、下淡水、大木連、塔樓各社簽約；2月下旬，28個歸順村社的長老們齊集於赤崁，參加全臺首次地方會議，長官普特曼斯發表談話，先由翻譯員用新港語朗讀，接著用虎尾壠語（Tarrokayse spraecke）、山地語（bergh spraecke，鄒族語）朗讀，讓村社長老了解；會中規定每一村社依人口比例，選出1-3名頭人、首領，每人發給一件黑絨布袍、一根權杖，*²作為任命的認證、權力的象徵。到了1644年，正式在地方會議選授頭目與長老。

會議制度的確立，在臺灣長官卡隆任內（1644-1646）形成，往後大致每年舉行，因此，1644年稱為第一次地方會議，以後依序稱第二次、第三次……。全島區分為北路、南路、淡水、東部四個地方會議區。開會地點，南、北路都在赤崁的公司大庭園；淡水會議區在淡水城堡，東部在卑南。

◀荷蘭時期舉辦各村社地方會議的場景。地方會議是荷蘭東印度公司在亞洲殖民地獨一無二的制度，也是統治全臺原住民的最高權力象徵。

年度考評,賞罰任免 地方會議有既定的議程,以《熱蘭遮城日誌》最後一次記載、1656年3月10日舉行的南路會議為例,依例行儀式,公司士兵先以步槍對空鳴槍三次,繼由赤崁城、熱蘭遮城、臺江內海的一艘快艇,同時以大砲鳴放禮炮,*³ 以壯聲威;南路88個村社的長老依序入座,長官在臺灣評議會的議員、牧師等陪同下就坐;會議首先是長官宣講,由翻譯員分別以大木連(Tapopuliaan)、排灣、魯凱(Tongotaval)族語翻譯給所有長老知曉;接著進行年度重頭戲,長官逐一點名接見各社長老,宣讀年度考評,多數長老獲得肯定、續任;少數長老因怠職而遭撤換,改任新人,並授予權杖;不論續任、新任,長官會口頭嘉勉或訓誡,如無例外,都會賞給棉布、菸草。之後,照例宣讀公司的重要規定、長老職責、權杖意涵等等。

這些議程走完,南路的年度地方會議就結束了。下午,公司招待長老們用餐。土地測量師Caspar Schmalkalden對於午宴場景有所描述:餐桌上有豐富的甜酒、燻烤或烹煮的魚與肉,長老們吃得津津有味,吃相卻令人不敢恭維,他們席捲盤中餐,吃不下的就裝入籃子、葫瓢裡帶回

家。[*4]依照慣例，地方會議選在農曆月圓之日，讓遠程的長老可於夜間趕路。若從北路的牛罵社（今清水一帶）到赤崁的公司大庭園開會，將近200公里路程可有得走。

歷年地方會議都一再重申若干事項，譬如：替換長老是既定政策，如同臺灣長官也要更換一樣；沒被留任者並非遭到羞辱，未來一年好好表現，仍可重登尊榮、威望的長老地位；開會期間不會被算舊帳、會議上的任何發言不會被追究。

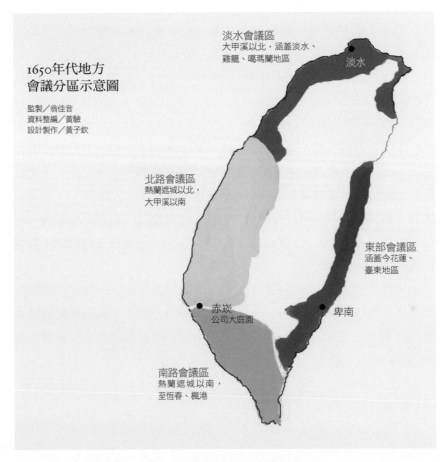

1650年代地方
會議分區示意圖

監製／翁佳音
資料整編／黃驗
設計製作／黃子欽

淡水會議區
大甲溪以北，涵蓋淡水、
雞籠、噶瑪蘭地區

淡水

北路會議區
熱蘭遮城以北，
大甲溪以南

東部會議區
涵蓋今花蓮、
臺東地區

赤崁
公司大庭園

卑南

南路會議區
熱蘭遮城以南，
至恆春、楓港

■1650年代臺灣當局召集原住民各村社長老舉行地方會議，全臺分為四大會議區。

全臺行政區劃的雛形　荷蘭人創造出兩項代表權力的信物：親王旗、權杖。親王旗象徵公司對村社的統轄權；權杖賦予長老的法定地位。1642年9月22日，金包里社、三貂社等5社代表與荷蘭人締約、呈獻土地，各社都要求獲贈一面親王旗，否則不走人；最後各都如願。1643年初，淡水河對岸Kipandan社（即Parihoon，八里坌）頭目，攜帶二三壺酒、橘子等物來淡水城堡見裴德（Thomas Pedel）中尉，隨身帶著荷蘭人頒贈的籐杖（權杖），非常珍惜；裴德回贈酒與菸草，問他為何從去年以來都不見人影。他說因忙於割稻，在他的村社連孩童都盼望裴德中尉到訪。最後，裴德送他一條艋舺舟，他承諾只要淡水城堡用親王旗當信號，馬上渡河過來。*⁵

1648年3月舉行的北路地方會議，使用了新港語、干仔轄語（Camachat，大肚番王轄區語言之一）、虎尾壠語及山地語（鄒族語）為通用語。一位鄒族Outwangh社（又作Pangalang，清代文獻作「枋仔岸社」）的長老勝士壠（Lassoerangh），需要經由三個翻譯員跟他交談：第一個翻譯員將會議通用語新港語，翻譯為哆囉嘓語（Dorcko）；再由第二個翻譯員將哆囉嘓語翻譯為小蘭社群語（小Tackapoelang）；接著又請第三個翻譯員將小蘭社群語翻譯為長老的族語。*⁶從這一條記載，可見當年臺灣話之多元、繁複，更可想像跨語區、跨族群交流時比手畫腳七嘴八舌的忙碌景況。

荷蘭人在北路、南路派駐政務官；在北部淡水區、東部卑南派駐軍隊。1650年代末，進駐Dokudukol（苗栗中港一帶）；1658年初進駐宜蘭的哆囉美遠（Talabiawan），全臺行政區劃的雛形浮現，成為鄭氏時期行政區劃的基礎。

十七世紀臺灣諸「王」

荷蘭人來臺後，南征北討，逐步建立殖民政權，

原本各擁一片天的幾個臺灣「王」，被迫面對外來勢力，

因而陸續登上了臺灣歷史舞台。

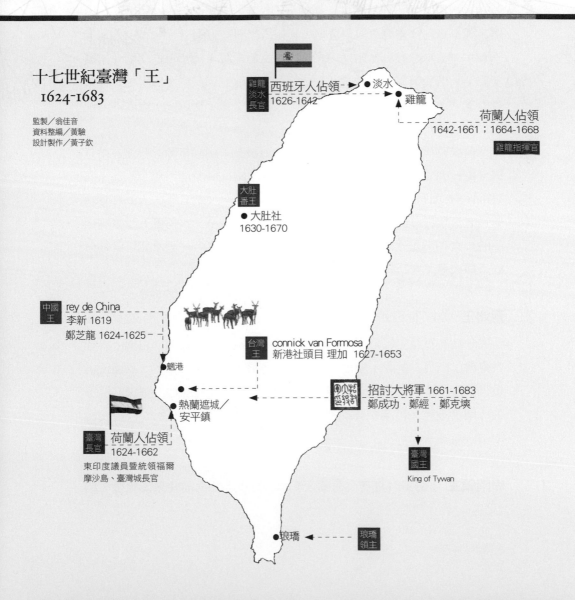

十七世紀臺灣「王」
1624-1683

監製／翁佳音
資料整編／黃驗
設計製作／黃子欽

雞籠
淡水
長官　西班牙人佔領　●淡水
1626-1642 ●雞籠

荷蘭人佔領
1642-1661；1664-1668

雞籠指揮官

大肚
番王
●大肚社
1630-1670

中國
王　rey de China
李新 1619
鄭芝龍 1624-1625

台灣
王　connick van Formosa
新港社頭目 理加 1627-1653

●魍港

招討大將軍 1661-1683
鄭成功·鄭經·鄭克塽

●熱蘭遮城／
安平鎮

臺灣國王
King of Tywan

臺灣
長官　荷蘭人佔領
1624-1662
東印度議員暨統領福爾
摩沙島、臺灣城長官

琅璚
領主
●琅璚

17世紀臺灣諸「王」，並不等同於王權（kingship）概念下的國王（king）；凡擁有一定的權勢或影響力者，諸如：十幾個村社的共主、大部落的頭目、海商或海盜集團首領等，都泛稱為王；唯獨鄭經，是英國東印度公司認證的國王，在公函、條約中都稱之為King of Tywan（臺灣王）。

　　1619年，西班牙道明會士馬地涅斯（Bartolomé Martínez）前往中國，因暴風而在臺灣東海岸登陸，其報告提到被中國王（rey de China）李新率領八十餘艘海盜船掠劫。[*1]中文文獻記載，漳州海盜李新（本名李忠），僭號稱王（「僭號弘武老」），與海寇袁八老（袁進），以東番為巢穴，率其徒眾千餘人，流劫焚毀。這是當年活躍閩、臺間的海賊王。

　　荷蘭時代臺灣中部有位曇花一現的海賊王：1643年間，盤據在馬芝遴（Betgijlem，今鹿港）一帶的海盜根旺（Kinghwangh，又稱Sico〔四哥〕、Saccalauw〔三腳佬〕），自己製作權杖，發給二林、大武郡等10社長老，宣稱自己是臺灣北部的長官（Gouverneur），荷蘭人是臺灣南部的長官，南北分治。根旺據地為王，還來不及讓各村社承認，就被荷蘭人抓去殺了。[*2]

臺灣王　第一位正式登上舞台的「王」是新港社頭目理加。1625-1628年間，荷、日發生貿易摩擦，日本人將理加冠上「臺灣王」封號，「代表臺灣」向日本呈獻土地、貢物，表示臺灣主權歸屬日本。「臺灣王」是外交運作下的產物，純屬虛銜。1650年3月舉行北路地方會議之前不久，理加逝世，會議紀錄提到他「以前在日本被封為臺灣王（connick van Formosa）」。[*3]

卑南領主　1638年1月初，荷蘭人派遣一百多名士兵前往東部探金，路

過琅𤩝，琅𤩝領主派出自己的軍隊，協助前往卑南。抵達太麻里社，遭其族人頑強抵抗，隊長下令縱火燒毀300間房屋，砍了40顆頭顱、俘虜70名婦孺。2月初，荷蘭的隊長與「卑南政府」的領主會面，雙方達成協議，卑南領主與轄下10社，全部歸順公司。卑南領主將戴在自己頭上、帽緣鑲一層薄如鐵皮的帽子，贈給Juriaense隊長；隊長將一頂灰色帽子、一塊紅色天鵝絨，回贈卑南領主。荷蘭文獻有時稱卑南政府，有時稱卑南領主。鄭成功圍攻熱蘭遮城時，一批荷蘭人逃到卑南，受到保護。

琅𤩝領主　相對於臺灣諸王，琅𤩝領主統轄16-18個村社，擁有生殺予奪大權、自己任命各社頭目。臺灣當局陸續征服南路、北路各社後，1641年決定將琅𤩝領主「收服在公司的權威之下」，1642年底派遣士兵300人征討。1645年1月，琅𤩝領主Tartar與公司簽定條約，共11條款，可歸納成三個重點：[*4]

一、領主擁有之處死住民、處罰人身等權力，移轉給臺灣長官；住民若對領主提出告訴，將依法處理，領主不得因此懲罰住民。

二、領主永久免稅、不再世襲；每年應與各社長老出席地方會議；若違背條約各節，領主之一切權利將被取消。

三、琅𤩝各社住民每年應向公司納貢；原本由領主向各社住民徵收之稅項，改由公司徵收。

從條約推測，領主原本擁有處死住民之權力，這一權力為全臺各村社、各領主所無。琅𤩝領主歸順並被剝奪威權後，其族群的凝聚力並未從此瓦解，清初仍有「鳳山琅𤩝十八社」。1874年牡丹社事件前後，十八社首領卓杞篤（Tooke-tok）周旋於美、日、清之間，其動向舉足輕重。

加六堂女頭目　1650年代在臺灣任職的蘇格蘭人萊特（David Wricht），將全臺灣劃分為11個區，其中第七區加六堂（或稱加祿堂），轄有5

社，由一位婦女統治，對社人極具權威。這位女頭目曾是寡婦，後來與一位地方上的王子（prince）再婚。她善待基督徒，荷蘭人稱為「好婦人」，若派兵到此，她會提供糧食。1661年2月間，公司的瑞士籍傭兵Albrecht Herport參與征討排灣族力里社，在加六堂登陸。其遊記提到：該社由一位婦人統治，如同女王一般。[*5] 與萊特講的是同一位女頭目。

大肚番王　1638年間，臺灣當局從中國商人獲得一個情報：由馬芝遴社往牛罵社的半途，有一個領主（vorst）統轄18個村社，每社30-50戶不等。其統轄領域稱為Camachat或Kamachat（清代文獻作干仔轄、甘仔轄），領主叫做Camachat Aslamies（干仔轄領主阿拉米斯）。漳、泉漢人不稱Camachat，也不叫Aslamies，而是稱為番王（QuataOng），番王直轄的村社為大肚南社，因稱「大肚番王」。

　　清初黃叔璥〈番俗六考〉記載：大肚「昔有番長名大眉……，每歲東作，眾番爭致大眉射獵，於箭所及地，禾稼大熟，鹿、豕無敢折損者；箭所不及，輒被蹂躪，木亦枯死。」大肚社每年春耕（東作）時，族人為祈求禾稼大熟、牲畜無損，競請番王射箭降福，其統治形態，可能與咒術儀式（農耕儀禮）的操演有關。[*6]

　　蘇格蘭人萊特稱臺灣第三區為Keizer van Midag（中晝之王，即大肚番王）統轄。番王外出時，有一二人隨行。番王不許基督徒住在轄區內，不准任何一位通譯學習轄區的語言，但准其在境內自由通行。番王統轄的是跨族群、跨語區，依20世紀學術分類，番王是拍瀑拉族

（Papora），轄下有巴布薩族（Babuza）、巴宰族（Pazeh）等。

　　1645年初，荷蘭派兵征討大肚以北諸社，弭平13個村社，殺死126人，俘虜16名孩童。大肚番王不敵，於4月5日率領各社長老，在熱蘭遮城與臺灣長官簽約，轄下各社全部歸順。番王一行人在大灣（大員）停留到4月7日，參加南路地方會議，與琅𤩝領主同席。這是臺灣史上唯一的三王（荷蘭王、大肚番王、琅𤩝領主）之會。*7 在會議上，大肚番王獲頒權杖、被任命為大肚南社的長老。從此，他的權力、地位，與所轄的十幾個村社的長老一樣。

　　1646年大肚番王偕同幾個長老前往虎尾壠，向范布廉（Van Breen）牧師控訴：兩個月前，猫羅社（Kackarbararoch）兩名婦女、Kackar Sakolei社一名男子、北投社（Tausa Bata）一個年輕人，前往岸裡社（Tarranogan，斗尾龍岸社）一帶尋找食物，被苗栗一帶的加志閣社（Kalican）的族人馘首，請求公司主持公道。由此可知，番王歸順後已無力解決紛爭，必須仰賴公司仲裁。1648年北路地方會議時，番王已去世，由外甥 Camachat Maloe 持其權杖與會，被任命為大肚南社長老。*8

　　1661年鄭成功攻臺，南路的村社多數棄荷投鄭。鄭軍援勦後鎮張志、後衝鎮黃昭，率軍前往北路屯墾，管事楊高剝削大肚一帶的先住民，大肚社首領阿德狗讓乃怒殺楊高。8月間，鄭成功派去征討的大將楊祖，身中鏢鎗，傷重不治。17-19世紀臺灣原住民對抗荷、鄭、清、日的數十起大小戰役中，唯一重挫外來勢力、殺其主將者，就屬大肚王了。文獻記載「其鋒甚熾，欲出援荷蘭」*9，鄭成功再派黃安、陳瑞兩個鎮，約2,000人往征，黃安設伏誘戰，阿德狗讓不敵，戰死。

　　1670年鄭經執政，原隸屬大肚番王的沙轆社（Salach），與大肚社、斗尾龍岸社舉兵反，劉國軒率軍征討，屠殺沙轆社一百餘人，僅6人倖存。入清以後，沙轆社才逐漸復甦；1731年（雍正9年），大甲西社不堪勞役繁重，起而抗官，大肚社人遭臺灣道妄殺，於是與沙轆、牛罵、吞霄、岸裡、阿束等十餘社群起抗暴，圍攻彰化縣城，事件歷時一

年才告平息。大肚、沙轆等社是歷史上少數連續對抗荷、鄭、清三個政權的村社。

臺灣國王　1670年6月，一艘英國船駛抵東寧，呈遞英國東印度公司班丹經理Henry Dacres致「臺灣王」鄭經的公函，函稱：「陛下如確知我等為英國人，並非荷蘭人，各講不同之語言，而願使我方與貴國通商，則請特賜允諾，不但我方之船舶與貴國之船舶在海上相遇時惠予保護，並指定信號及證明文件，以證明國籍……」*10；1672年7月，雙方簽定「鄭英協議條款」，這份正式的國際通商條約，稱鄭經為臺灣王（King of Tywan），尊稱時用「陛下」（Your Majesty），條約各款中比較特別的是，鄭經要求英船進入安平，應將各種軍器、槍械交出，等到出港時再悉數歸還。對此，英國人不僅感到麻煩，亦覺屈辱，但鄭經堅持載入條約中。這是貨真價實的臺灣王了。

■清初《臺灣地里圖》（局部），圖中的大肚社、大武郡社、水里社等，是荷蘭時期「大肚番王」統轄的領域。

鄭芝龍的臺海風雲

精於海上走險的鄭芝龍，不斷見風轉舵，搖身一變成為國之重臣；
當新政權開出誘人條件款款招手時，他忘了「無海則無家」的教條，脫淵而出，誤上賊船。

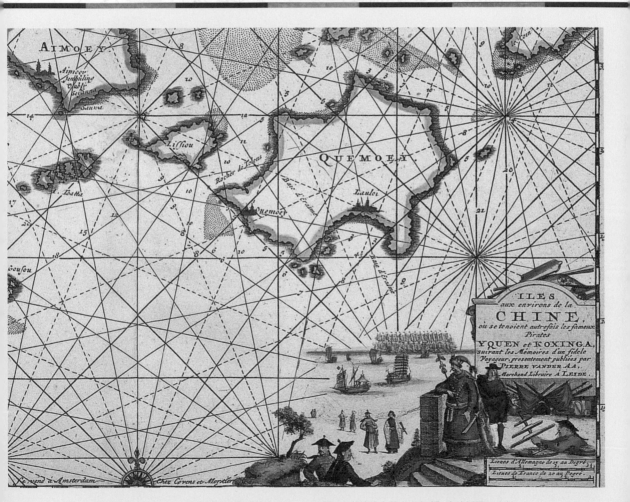

■荷蘭人Pieter van der Aa描繪的海圖《著名海盜一官與國姓爺盤據的中國沿岸島嶼》中的插圖。約於
1727年在荷蘭發行。

在前頁荷蘭人描繪的這張海圖上，一官（鄭芝龍）依在矮牆邊，手握權杖、腰配短刀，其身後長髮披肩的少年應是鄭成功（國姓爺）。海圖題曰「著名海盜」，語帶貶抑。但在1630年前後，荷蘭人急欲與中國通商，兩位商務官包瓦士、特勞牛斯前往安海求助一官後，向臺灣長官報告時，稱鄭為「我們荷蘭人之父」；[*1]鄭芝龍受福建當局招撫後，「閩士大夫輒呼之為賊，絕不與通」，[*2]等到1645年擁立隆武帝，掌握大權後，搖身一變成為福州各界的「救世主」。

兼有海商／海寇／太師三重身分的鄭芝龍（1604-1661），21歲那年接收李旦、顏思齊的勢力，瞬間崛起，縱橫海上20年，在明、荷、清的三邊賽局中扮演要角。

披髮少年海盜之路　1576年羅馬教皇下令在澳門成立東亞第一個教區，1582年耶穌會士利瑪竇（Matteo Ricci）抵達澳門傳教，也將西方知識傳入中國；李之藻、徐光啟等明朝官員、學者受洗改宗，上行下效，廣東「沿海嗜利之徒，多入其教」。16-17世紀耶穌會士為了籌措傳教經費，多從事貿易，葷素不拘，有時也販賣奴隸。澳門是葡萄牙人在亞洲的貿易樞紐，更是傳教基地，葡萄牙語也因此成為東亞的國際通用語言。

鄭芝龍出生於福建南安縣安海鎮，小名一官（Iquan），年少浪蕩，面容姣好，他自述「浪跡江湖時，髮猶被面」。[*3]同父異母的五弟芝豹有一舅父黃程在澳門經商，鄭芝龍遂赴澳門學商，受天主教洗禮（教名Nicholas Jaspar），諳葡萄牙語；約於18歲赴日，在平戶巨商李旦手下，「以父事之」，甚受器重。1624年初，李旦將他推薦給澎湖的荷蘭艦隊司令雷爾松擔任通譯；8月17日，李旦在荷蘭人的催促下，抱病抵澎，斡旋明、荷衝突，促成荷蘭人撤往臺灣。這個節骨眼上，李旦、顏思齊、鄭芝龍都在澎湖。1624年底，宋克長官向巴達維亞當局報告說，李旦、顏思齊同意派遣篷船去馬尼拉沿海，搶劫中國人的船隻。

1625年2月間，李、顏的船隊約100人，「靠行」當起海盜；8月間，李旦病逝，10月間顏思齊感染風寒致死，鄭芝龍接收二人的船隊及資產，以魍港等地為據點，懸掛荷蘭人的親王旗在海上打劫。12月間，鄭芝龍依約定將擄掠所得的一半分給公司。[*4]

多語、多金、多元家族 1626年春，鄭芝龍轉往福建沿海發展，在金門、廈門樹旗招兵，擊敗金門遊擊盧毓英，向他自薦，說：「苟一爵相加，應為朝廷效力，東南半壁即可高枕矣！」[*5]工科給事中顏繼祖奏稱鄭芝龍「聚徒數萬，劫富施貧，民不畏官而畏盜。」1628年鄭芝龍據有金、廈，縱掠閩、浙沿海，其後接受明朝招撫，官拜遊擊，成為海盜剋星。不久，與鄭芝龍一起受撫的李魁奇降而復叛，將他逐出廈門。1630年2月，臺灣長官普特曼斯、鄭芝龍，與海盜鍾斌兵分三路進逼廈門，李魁奇敗逃，被擒、隨後處死。鄭芝龍為此打製一條有七個圈的黃金項鍊，親手掛在普特曼斯的脖頸上，這項鍊繫著一枚紀念徽章，上面描繪

荷蘭人協助鄭軍作戰的情景。[*6] 鄭、荷之間亦友亦敵，1633年鄭芝龍在
料羅灣擊敗普特曼斯的艦隊，成為中國東南海域第一大勢力，「海舶不
得鄭氏令旗不能來往；每船例入三千金，歲入千萬計，以此富可敵國。
自築城於安平鎮，艫舳直通臥內。」[*7]

從鄭芝龍的經商資歷、語言能力、家族關係，顯示出強烈的海洋
性格以及多元文化。他應通曉漳泉語、官話、日語、葡萄牙語；在日
本時娶田川氏，生鄭成功、田川七左衛門，還有一女，取葡萄牙名
字：烏蘇拉‧德‧巴爾卡斯（Ursola de Bargas），嫁給澳門土生的葡萄
牙人安東尼（Antonio Rodriguez）；五弟鄭芝豹的母親黃氏，人稱鄭媽
（Theyma），頗有娘家的經商頭腦，鄭芝龍不在安海時，她主持照料
家族事業，荷蘭人說她很愛錢；鄭芝龍與荷、日以及全東南亞進行貿
易，擁有一支黑人衛隊，主要來自澳門葡萄牙人的黑奴，多為精銳的火
槍手。

鐵鍊三條困鎖蛟龍　1645年明、清政權更替之際，鄭芝龍受隆武帝
封為平國公、太師，在福建抗清，「全閩兵馬錢糧，皆領於芝龍兄
弟」；此時奉派在福京（福州）宣教的葡萄牙神父何大化（António de
Gouvea），在其報告中描述：福京各界將鄭芝龍奉為大慈善家、大明的

中興者，權貴們在福京西門外建造一座凱旋門，「氣勢可比羅馬凱旋門」；1646年10月下旬的一個清晨，一支清軍先頭部隊在福京城門外，用死者的棺木疊成小丘，登上城樓，守城官員與士兵仍在睡覺；*8 當時各種文獻指出，鄭芝龍「有叛意」、「與韃靼人暗通」；清軍南征主帥博洛向他招降，許諾封為閩粵總督，鄭芝龍不顧鄭成功等人的反對，決意降清。博洛與他「折箭為誓」，連日酣宴之際，祭出殺手鐧將其挾持至北京；封為一等子爵（滿語：精奇尼〔正欽尼〕哈番）。

此後，鄭芝龍家族成員陸續被徵召、扣留，「先後三次，各帶婢僕入京，今計宅內男女有百二十多人。」1647年鄭成功在烈嶼起兵抗清，聲勢日漸茁壯，北京當局多次以鄭芝龍一家性命作為籌碼來招撫鄭成功，都適得其反，轉而指控鄭芝龍「縱子叛國」，將其削爵下獄；接著有家人揭發其父子圖謀不軌，「法當處斬」，諒其投誠有功，從寬免死，流徙寧古塔。1657年起「加鐵鍊三條，手足杻鐐」，*9 嚴密監管。1661年11月，鄭成功圍攻熱蘭遮城之際，鄭芝龍與子世忠、弟芝豹等兄弟子孫共11人，在北京被集體殺害。

鄭芝龍曾說：「無海則無家」，海是他的生命與事業之所繫，一生擅長見風轉舵、處變行險，恣意於波濤之間，卻因昧於政治之詭譎，而誤上賊船。清政權用各種手段折磨鄭氏父子，不僅無法折斷鄭成功的反清意志，反而磨利了其對抗的決心。鄭芝龍之生與死，隱然牽動了臺灣歷史的走向。

■19世紀日本畫家鮮齋永濯所描繪的鄭芝龍、田川氏以及鄭成功形象圖。

「殺死紅毛狗」之役

「殺死紅毛狗！殺死荷蘭狗！」窮困的漢人農民揭竿而起，
蜂湧而出，高喊抗爭口號，向赤崁城挺進……

1652年9月8日清晨，數千名漢人農民手持竹竿、鋤頭、鐮刀和船樂，高喊「殺死紅毛狗！殺死荷蘭狗！」的行軍口號，從赤崁北邊「阿姆斯特丹農場」的油車行社（Smeerdorp，今開元寺附近），向赤崁城挺進，這是該社頭人郭懷一（Gouqua Faij-it）號召的反荷行動。他是荷蘭人統治下十位漢人頭家之一，人稱「五官」；懷一（Faij-it）可

能是教名。原本計畫在9月17日中秋節邀宴臺灣長官花碧和（Nicolaas Verburch，又譯富爾勃格）等人，宴畢送返熱蘭遮城堡時發動襲擊。但密謀外洩，七位漢人頭家去向當局密報，[*1] 郭懷一被迫倉促起事。抗爭群眾沿路殺死8名荷蘭人，焚燒房舍、掠劫財物。

在刑架上死不招供　臺灣當局緊急調派160名火槍手前往鎮壓，以優勢火力猛烈射擊，群眾四散逃竄，潰不成軍；9月9日，新港、蕭壠、麻豆、目加溜灣以及南部各社原住民共六百多人，與荷蘭士兵聯手掃蕩，公司懸賞每殺一人獎賞一匹棉布；抗爭群眾遭到大舉屠殺、殲滅，[*2] 動亂持續至9月19日平息。約有三、四千名漢人被殺，傷者難以估計。

郭懷一遭到射殺，頭顱被懸掛在城堡前的竹竿上示眾；六名抗爭首領被俘，其中老雞官（Loukequa）、黑鬚新哥（Sinco Swartbaert）、七哥（T 'Sieko）三人由臺灣長官親自提審、嚴刑拷打，「直到在刑架上死去都沒有招認半句話」；[*3] 公司特別犒賞射殺郭懷一的新港社人50里爾。各社原住民共獲賞2,600匹布，臺灣長官與臺灣評議會決議將10月2日訂為紀念日，各社放假一天慶祝勝利。稍後，東印度總督向董事會的報告中提到此一事件的餘波：殺害兩名荷蘭人的二個中國人，11月中被法務會議判處死刑，「活活地將其身體切成四段」[*4]——這是砍頭、砍手腳的肢解酷刑。

人頭稅為抗荷導火線　1640年公司針對來臺漢人（七歲以上男性）每人每月課徵1/4里爾的人頭稅，稽查官（士兵）常在赤崁攔查中國人有無完稅單，「好幾次那些可憐人因為害怕，都會讓他們帶走幾隻山羊」；[*5] 1650年，花碧和長官致東印度總督的信中說，貪婪的荷蘭士兵在夜間登門臨檢人頭稅單，藉機掠奪；[*6] 1651年10月，幾位漢人頭家向臺灣評議會陳情，指控荷蘭士兵與稽查官敲詐勒索，請求當局遏止他們藉查稅之名入侵、偷竊。[*7] 此外，1650-1652年間，福爾摩沙的貿易因中國戰

◀1652-53年的《熱蘭遮城日誌》已遺失，但荷蘭東印度總督向阿姆斯特丹的董事會提交的報告中，有關郭懷一事件的部分仍在，得以窺其梗概。圖為VOC 1194,123.的原檔。從僅存的片段史料，可見當年這場抗爭之震撼與慘烈。漳、泉漢人多稱荷蘭人為「紅毛」，荷蘭人有的寫作Ammokau（紅毛狗），巴達維亞當局的報告則寫作「殺死荷蘭狗」。

亂而陷入低迷、稻作歉收、蔗糖滯銷、窮困農民背負沉重利息等，讓郭懷一揭竿而起，一呼千諾。

事件平息後，臺灣當局決定在赤崁建造一座城堡（即赤崁樓），從被捕的群眾挑出500名自願者，令他們將城堡預定地的小山丘剷平，服完兩個月的勞役後，予以釋放；為挹注建造經費，臺灣評議會決議：向漢人女性開徵人頭稅。巴城當局向董事會的報告，將事件原因歸咎於「中國移民對自己的卑微地位感到失望」，並認為應將中國人趕出村社，以免煽動原住民反抗公司。[8]

釀蜜的蜂種幻滅　三、四千人被殺，約佔1652年全臺漢人總數（15,000人）的20-25%。前任臺灣長官、能講流利漳泉話的卡隆（François Caron），形容漢人農夫是為公司增進收益的「最好的蠶」；繼任的花碧和誇讚漢人是「福爾摩沙島上唯一釀蜜的蜂種，沒有他們，公司無法在此生存。」[9] 但其血腥鎮壓，嚴重斲傷了公司的統治基礎。西班牙、荷蘭在亞洲殖民，招攬華人前往貿易與定居，後因華人劇增恐危及殖民統治，加上語文、宗教信仰的差異，屢屢釀成當地華人遭到大規模屠殺的慘案。[10] 1603年馬尼拉大屠殺之前，大

■1740年在荷蘭人統治的巴達維亞，爆發大規模抗爭事件，與1652年發生在赤崁地區的郭懷一事件如出一轍。圖為描繪荷蘭士兵在「紅溪慘案」中屠殺華人的情景。

明官員為探查金礦前往馬尼拉，當地華人迎接官員的陣仗與聲勢形同國內，[11] 遭致西班牙人猜忌，亦為大屠殺的導火線之一，2萬多名華人被殺，僅少數人倖存，手段近乎滅族；荷蘭人在印尼班達群島、福爾摩沙小琉球島殺盡抓絕，亦與滅族無異。1740年荷蘭人統治的巴達維亞發生紅溪慘案，逾1萬名華人被殺，有如郭懷一事件的翻版。

封海、圍城、遷界

鄭成功全面封鎖鄭、荷雙邊貿易，臺灣的經濟活動因此幾近窒息。
稍後，清順治、康熙年間頒布禁海令、遷界令，
東南沿海數千公里地帶一律內遷30里，「以杜接濟臺灣之患」。

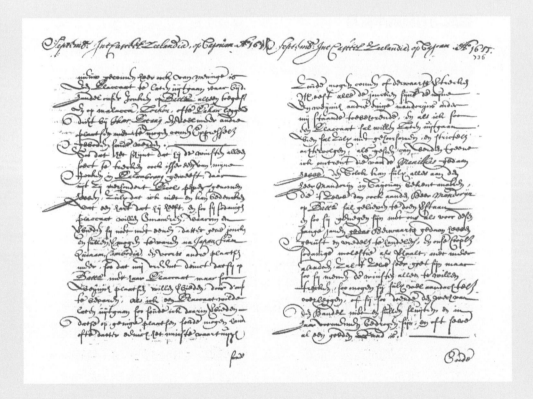

■1655年9月21日《熱蘭遮城日誌》記載：鄭成功寄給臺灣的十位漢人頭家的中文信，指出鄭氏貿易船遭巴達維亞當局排擠、刁難，要求臺灣長官轉達巴城當局，不得再犯，否則他將發布禁令，停止與臺灣進行貿易。這封信為海上封鎖戰揭開了序幕。

荷蘭人來臺灣26年後，在1651年4月間十分震驚地發現，鄭成功的洪姓部將，從金門派船來魍港，向漁民徵收捕魚稅，荷蘭人無法容忍主權遭到侵犯，乃扣押稅務船，向鄭方強烈抗議。追查後發現，鄭芝龍、鄭成功父子1643年起即在魍港收稅了。[*1] 鄭成功聲稱，徵稅是早年鄭芝龍以500兩精銀之權利金向別人頂讓而來，他繼承此一徵稅權；若臺灣當局不予以釋放，他將禁止所有篷船來臺，讓雙邊貿易完全停擺。荷蘭人不得不「基於特殊友誼」，放人放船了事。[*2]

鄭成功封鎖兩岸貿易　1655年8月間，鄭成功致書在臺的荷蘭人，說鄭方的篷船常年受馬尼拉方面的惡待，決定採取貿易制裁，嚴令一切船隻前往，違者「人命處死，船貨沒收」，要求荷蘭人「在轄區公告這禁令」。臺灣當局基於主權考量，更因西、荷二國在歐洲本土經歷漫長的「八十年戰爭」，已於1648年停戰締約、荷蘭正式獨立，不宜再生事端，因此予以委婉回覆說明。9月中，鄭成功寫信給臺灣的十位漢人頭家，對巴達維亞新任總督扣留鄭氏貿易船、限定貿易據點表達不滿，並提出警告，若再遭刁難，要斷絕鄭、荷雙邊貿易。臺灣當局認係誤會一場，再度回信委婉解釋。[*3]

鄭成功對荷蘭人的回應極為不滿，1656年6月底，派人赴臺灣宣布：所有漢人船隻限100天內返回廈門，除了准帶鹿肉、鹹魚、麻油和糖等臺灣貨，荷蘭人的進口貨物（香料等）嚴禁載運，違者沒收船貨、人員處死。禁航令一出，臺灣與中國的雙邊貿易完全停滯，閩粵沿海、澎湖等地從1656年9月間到1657年夏季，「一年之間兩地未見一艘往返船隻」，[*4] 臺灣的鹿肉、蔗糖、烏魚子等滯銷，價格崩跌，漢人贌商、貿易商、農民、原住民深受衝擊，公司吃盡苦頭，派通事何斌去廈門談判。何斌應是瞞著荷蘭人，自己出錢、以公司名義，向鄭方納貢，每年「輸銀五千兩、箭枇十萬枝、硫磺千擔」，鄭成功才解除禁航令。[*5]

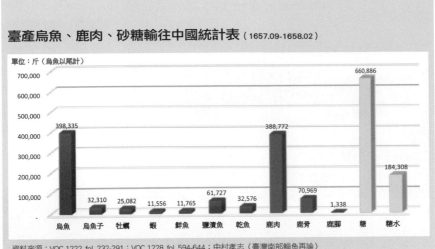

臺產烏魚、鹿肉、砂糖輸往中國統計表（1657.09-1658.02）

單位：斤（烏魚以尾計）

烏魚	398,335
烏魚子	32,310
牡蠣	25,082
蝦	11,556
鮮魚	11,765
鹽漬魚	61,727
乾魚	32,576
鹿肉	388,772
鹿骨	70,969
鹿腳	1,338
糖	660,886
糖水	184,308

資料來源：VOC 1222, fol. 232-291；VOC 1228, fol. 594-644；中村孝志〈臺灣南部鯔魚再論〉

【說明】
一、本表統計自1657年8月鄭成功解除貿易封鎖之次月起，至翌年2月，為期半年。
二、水產雖以烏魚為大宗，但產值應以烏魚子最高，另有小卷、鯊魚、鯊魚油、魚翅等，因量少不
　　列入統計。
三、臺灣1657年全年輸出鹿皮51,464張，主要輸往日本。荷、鄭恢復通商之半年期間，銷往中國之
　　鹿皮僅200張，另加上1,783斤（非整張之鹿皮論斤銷售）。
四、本表所稱中國，指鄭成功勢力範圍之廈門、金門、烈嶼等地。

無法遮蔽赤裸的身體　1661年鄭成功攻臺，雖擁優勢兵力、先進火砲以及戰鬥經驗，但極度缺糧、熱蘭遮城又堅固難攻，乃決定「圍困俟其自降」，進行9個月的封鎖；巴城當局派遣艦隊前來救援，但徒勞無功。熬到1662年1月25日，鄭軍發動對烏特勒支堡總攻擊當天，臺灣長官揆一向巴城當局苦苦哀求：請撥補援兵2,000人、請求運補大砲、米、肉、烈酒、火藥、砲彈、槍彈……，城堡早已彈盡援絕；1月初，帶領一批荷蘭人逃往卑南的南路政務官諾頓（Hendrick Noorden）寫信給揆

voorstadt van Aymuy

一，請求支援麻布、彈藥、醫藥、鹽、膏藥貼布，信末寫道：「我們很多人都赤裸裸，無法有尊嚴地遮蔽裸露的身體。」[*6]揆一的求援信中另提到，1月初有兩艘荷蘭船前往福建永寧灣，尋求一切援助，但一無所獲，因為韃靼人（按：荷蘭人稱明朝臣民、鄭成功的軍民為中國人；稱清朝臣民、滿洲人為韃靼人）將沿海城市盡行毀壞，將所有居民遷移至內陸，距離沿海半天的行程，要讓鄭成功無法搶到任何生活必需品。

一刀多刃的封鎖戰　大清對鄭成功的海上封鎖戰，溯自1656年頒布的「禁海令」，諭令閩、粵、浙各省嚴禁與鄭逆交易糧食、貨物，違者一律正法；文武官員失職者嚴辦；地方保甲知情不報一律處死。禁令雖嚴，卻壓制不了鄭氏的海上活動，1661年9月，再頒「遷界令」：東南沿海居民內遷30里，村社田宅一律焚毀，「以杜接濟臺灣之患」；遷界令是明太祖「虛地徙民」的翻版，1387年下令閩粵沿海及澎湖居民，三日內向內地搬遷，來不及搬者處死。沿海島嶼居民把門板、竹編床席拼湊做成竹筏撤遷，「覆溺無算」，倖存者成為流民。遷界令讓悲劇重演，各種文獻血跡斑斑，僅摘其片段：

——燒殺迫遷：「軍騎馳射，火箭焚其廬室。……水軍之戰艦數千艘亦同時焚，曰：無資寇用。」（《長樂福清復界圖記》）；迫遷手段慘絕人寰：「放

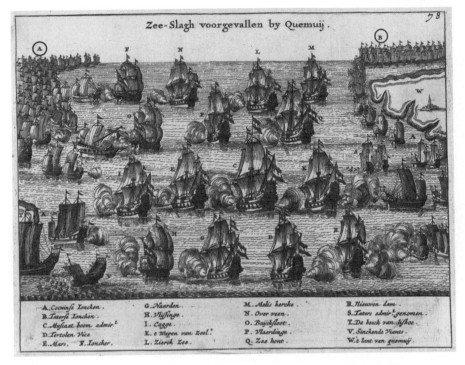

Zee-Slagh voorgevallen by Quemuij.

A. *Coxinsi Ioncken.*
B. *Taerse Ioncken.*
C. *Muscaat boom admir.*
D. *Tertolen Vice.*
E. *Mars.* F. *Ioncker.*
G. *Naerden.*
H. *Vlissinge.*
I. *Cagge.*
K. *t Wapen van Zeel.*
L. *Zierik Zee.*
M. *Melis kercke.*
N. *Over veen.*
O. *Buicksloot.*
P. *Vlaerdinge.*
Q. *Zee hont.*
R. *Nieuwen dam.*
S. *Taers admir. genomen.*
T. *De hoeck van tishoe.*
V. *Sinckende Vlaets.*
W. *t lant van quemuij.*

■1663年11月清、荷聯軍攻打金門。圖左上方的密集篷船是鄭經的艦隊（Ａ）；右上方的篷船船隊是清國艦隊（Ｂ）；中間十多艘大型戰艦為荷蘭艦隊。此役鄭軍遭到海上封鎖，金門、廈門淪陷。

火焚燒，片石不留。民死過半，枕藉道塗。……火焚二個月，慘不可言。興、泉、漳三府尤甚。」（《榕城紀聞》）。

——掘溝為界：「先畫一界，而以繩直之。其間有一宅而半棄者，有一室而中斷者。浚以深溝，別為內外。」（《觚賸》）。挖出一條深溝為界，清代乾隆年間臺灣漢番界線「土牛溝」，恰似此之翻版。

——出界必殺：「每處懸一牌，曰：敢出界者斬！」（《福寧府志》）；「間有越界，一遇巡兵，登時斬首。」（《閩粵巡視紀略》）。

　　明、清兩代多次以海禁、遷界作為封鎖海盜或對抗敵手的戰略武器，它是一刀多刃，雖打擊了倭寇海盜或對手，卻也癱瘓海上貿易、摧殘經濟，更是荼毒百姓，貽害深遠。

熱蘭遮城戰役特報

熱蘭遮城之役驚心動魄：慘烈的砲戰、奇蹟式求援、砲打自己人、
救援司令落跑、算命師鐵口直斷……，無情戰火映照出斑斑血淚、赤裸人性。

1661-1662年的熱蘭遮城之役，荷蘭的瑞士籍傭兵赫波特（Albrecht Herport）在親身經歷後，繪製了左頁這幅戰役圖，將鄭荷雙方兵力部署、陣地，以及四次重大戰役整合在同一場景：Hector 號快艇在北線尾戰役沉沒；Cortenhoef 號、Koukercken 號在916海戰沉沒；靠近臺灣（大員）市鎮的鄭軍砲陣地，是發動525大砲戰的主陣地；靠近烏特勒支堡的鄭軍砲陣地，是最後一役125砲戰的主陣地。赫波特描述鄭軍的鐵人部隊，膝蓋以上披掛閃亮的鐵甲、頭戴鋼盔，只露出臉部；鋼盔的頭頂有尖錐，用以刺擊敵人；臺灣長官揆一則形容，許多士兵「雙手揮舞著劍，令人畏懼」，說鄭軍主要武器為大刀、弓箭、盾牌等；圖左下角鐵人旁邊兩位弓箭手，一位打赤腳，一位穿草鞋。

■熱蘭遮城戰役圖描繪了鄭成功的鐵人部隊。《臺灣外記》描述其特徵：「堅厚鐵盔、鐵鎧及兩臂、裙圍、鐵鞋……；又製鐵面，只露眼耳口鼻，妝畫五彩如鬼形，手執斬馬大刀。」

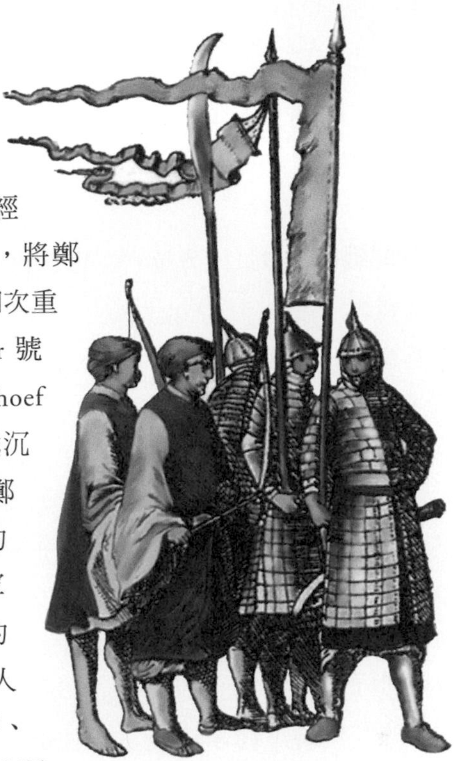

1660年，國姓爺來襲的跡象日益明顯，在臺的漢人紛紛脫售貨物、遣返妻小；臺灣長官揆一除了向巴達維亞示警，同時增建稜堡加強防禦；9月中，巴達維亞派遣范德蘭（Jan van der Laan）率領艦隊來探虛實；10月31日揆一寫信質問國姓爺，得到的回覆是：對臺灣發動攻擊，是別有居心者散播的謠言，此刻他忙於與韃靼人作戰，對於那塊「長小草的土地」無暇他顧，荷蘭人不應輕信那些傳言。[*1] 1661年2月底，范德蘭斷定一切沒事，率艦返回巴達維亞。鄭成功的攻臺行動於焉展開！1661年4月30日清晨六點半，熱蘭遮城堡的士兵發現「不尋常的眾多中國篷船向鹿耳門下來」[*2]；赫波特形容海面上敵軍船隊的桅檣「多得像

◀瑞士籍荷蘭士兵赫波特描繪的熱蘭遮城戰役圖，將幾次重大戰役融為一體。圖中以紅字標示者為荷軍城堡、陣地、戰艦；藍字標示處為鄭軍陣地與軍隊。

光禿禿的樹林」。當日，鄭軍即經鹿耳門港道入臺江內海，自柴頭港和禾寮港登陸。

北線尾戰役 5月1日清晨，駐臺25年的老隊長裴德（Thomas Pedel，中文文獻作「拔鬼仔」）獲知兒子被鄭軍砍成重傷，十分震怒，立即命令士兵擊鼓，他要親率兩個中隊共200名士兵前往殺敵。在長官揆一允許下，荷軍從陸、海兩路主動出擊。

荷軍攻擊部隊搭乘舢舨，在北線尾登陸；鄭軍宣毅前鎮陳澤率領4,000名士兵應戰，另派3艘篷船從水路繞至荷軍背後。熱蘭遮城城堡上發現這支分遣隊，即刻發砲兩響，但裴德隊長無視於這一撤退信號，持續揮軍向前。荷軍面對優勢兵力、久於陣仗的鄭軍，一接敵立即大亂、潰退奔命，受傷的裴德隊長站起來鼓舞士兵，被一把關刀砍倒。荷軍共118人陣亡。

於此同時，荷軍快艇赫克托號（Hector）、斯格拉弗蘭號（'s Graavelande）、小快艇白鷺號（De Vink）向鄭軍篷船展開攻擊。鄭營宣毅前鎮陳澤、侍衛鎮陳廣、左虎協陳沖率60艘船迎戰，赫克托號在交

■此為1661年鄭、荷海戰想像圖。雙方不論在火砲數量與噸位、總體兵力、作戰經驗上都相差懸殊，處於弱勢的荷蘭人採取攻勢，難有勝算。圖為1930年代日本畫家小早川篤四郎的作品〈鄭成功和荷蘭軍的海戰〉。

戰中燃起一團烈火濃煙，隨即爆炸沉沒。[*3] 斯格拉弗蘭號、白鷺號脫離戰場，回到南方停泊處；另一艘小快艇瑪利亞號（Maria）在戰鬥前逃離。象徵荷蘭船堅炮利的戰艦赫克托號沉沒，對荷蘭人是一記重擊；陣亡的裴德上尉是全臺最高階軍官、臺灣評議會議員，是荷蘭人在臺灣繁衍子孫的標竿，育有三女二男，其中一男一女在臺灣出生；他死後兩個月，一個孫子在熱蘭遮城誕生。

普羅民遮城投降　鄭軍在4月30日登陸當天，即以重兵圍困赤崁城（普羅民遮城），切斷它與熱蘭遮城的聯繫；荷軍隊長Joan van Aeldorp率領200名士兵增援赤崁，卻僅60人順利登岸；5月1日，國姓爺發信給赤崁省長貓難實叮勸降；5月4日，熱蘭遮城下達訓令，讓貓難實叮自行判斷決定。當日中午過後，赤崁城堡上的荷蘭親王旗降了下來，升上一面白旗；[*4] 從熱蘭遮城堡可以聽到鄭軍的鑼鼓聲、木塊扣擊聲、號角聲與喇叭聲，彷彿在慶祝重大勝利；下午五點鐘，一面鄭軍軍旗升了上來。《從征實錄》說，城降前一日，貓難實叮之弟、弟媳出遊，被鄭軍抓獲，鄭成功予以慰諭後釋回普羅民遮城，向兄長講述國姓爺「德意」。

525大砲戰　5月25日天亮前2小時，鄭軍趁夜色掩護，對熱蘭遮城發動砲戰：在臺灣（大員）市鎮架設28門大砲，部署兵力三、四千人，由指揮官馬信督戰；南面羊廄一帶，指揮官仁武鎮康邦彥率領大軍進入攻擊準備位置，等待大砲轟開城堡後揮軍直入。熱蘭遮城荷軍士兵870人、砲手35人；城堡的內城、外城有7個稜堡、3個半月堡，共30門大砲。
　　鄭軍從臺灣市鎮前緣的堡籃、砲台密集射擊，2小時內發射約800發砲彈；荷軍借著敵砲發出的火光辨位，從稜堡、半月堡發砲還擊；天亮之後，從城堡上可清楚看到鄭軍的陣地，居高臨下，展開猛烈射擊，鄭軍招架不住，被迫脫離陣地，躲入市鎮。此役，荷軍陣亡幾十人；鄭軍禮武鎮總兵林福重傷不治，陣亡約五、六百人，砲陣地、市鎮街道、面

對城堡最前排房屋前方、城堡前廣場，死傷枕藉。砲戰之後，鄭軍分兵屯田，以圍代攻。

荷軍犒賞勇士們　5月25日大砲擊持續兩小時，停戰後，荷軍發動三次突擊，三次都懸賞200里爾。第一次，40名士兵、10個槍手自告奮勇去將鄭軍的砲口釘死，並拖回一門鐵砲、奪回33面鄭軍軍旗及許多弓箭用來充當燃料；第二次，100多名士兵、水手、奴隸出擊，將其他砲口釘死；第三次，將腐蝕性的強酸倒入9門鄭軍最大口徑的砲口。參與第一次出擊的士兵，每位約可獲得4里爾的犒賞，折算約10荷盾，相當於一個月月薪。當天，臺灣評議會並決定：犒賞20里爾給幾個在砲戰時勇敢打鼓，激勵士氣的鼓手。[*5]

城堡與龜殼　5月25日大砲戰後，熱蘭遮城堡不動如山。6月25日鄭軍前

■1661年鄭成功攻打熱蘭遮城的時候，不斷構築堡籃（荷蘭文稱schanskorven，或稱籃堡，中文稱遽簾、筊籬），是以竹籠填土堆築而成，在堡籃中架設火砲作為砲陣地，同時也是防禦工事。圖為1855年英國攝影家James Robertson拍攝的克里米亞戰爭的砲戰地。鄭軍的堡籃與此類似。

線指揮官馬信，致書揆一，說：城堡若一直不開門，「一百年也會繼續等下去」；[*6] 8月間，荷蘭人探得情報：國姓爺帶一個算命師，在第二漁場附近一陣觀望後，鐵口直斷，說：城堡像一隻烏龜那樣牢固，上面、周圍披著硬殼，攻擊它不會有勝算。國姓爺因此命令前線指揮官馬信，不要砲擊城堡。[*7] 一直到1662年1月底荷蘭人投降前，熱蘭遮城未再遭到大規模砲擊，僅偶有零星互打。

瑪利亞號報訊　1661年6月，東印度評議會由於不滿揆一不斷聲稱國姓爺可能來襲、藉故不配合范德蘭執行攻打澳門的重要計畫，決議將揆一及兩名評議員免職，派東印度檢察官柯連克（Herman Klencke）為新任臺灣長官，6月22日搭乘快艇赴臺接任。6月24日，於北線尾戰役逃脫的小快艇瑪利亞號從一條不尋常的航路返抵巴達維亞，帶來震驚的消息：國姓爺已於4月30日從鹿耳門入侵。瑪利亞號是5月5日從臺灣脫逃，逆風航行51天趕回報訊。每年5-9月，各式船隻乘著西南季風（北上航線），依巴達維亞→東京（越南）→臺灣→長崎的方向航行；每年10-3月，各式船隻順著東北季風（南下航線），按長崎→臺灣→東京→巴達維亞方向行駛。鄭成功選在5月發動攻擊，算準荷蘭人無法逆風報訊求救。瑪利亞號的奇蹟出現，巴城當局猛然驚醒，立即撤回前令，派船去追柯連克，但沒追上。柯連克於7月30日抵達大灣（大員）港外，見情勢不可為，派小舢舨送信給揆一，便轉頭航向日本去了。

卡烏救援　瑪利亞號通報噩耗後，巴達維亞總部任命司法評議員卡烏（Jacob Cauw）為艦隊司令，率領10艘荷蘭船、1艘中國船編組成救援艦隊，7月5日出航，航行38天後抵臺，因暴風來襲而駛離港灣，其中Urck號擱淺被俘，鄭軍因此得知救援艦隊總兵力只有七百多人。

　　8月12日上午10點半，救援艦隊再度出現於外海時，整個城堡為之沸騰，「醫院裡的病人和跛子都跑出來大聲歡呼」；鄭成功臉色一沉，

因為大軍分派各地屯田，僅少數留守。《梅氏日記》說，鄭成功即刻備戰，命令奴隸、僕人、留守士兵拿起武器，沿著海岸站成一列，並擺出自己專用的紅色絲質華蓋，找一名少年冒充他，讓荷軍以為國姓爺帶領部隊向荷蘭艦隊示威；又立即派人製作火船，張羅麻布、茅草、硫磺、瀝青、火藥等物，為海戰做準備。梅氏說，若非國姓爺臨危不亂，916海戰荷蘭「說不定還能再次奪回臺灣」。[*8]

916海戰 卡烏的救援艦隊到後，荷蘭人擬定作戰計畫，9月16日10時，發起海上攻擊，以Cortenhoef 號、Koukercken 號、Anckeveen 號共7艘戰艦，向臺灣（大員）市鎮的鄭軍陣地進行砲擊；另由13艘小船、2艘小艇組成的戰鬥船隊，攻擊鄭軍的篷船。攻擊艦隊航抵市鎮北邊的海域，就戰鬥位置後，展開猛烈射擊，但是，很不可思議的，「從艦隊射擊那市鎮的砲彈，很多都掉進這城堡」，臺灣長官緊急懸賞12個銀元（約相當於一個士兵的3個月薪水），命一名擅長游泳的士兵，去通報艦隊修正射擊方向。他奮勇游去，剛完成使命，一顆砲彈落下，將他兩腿打斷。快艇Koukercken號因自己船上的銅砲掉落而爆炸，造成9死3傷，頓成敵人的靶船，遭到炸沉；小平底船Cortenhoef 號擱淺，遭鄭軍燒毀；快艇Anckeveen號擱淺，被鄭軍砲轟了一整夜，翌晨因漲潮而意外脫困。三艘小平底船被鄭軍後衝鎮黃昭俘虜。此役荷軍陣亡128人、負傷100多人；鄭軍陣亡150人。長官揆一傳令給那支小船隊的指揮官：「將所有陣亡者綁上重物，祕密地丟進海裡。」[*9]

12月初，卡烏奉命率艦隊前往福州，與三藩之一的靖南王耿繼茂商討清荷結盟攻鄭戰略，卡烏無心戀戰，在澎湖逗留數日後，率二艘戰艦掉頭巴達維亞。揆一批評他背棄受困者，膽怯遁逃，並挖苦說：「此君講話發自鼻腔、口齒嚴重不清，要聽懂他說啥，需要專人翻譯才行，他除了在萊登學院唸書時經常拿劍刺穿街道石頭或善良人家的窗戶，一無作戰經驗。」[*10]

烏特勒支堡之役 從1662年1月14日起，鄭軍將北線尾的大砲，陸續撤往第二漁場、林投園、臺灣市鎮，全力修築新工事、堆砌堡籃，夜以繼日地趕工。這一切都在熱蘭遮城俯瞰所及之處進行，到了1月20日，城堡上的荷蘭人驚覺，敵人新架設好的大砲，砲口全都朝向烏特勒支堡！一個月前，降敵的德籍荷蘭中士拉岱（Hans Jurriaen Radij）向鄭營獻計：集中火力於一點而突破之，佔領烏特勒支堡，即可居高臨下，砲轟熱蘭遮城。荷蘭守軍眼看敵人整天「像螞蟻那樣動來動去」，卻束手無策。[*11]

1月25日早上，鄭軍各砲陣地、海上的篷船、舢舨全部升起軍旗，戰鬥開始！密集的砲

擊震天響起，一整天發射了約1,700發砲彈，將烏特勒支堡整座碉堡夷平，也宣告這場戰爭終了。1月26日，城堡裡召開一次擴大軍事會議，臺灣評議會議長、所有議員、商務官、船長、隊長、掌旗官等，針對是否出擊敵人的提議進行討論，並投票表決，結果一位中尉、三位商務官贊成出擊，其餘25位反對。這一刻，圍城裡的人決定終止這一場無邊的噩夢。

4天後，東印度總督馬特塞克（Joan Maetsuyker）在向公司董事會的報告中說，福爾摩沙戰爭是公司經營東印度的一次空前挫敗，估計開戰至今約有1,200人陣亡，或遭殺害，或淪為俘虜，在財產、土地、房屋、貿易等都遭到重大的破壞與損失。當時，馬特塞克並不知道就在提交報告的這一天，臺灣當局已經投降，要將熱蘭遮城城堡，以及尊貴的荷蘭聯合東印度公司的財物，全部拱手交給國姓爺……

■鄭成功圍攻熱蘭遮城八個半月，一直僵持不下；荷蘭中士叛逃，向鄭營點出了烏特勒支堡這個致命性的戰略高地，鄭軍因此向烏特勒支堡發動毀滅性的砲擊，終結了鄭荷戰役。

末代臺灣長官揆一*1

臺灣連年經濟蕭條、巴城當局冷嘲熱諷、大灣（大員）地區的漢人紛紛承諾要歸順國姓爺。
末代長官並沒有動搖，在困守城堡273天、窮盡一切戰力之後，有尊嚴有體面地投降。

■鄭成功大軍登陸第四天，荷蘭臺灣長官揆一與評議會眼見被包圍的赤崁城無法固守，特派使者手
持白旗、搭乘舢舨前往赤崁，與鄭軍談判。圖為鄭成功坐在軍帳中接見荷蘭代表的場面。

1661年4月30日鄭軍進入鹿耳門，不久即對赤崁城展開包圍。5月4日，臺灣長官揆一（任期1656-1662）見赤崁城難以固守，發給赤崁省長貓難實叮訓令：可自行決定是否投降，不必等到敵人發動攻擊。當天中午過後，城堡升起了白旗，稍晚便升起了鄭軍旗幟。[*2]

攻守雙方同陷困境　佔領赤崁城尚稱順利，但接下來揆一以拖待援、鄭成功以拖待變，雙方在熱蘭遮城僵持了9個月。鄭成功的處境，與揆一半斤八兩，大軍從料羅灣啟航前，部眾「以過洋為難，思逃者多」；5月底因缺糧開始分兵屯田，但8、9月嚴重缺糧，坐鎮金、廈兩地督辦糧秣的戶官鄭泰拖延觀望，一條運糧船都不來，「官兵至食木子充饑」，形同饑民，鄭成功每天擔憂士兵叛變，大書「戶失先定罪」[*3]幾個字，要追究籌運糧餉的戶官、堂兄鄭泰的罪責。

圍城裡的揆一，則是天天面對生與死的煎熬。他接任長官時，臺灣內外交困、經濟蕭條。前任長官花碧和（Nicolas Verbursh）任內爆發郭懷一事件，動搖國本；港道日漸淤塞、轉口貿易的主力商品中國生絲，逐漸被孟加拉生絲以低價取代，競爭力漸失。1655、1656年巴城當局派使節團赴北京謀求中荷直接貿易，無功而返；1659年鄭成功侵臺跡象漸露，擔任通譯的胡興哥向公司高層說，許多漢人已承諾要歸順國姓爺；揆一採取多項對策，包括拘禁漢人頭家、向總部告急，但巴城高層斥為「怯懦恐懼而口出妄言」；巴城方面的多方掣肘，加速了荷蘭在臺灣的敗亡。

有尊嚴地走出城堡　與城共存亡，是一種信念；窮盡一切戰力與意志之後，有尊嚴有體面地投降，是另一種信念。1659年鄭成功攻打南京，清軍守將以《大清律》規定：「守城者過三十日，城失則罪不及妻孥」，乞求寬限時日，[*4]鄭成功太過自信，中了其緩兵之計，重兵完成攻城部署後，十幾天按兵不動，及至大清的援軍趕到，戰局逆轉，導致南京之

役重挫。大明、大清《兵律》裡均有「主將不固守」罪，其中若是城池失守，主將幾乎都是坐斬，但並無罪及妻孥。坐斬之罪，往往生出兩種極端，一是叛變求生，一是堅守求死。

揆一堅守圍城273天，不斷面對死傷、疾病、飢餓、逃亡；砲彈多次從他頭頂飛過、擊中住屋、掉落身後……，他不斷地鼓舞士氣、與士兵同在。直到烏特勒支堡遭鄭軍摧毀，大勢已去，荷鄭簽訂協議，1662年2月9日，荷蘭人「一隊一隊按照秩序，持著飛揚的旗幟，打著鼓，點燃火繩，子彈上膛，走出城堡。」*6在海灘上，揆一將城堡鑰匙交給鄭方的楊朝棟，握手道別，搭船離去，結束了荷蘭人在臺38年的殖民統治。

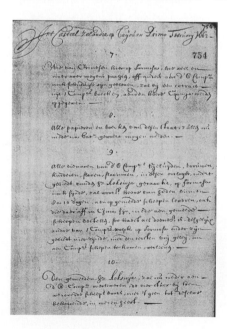

1662年9月，東印度檢察官指控揆一等人安然無恙地返回巴達維亞，證明是以私利為重，置公司於不顧；臺灣高層沒有絲毫抵抗，拱手將熱蘭遮城、金銀財寶（包括金塊、血珊瑚）、商品、庫存等等奉送給惡魔……。揆一等人因此被判死刑。同樣在殖民地喪師，荷、英兩國守將，下場卻各有不同。1781年10月，美國獨立戰爭最後的關鍵戰役：約克鎮圍城戰，北美英軍副總司令康沃利斯（Charles Cornwallis）被華

盛頓圍困二十多天後，全軍投降。丟了殖民地，康沃利斯沒事，幾年後還當了印度總督、愛爾蘭總督。

王城王田，奉揆一之名　揆一最後被流放至班達島西邊的艾一（Ay）島，1674年，因其子女及朋友花錢贖罪而獲釋。翌年，出版《被遺誤的臺灣》（'t VERWAERLOOSDE FORMOSA）一書，指控公司高層多方掣肘、貽誤臺灣。揆一從未留下任何畫像，對揆一落井下石的東印度總督馬特塞克，三百多年後的今天被臺灣人誤作揆一，並依其畫像做成揆一雕像，放置在安平古堡的文物館；1979年赤嵌樓前新砌一座「鄭成功受降圖」塑像，荷蘭人單膝下跪請降。後因荷蘭人提出異議，表示當年是和非降，因此改塑為立姿，「受降」二字改為「議和」，為臺灣史添了一個小小註腳。附帶一提，中文文獻多稱揆一為王，鄭成功稱他是「紅毛荷蘭夷酋弟揆一王」、《臺灣外記》寫作「國王之弟揆一王」；1663年東印度公司派遣艦隊司令官出海王（Baltasar Bort）試圖光復福爾摩沙，有志書寫成「和蘭揆一王浪跡海上」──揆一，在臺灣史上變成了複數的王。揆一既然被稱為王，所居熱蘭遮城就是「王城」；公司擁有的土地就是「王田」，兩者都與揆一結緣，流傳久遠。

■左圖揆一、鄭成功二尊塑像原本在安平古堡文物陳列館內相距一大步並排，後因館內辦展，一度被請出館外，閒看古堡風光與熙攘遊客。右圖為赤崁樓前的「鄭成功議和圖」。其前身為「鄭成功受降圖」，圖中最左邊的荷蘭代表，原以右膝下跪謁見鄭成功；後來因荷蘭國會議員之抗議，重塑為今之樣式。

■末任臺灣長官揆一的簽名式：Frederick Coyett。

帶槍投靠症候群

1640-1660年代是逃兵叛將的舞台，吳三桂、黃梧、施琅、何斌等人各顯神通，
絕處逢生；其中有些叛將為了賣主表忠，壞事做絕，人性蕩然。

明清荷鄭叛降榜
1642-1683

監製／翁佳音
資料整編／黃驗
設計製作／黃子欽

隆武帝 絞
- 清軍攻破福州被俘
- 被絞死，拋屍河中（1646）

永曆帝 絞
- 流亡緬甸被俘
- 被吳三桂絞死焚屍（1661）

鄭克塽 降
- 獻表降清（1683）
- 薙髮受檢
- 軟禁24年逝

鄭芝龍 叛
- 接受招撫（1628）
- 叛明降清（1646）
- 流放寧古塔（1655）
- 全家11口棄市（1661）

施琅 叛 叛
- 叛明降肅（1646）
- 叛清降鄭（1648）
- 叛鄭降清（1654）
- 攻澎滅鄭（1683）
叛

吳三桂 叛 叛
- 叛明降清（1644）
- 叛清稱帝（1673）

黃梧 叛
- 叛鄭降清（1656）
- 毀鄭成功祖墳（1661）
- 被鄭經開棺毀屍（1675）

洪士昌 流
- 洪承疇（1641降清）之侄子洪士昌、洪士恩，及降清翰林楊明琅，被鄭經流放至淡水、雞籠（1675），死於戍所

時間軸：1640　1650　1660　1670　1680

Gonzaro Portillo
- 西班牙末任雞籠長官（1640-1642）
- 抵抗8天，投降荷蘭（1642）

何斌
- 叛荷降鄭（1659）
- 引鄭攻荷（1661）

揆一 降
- 抗鄭273天後投降（1662）
- 被判刑入獄（1663）
- 獲釋（1674）
- 出版《被遺誤的臺灣》（1674）

拉岱
- 叛荷降鄭（1659）
- 助鄭攻荷（1661）

17世紀明、清、荷、鄭之間的對峙與衝突，往往誓不兩立、你死我活。在僵局中，一個關鍵人物的投降，往往逆轉情勢，牽動了集團或國家的存亡。投降，牽涉到忠誠／投機；國家／個人等中心價值與信念的抉擇，加上降前、降後的諸般心態，交織成投降者的多重樣貌。

吳三桂　大明王朝搖搖欲墜之際，一個絕代青年、忠孝兼備的新銳將領吳三桂應運而出，朝廷嘉其「忠可炙日」，敵人稱他為少數敢戰的邊將；1644年李自成犯京師，崇禎帝封吳三桂為平西伯，急召入衛。吳三桂率領大明最精銳的「關寧鐵騎」，一日之路程，躊躇了八天才趕到，而崇禎帝已自縊亡。吳三桂有意歸降李自成，後又向多爾袞乞師，「泣血求助」，引清兵入關，導致大明覆亡。獲新政權封為「平西王」。1662年，緬甸王拏獲南明的落難皇帝朱由榔（永曆帝）來獻，吳三桂命人予以勒死，「焚其屍揚之」[*1]；1674年吳三桂起兵反清，號稱「天下都招討兵馬大元帥」，四年後病死，禍延家族。吳三桂賣主自保，被後世公認為「漢奸」代名詞；清代史家評他是：明季罪人、本朝反賊。[*2]

施琅　1646年，南明政權隆武帝的殿中權臣鄭芝龍，眼見帝國氣數已盡，在泉州同鄉洪承疇勸降、清兵南征主帥博洛的利誘下，放縱清軍入閩，然後率領部將降清，降眾中有一人為施琅（原名施郎）；1648年施琅、施顯兄弟反清，投奔鄭成功。施琅在鄭營曾經立功，但未受重用而心生嫌隙，當鄭成功命他組建前鋒鎮時，「啟請為僧」，並「削髮不赴見」；後因折辱右先鋒黃廷，遭到告誡；之後因一位舊屬曾德轉去鄭成功麾

■ 施琅一生多次叛降，歷史定位、身後評價兩極。圖為臺灣民間流傳的施琅形象。

下，施琅不齒其「靠勢」，執意將曾德問斬，鄭成功「馳令勿殺」而不得，大為震怒，逮捕施大宣、施顯父子，施琅逃脫，二度降清。[*3]

「殺父之仇」是施琅立足清朝的護身符，「消滅祖國」成為施琅後半生的志業。1683年施琅率大軍攻佔澎湖，終結鄭氏政權，來到臺灣，鄭克塽在天妃宮迎見他，「握手開誠，矢不宿怨」；施琅〈祭鄭成功文〉有云：「琅起卒伍，於賜姓有魚水之歡，中間微嫌，釀成大戾。琅與賜姓，剪為仇敵，情猶臣主。蘆中窮士，義所不為。公義私恩，如是則已。」[*4]國族與異族之撕裂、臣主與寇讎之易位、施鄭世代之恩仇，讓施琅備受非議。但相對於其他叛將，施琅在這節骨眼上不以詆毀故主來承歡新主，猶存一點厚道。

黃梧 1656年鄭成功在廣東揭陽喪師，折兵大半，部將黃梧臨陣退卻，本應處斬，眾將為他求情，逃過一死，戴罪鎮守海澄，幾個月後獻城降清。海澄是金、廈屏障，夙稱天險，囤積無數輜重、糧草、金銀，全部資敵，重創了鄭成功。黃梧先是向新主奏稱鄭成功之猖狂，乃是仗恃其父還在，「請密奏剪除芝龍，以絕盜根。」1661年再獻策遷界，並「請發鄭氏祖墳、誅求親黨」[*5]。1674年，吳三桂叛清，尚之信、耿精忠響應（清史稱「三藩之亂」），罹病中的黃梧聽聞事變，驚嚇致死。鄭經趁亂出兵，11月攻克漳州，黃梧之子黃芳度投井自殺，鄭經為報前仇，將黃梧、黃芳度屍體車裂，族人一律處死。[*6]仇恨，讓黃梧禍延子孫，也讓鄭經惡名上身。

何斌 1659年3月1日，臺灣評議會有鑒於通譯何斌這一年半以來，私自替鄭成功向漢人商船徵收鹿肉、鹹魚、蝦子等出口稅，有幾名證人提供何斌蓋章的收據為證。乃由司法委員會作出判決：撤免何斌的通譯、頭家等公職，取消其經營赤崁附近海岸徵收舢舨稅、砍伐薪材兌售之特權，並罰款300里爾、擇日羈押。[*7]

鄭成功在1656-1657年間封鎖鄭、荷雙邊貿易，何斌為此奉命向鄭方交涉，提出荷蘭人「年輸餉五千兩，箭枰十萬枝，硫磺千擔」[8]之納貢條件，鄭成功因此解除封鎖令。但荷方並無斥資納貢紀錄，應係何斌瞞著荷蘭人，掏錢私了。

　　何斌在東窗事發後，趁夜潛奔鄭營，債留福爾摩沙。清查後發現其積欠公司、中國人龐大債務，有人受其牽連而破產。何斌曾於1654年徵得當局同意，在雞籠港打撈西班牙沉船，但其潛水夫四處探測後，卻推說竹竿不夠長而未打撈沉船，荷蘭人懷疑何斌是在暗中探測海灣。[9]《從征實錄》說：「前年何廷斌所進臺灣一圖，田園萬頃，沃野千里，餉稅數十萬。」鄭、清對峙的局勢逆轉，加上何斌獻圖獻策，鄭成功決定攻取這個海外「不服之區」。

■1650年代鄭成功以閩浙沿海為其主要勢力範圍；與福爾摩沙的荷蘭人形成若即若離、亦友亦敵的雙邊關係。

何斌是天主教徒，胸前掛著念珠；應熟諳葡語、荷語，深得荷蘭人信任、倚重；這位1650年代全臺頭號「紅頂商人」，曾以3,990里爾的最高價標得人頭稅；鯽魚潭的撈捕權、烏魚子出口稅收權、公秤稅等，無役不與；擁有數十甲地，年年免繳什一稅（10%）。荷蘭人對這個「可惡的強盜叛徒」、「褻瀆神明的叛國賊」，忿恨難消，在圍城期間，《熱蘭遮城日誌》五、六次提到何斌被囚禁在小草寮裡，被國姓爺指責、冷落、怪罪，強調「大家都恨他」。[*10]

　　拉岱（Hans Jurriaen Radij）　1661年5月25日鄭軍發動砲戰，而熱蘭遮城堡仍屹立不搖，乃採分兵屯墾，做久圍之計。城堡內面對死亡、疾病、飢餓的威脅與日俱增，截至11月20日，因作戰傷亡、患病而死者共378人，病院有280個病人；11月中，20個家庭合計200名婦女（含臺灣長官揆一的夫人）撤返巴達維亞。[*11]困守圍城的荷蘭士兵飽受煎熬，不斷有人叛逃。12月16日傍晚，中士拉岱扛起一把槍出去，同伴以為要去打獵，叫他多射幾隻。拉岱走出城堡，越過林投園，投奔了鄭營。

　　拉岱向敵營一語道破圍城的突破口：烏特勒支堡。525大砲戰曾將堅硬的熱蘭遮城打出250個窟窿，但城堡大抵完固。相對的，烏特勒支堡只是座小碉堡，其海拔高於熱蘭遮城堡，射程涵蓋整個城堡，若集中火力將碉堡轟下，佔領這個制高點，即可完全壓制熱蘭遮城堡。

　　1662年1月25日鄭軍一整天從三個砲陣地，向碉堡發射了約1,700發砲彈，將牆壁10呎（3公尺）厚的烏特勒支堡夷為平地。固守碉堡的荷蘭士兵奇蹟似地只有3人陣亡，但熱蘭遮城的戰鬥意志一夕瓦解。幾天後，荷蘭人投降。

國姓爺的兩張明牌

本藩鐵面無情，爾諸勳臣鎮將，各宜努力。
苟不前進卻敵，本藩自有國法在，雖期服之親，亦難宥之。
——鄭成功

■鄭成功受封為「延平王」，但終其一生以「招討大將軍」的官銜號令天下，鄭經、鄭克塽沿襲之，是1662-1683年間臺灣最高軍政長官。左圖的「招討大將軍印」等於鄭氏三代的「國璽」。右圖為頭戴明朝進賢冠、身著圓領武官常服的鄭成功畫像。

　　1646年，22歲的鄭成功受封「延平王」，掛「招討大將軍」印，奉命鎮守「八閩咽喉」仙霞關。9月間，鄭芝龍派密使向清軍南征主

■披髮執劍的
鄭成功。此圖
與多幅畫像一
樣，將鄭成功
描繪得老成持
重；荷蘭土地
測量師梅氏形
容鄭成功的皮
膚略白、面貌
端正、兩眼閃
視、說話嚴厲
激昂，年紀約
四十歲。此一
近身觀察紀錄
可能較貼近真
實的鄭成功。

帥納款輸誠、調回仙霞關守將，並派心腹蔡輔去「曉諭」鄭成功，蔡輔還未開口即遭厲聲斥責：「敵師已迫而糧不繼，…速請太師（鄭芝龍）急發餉濟軍！」蔡輔噤不敢言，回報鄭芝龍說，還好沒提起納款事，否則「此頭已斷矣」，鄭芝龍亦怒，說：「癡兒不識天命，固執乃爾，吾不給餉，彼豈能枵腹戰哉？」[*1]鄭成功不斷請餉，全無回應，官兵相繼逃散，最後被迫棄守。沒多久，鄭芝龍降清。鄭成功的第一份差事就遭父親兼上司出賣（背叛），讓他對於忠誠、軍紀的要求特別嚴竣，絕無含糊的餘地。

本藩鐵面無情 1651年5月初，清軍偷襲鄭氏大本營廈門，坐鎮的鄭芝莞當下「席捲珍寶，棄城下船」，鄭成功的夫人董氏，慌亂中帶著兒子鄭經及祖宗神主牌逃命；叔父鄭鴻逵回師救援，清軍將領馬得功威脅鄭鴻逵：「令兄在京、母在安平」，意指其兄鄭芝龍被扣押在北京，母黃氏住在安平，性命都操之在人。鄭鴻逵無奈，放他一馬。大本營及將士、百姓的輜重、財物、錢穀等被劫掠一空。鄭成功回師，怒極，「引刀自斷其髮，誓必殺虜」；[*2]立將叔父鄭芝莞斬首，懸街示眾三日，並重申前言：「本藩鐵面無情！」對鄭鴻逵也極不原諒，從此絕交。這一年他27歲，以「忠孝伯招討大將軍罪臣國姓」起兵抗清進入第五年。

鄭成功性格嚴厲、急切，又長年置身於殺戮戰場，多次暴怒殺人。1654年5月，應邀前往廈門治療國姓爺左手臂幾顆腫瘤（knobbelen）的荷蘭醫生貝爾（Christiaen Beyer）說，國姓爺屢因細故而處死人，就是對親人和妻妾也毫不寬貸，曾親眼目睹六、七個人，手腳被釘在一起，活活釘到死。[*3]鄭成功圍攻熱蘭遮城時，將幾位荷蘭牧師、教師，以散播謠言、煽動原住民等罪，釘在架上處死。荷蘭的土地測量師梅氏記

載：國姓爺對製造謠言者，處以釘刑。Beyer醫生在廈門所見，可能是同一罪刑。

一級將領也受鞭刑　嚴刑峻法，對一級將領也不例外。1655年，一名鄭軍士兵在湄洲取水時抓走民眾的一隻雞，被軍紀官舉報，諸將集會議罪。陸師正總督甘輝自認統帥失職，脫去上衣，自請接受責打。諸將頗為遲疑，甘輝說：「爾等今日不責我，是致我總制與本藩殺耶？」於是由總制陳六御執法，請出本藩的令箭，責打甘輝十棍；犯紀士兵則予以梟首示眾。[*4] 鄭成功「果於誅殺」、「有犯無赦」，使許多犯法或違紀者面對唯一死罪，往往無法緩衝補救，嚴重則造成「諸將解體」。《臺灣外記》記載：「芝豹因護庇施琅，成功怒之，後見芝莞被殺，乃乘招撫之令，挈芝龍妻顏氏入泉州投誠，移居京都。」

■鄭成功寫信給臺灣長官揆一，因為係幕僚代為擬稿，他在信末批了一個字：似為「可」。

　　鄭軍在戰陣中設監督、監營、督陣等官，手持一面鐵杆紅旗，上面寫著：「軍前不用命者斬，臨陣退縮者斬」，副將（副總兵）以下將領若有違令，主官可先斬後報！其軍法嚴密，如：「擄掠婦女在營，必難瞞同窩舖之人，如致察出，本犯梟示，同班同隊連罪，盡行梟示。」刑法也一樣嚴酷，「有犯奸者，婦人沉之海，姦夫死杖下；為盜不論贓多寡，必斬；有盜伐人一竹者，立斬之。」[*5]

刑殺過當後方解體　鄭成功駕馭這支以海盜軍為底、勝敗及叛降頻繁的大軍，賞罰嚴明。他頻頻拔擢、獎賞將吏；但在急躁、暴怒之下殺過頭者亦不在少數；施琅、黃梧、陳豹等部將更因而叛變。宣毅後鎮總兵官吳豪，在一漢人頭家的家裡挖出四、五千兩銀，將之分賞士兵，因此被殺。首任承天府府尹楊朝棟因剋扣軍糧，與家屬同遭誅殺，都未免刑殺過當。

鄭成功首重忠誠，對於殉職將領多加撫卹，並入祀忠臣祠，又設「育胄館」培育陣亡忠臣子弟；對於敵軍之勇將也多所肯定，有一次，清軍漳浦守城副將楊世德，在城陷時自刎投河被擒，鄭成功令人救治，授大監督職；另一次，清軍守城將領姚國泰為亂兵所殺，「遍身殺愴幾死」[*7]，鄭成功命人延醫調治，後來留營拔用。1661年5月1日荷蘭最高階軍官裴德在北線尾陣亡，鄭成功予以安葬，5月24日《熱蘭遮城日誌》記載：「裴德隊長的遺體，被葬在赤崁（敵人以此來混淆我方的人）。」

鄭氏家族的際遇，堪稱「三代殘破」，1646年鄭母田川氏遭清軍蹂躪，自縊而死；1661年叛將黃梧向清朝獻策，挖掘鄭家祖墳；接著，鄭

芝龍、鄭芝豹兄弟及子孫共11人在北京被殺；1662年，鎮守廈門的繼承人鄭經，與乳母陳氏不倫生子的醜聞曝光，鄭成功認係元配董夫人治家不嚴，派人持令箭命鄭泰斬殺董夫人、鄭經及陳氏母子。黃廷、洪旭、鄭泰等駐廈部將，決定呈遞諸將公啟，「報恩有日，候闕無期」，[*8]表明抗命不從。6月中，鄭成功在臺灣城（熱蘭遮城）城堡上不時拿著千里鏡（望遠鏡）觀看海面，等待廈門來船覆命，但海面一

片沉寂，音訊斷絕……。6月23日，鄭成功憂憤而死。

復國開國兩線並行　荷蘭人第一次被趕出澎湖那年（1604），鄭芝龍出生；荷蘭人第二次被趕出澎湖那年（1624），鄭成功出生；荷蘭人被逐出臺灣這一年（1662），鄭成功逝世，得年38歲（虛歲39）。弘光帝朱由崧、永曆帝朱由榔、臺灣王鄭經、闖王李自成，都死於39歲（虛歲40）。

鄭成功一生征戰，撐持大明殘破江山；晚年跨海攻臺，建立政權，開啟了臺灣歷史的新頁。在有生之年，復國、開國，雙轡並進，既遵奉大明、以永曆為正朔，也明示在臺「開國立家」。後世不同的史觀與情感，都可投射、對焦到他身上。1699年，康熙帝基於政治考量，將鄭氏墳墓以王者之禮遷葬福建南安，稱這位對手是明室遺臣，「非朕之亂臣賊子」。

鄭氏滅亡11年後的1694年，高拱乾在《臺灣府志》寫道：「鄭氏竊據茲土，治以重典；法令嚴峻，盜賊屏息。」再過三年，郁永河來臺採硫，也有同感：「至今全灣市肆百貨露積，無敢盜者，以承峻法後也。」《諸羅縣志》亦云：「鄭氏法峻密，竊盜以殺人論，牛羊露宿原野，不設圍。」鄭成功的嚴峻作風，的確曾經讓臺灣社會改觀。

■揆一《被遺誤的臺灣》一書的封面（局部）。在書封上，刻意將鄭成功形塑成阿拉伯大海盜。

老外怎樣看國姓爺？

他年約四十歲，皮膚略白，面貌端正，兩眼又大又黑，那對眼睛很少有靜止的時候，不斷到處閃視。嘴巴常常張開，嘴裡有四、五顆很長、圓釘、間隔甚大的牙齒。鬍子稀鬆，長及胸部。他說話的聲音非常嚴厲，咆哮又激昂……*9

——梅氏

荷蘭土地測量師梅氏約於1642年前後來臺，1661年5月初奉赤崁省長之命帶信去見鄭成功，兩天後成為俘虜。6月間，鄭成功命士兵屯墾、接收贌社、漁場等稅，接管漢人墾地；並派梅氏與幾位測量師分赴各地測繪已墾水田與荒埔，叫梅氏務必盡責清查，不可讓農民隱匿。[10] 梅氏諳閩南語，兼任翻譯，協助談判。《梅氏日記》描述的鄭成功，十分嚴厲、守信、擅長談判，並精於心理戰術。

《梅氏日記》記載，1662年1月25日大砲戰後，揆一派人遞送一封求和信給鄭成功，寫錯「大明招討大將軍國姓」的頭銜。鄭成功立刻做出三點回應：一、頭銜不對，不接見使者；二、架設大砲，準備再攻；三、以荷文寫兩封信，一封給揆一，口氣強硬；一封給全體荷蘭軍官，語氣和緩。《熱蘭遮城日誌》有這封致荷蘭軍官的信，信上說：揆一等高層必須為其惡行負責；但是，隊長、中尉、掌旗官、中士、下士、士兵，通通沒有責任，都可分毫無損地將財物帶返巴達維亞。這封信立即在城堡裡發酵，「到處竊竊私語，議論紛紛」，[11] 恰可印證梅氏所言之精於心理戰術。

揆一眼中的國姓爺是個掠奪者、惡魔。他撰《被遺誤的臺灣》的書封上，國姓爺頭戴白色頭巾、身騎駱駝，是個阿拉伯大海盜，是歐洲人人聞之色變的殺人魔王。1880年代擔任法國駐廣州領事、撰有《臺灣島之歷史與地誌》一書的Camille Imbault-Huart，形容國姓爺是「遠東的阿提拉」（匈奴王Attila），驕傲、記恨、專橫、殘酷，歸為屠夫一類。

鄭成功因為「父唐土，母日本」的血緣關係，備受日人的疼愛與崇拜，1715年在大阪首映《國性爺合戰》的歷史劇，將主人翁「和藤內」（鄭成功）塑造成發揚大和精神的象徵，這齣戲營造出的歷史情結，歷經兩百多年不斷演繹、強化，十九世紀末的《通俗征清戰記》描述：1895年日軍司令官高島鞆之助抵達臺南，特地到鄭成功廟致祭，並指出田川氏、鄭成功「母子之忠烈義勇，無一不出日本國風之余（餘）」[12]。

把臺灣還給荷蘭！

康熙帝、施琅、姚啟聖都想將臺灣還給或賣給荷蘭；
李光地建議「任夷人居之」，讓荷蘭據有也無妨，
「賀蘭（荷蘭）豈有大志耶？」

722　　Camphuys, Hurdt, Van Outhoorn, Pit en Van Hoorn IV, 30 november 1684

onderstellingh zouden connen ontstaen, alsoo dezelve door die van Jamby nergens anders op aangelegt zij dan om daerdoor te bekomen de middelen, zoo van gelt als ammunitie van oorlogh, die hem zouden kunnen dienen tot voldoeninge van zijn wraeklust tegens zijn gebuur Vorsten, 's Comp.s bontgenooten en vrunden en dat wij dan zoude genootsaackt zijn ons daertegen te stellen.
Fol. 56ᵛ-57ʳ.

(De Sultan van Djambi houdt zich slecht aan het contract, laatstelijk met hem gesloten; hij zond wederom een gouden bloem aan den Koning van Siam; 14 febr. -----)

----- met een jonck, toebehorende den Coninck van Siam, aldaer van Tayoan ofte Fermosa waren aengekomen het meerendeel van degeene, die zoo lange op dat eylant door de Chineesen van Coxins aanhangh in ellendige gevangenis gehouden en na de veroveringh van hetzelve door den Tartarisen veltheer Tsioncon Silauja ¹) op haerlieder versoeck gelargeert waren, namentlijck:
Alexander van 's Gravenbroeck²) met zijn huysvrouw, zijnde een mextice;
Salomon Valentijn met zijn Formosaanse huysvrouw, twee zoonen en een dogter;
Joannes Brummer;
Antonica van Bengala, weduwe van Harmanus Verbiest, met haer dogtertje;
Maria van Lamey, weduwe van David Kotenbergh.
Fol. 58ʳ-ᵛ.

(Ze zijn van het nodige voorzien en zullen naar Batavia komen; twee vrouwen en vier kinderen bleven nog op het eiland; onder deze 17 personen zullen er zijn, -----)

----- ervaren in de Chinese tale en die de Comp.e daardoor in en ontrent hunnen handel ter selver kuste goeden dienst zouden kunnen doen, hebbende den gemelten Tartarischen veltheer Tsioncon Silauja, die door de overwinninge van Formosa bij den Keyser in groot aansien en door denselven tot Vice-Roy off opper-gebieder van de geheele zeekust aengestelt was³), den voornoemden Alexander van 's Gravenbroeck een brieff aen den Gouverneur-Generaal medegegeven.
Fol. 59ʳ.

(Hij belooft hulp bij de handel; het schijnt, -----)

----- datter voor ons wel apparentie was om Formosa van gemelten Keyser weder in besit te krijgen en te dier materie eens, al laggende, gevraagt, wat off hoeveel d'E Comp.e wel zoude willen geven.
Fol. 59ᵛ. 施琅問公司要花多少錢買回福爾摩沙

(De Hoge Regering ziet geen voordeel in een vestiging daar, waar -----)

1) Deze persoon, die in de Compagniesstukken gewoonlijk als Sisiancon voorkomt, – siancon is een chinees woord voor generaal – heette ten rechte Shih Lang. Hij was een der laatste aanhangers der Ming-dynastie, maar kwam in 1647 in onderwerping en klom zowel op tot generaal als tot admiraal. Men zie voor hem *Gezantschap*, p. 17 vlg.
2) Alexander van 's Gravenbroeck, die lange jaren op Formosa vertoefde als gevangene, nam 1685-1687 als onderkoopman deel aan het gezantschap van Paets naar Peking.
3) Ten rechte verkreeg hij een titel, die, vertaald, luidt: de markies, die de zee pacificeert, vgl. *Gezantschap*, p. 17, noot 6.

■巴達維亞的荷蘭東印度總督、東印度評議會向董事會送交的報告書中，提到施老爺（Silauja，施琅）問公司要花多少錢買回福爾摩沙。

1679年福建總督姚啟聖、巡撫吳興祚合奏，提議洽請荷蘭出兵，聯手滅鄭，然後將臺灣歸還荷蘭。康熙皇帝批了兩個字「依議」，福建當局遣使前往巴達維亞交涉，未果。施琅基於讓荷蘭重返臺灣，有利於福建方面掌控海上貿易，在1683年7月攻佔澎湖、稍後來臺將遭鄭成功扣留的荷蘭俘虜遣返巴城時，特別闢室接見其中一位俘虜Alexander van 's Gravenbroek，詢問關於東印度總督能否不受董事會之命而自行決策？公司有無可能重新佔領臺灣？總督閣下是否願意花費代價取得臺灣？'s Gravenbroek受施琅之託付，約於1683年底從臺灣出發，帶一封信回巴達維亞給總督，巴城當局在報告中敘及施琅的這一提議。[*1]

鄭、清、荷各有算計　荷蘭人於1662年2月被鄭成功逐出熱蘭遮城後，亟思「光復福爾摩沙」，1663年10月間，荷蘭艦隊司令出海王率領16艘戰艦，配置424門大砲，2,000多名士兵東來，與靖南王耿繼茂、福建總督李率泰簽了一份聯兵攻鄭的協定，11月19日，荷、清艦隊在金門與鄭軍遭遇，因為清軍怯戰，讓鄭軍突圍而出；李率泰、耿繼茂與水師提督施琅從陸路攻佔廈門、金門，鄭經退守銅山。戰後，出海王發現清軍無意依約攻臺，轉而與鄭經交涉，

■荷蘭艦隊司令出海王，積極聯清攻鄭，志在「光復」臺灣。

THE YOUNG VICE ROY OF KANTON

■「三藩」之一靖南王耿繼茂，同意荷蘭出海王的提議：雙方聯手攻臺，歸還荷蘭。圖為1655年荷蘭使節團成員Johan Nieuhof所繪製。

要求將臺灣歸還荷蘭、釋放被鄭成功扣留的俘虜，以及賠償等。鄭經亦欲聯荷抗清，在1664年1月的覆信中約結同盟，若荷蘭同意，「即授王以南澳之地，悉還荷蘭之人」，*² 意思是割讓廣東的南澳島，並遣還荷蘭俘虜。但荷方對南澳島毫無興趣，因此未進一步交涉。

1664年8月，出海王率艦隊佔領雞籠，重建聖薩爾瓦多城（北荷蘭城），派雞籠長官駐守。12月，出海王與施琅聯手從金門出兵攻臺，出航不久施琅即以海象惡劣而折返；1665年施琅再度出兵，遇上颱風而作罷。

1665-1669年間，鄭經曾與清國進行多次談判，但因鄭方拒絕薙髮而破局。清、鄭、荷三方較勁，是戰是和，是敵是友，各有盤算。1671年，鄭經透過印尼萬丹的一位漢人港主開珠（Caytsoe），向荷方傳達意欲結盟，荷方以音訊未詳，要求鄭經先遣還俘虜並道歉再說，此議不了了之。*³

臺灣可賣、可還荷蘭 聯荷、滅鄭，然後將臺灣歸還荷蘭，是大清解決

■1663年11
月間，荷軍搭
雲梯攻打金門
城，遭到鄭軍
擊退。圖為達
波所繪的金門
戰役插圖，近
景的兩名軍鼓
手賣力地以有
節奏的鼓聲激
勵士氣。

東寧問題的選項之一。1679年，福建總督姚啟聖在康熙皇帝批准之下，
派遣一支特使團，攜帶敕書前往巴達維亞，商請荷蘭人派遣艦隊協攻臺
灣，此即《臺灣外記》所說：「用荷蘭為先鋒，攻克兩島，然後合攻臺
灣，還荷蘭。」[*4]

《巴達維亞城日誌》1679年12月27日記載，巴城當局迎接清國特使
團登岸，予以隆重接待。正使劉老爺（Liou-louja）將敕書放置銀盤上，
要求巴城總督脫帽受信，這是將巴城總督當作藩王看待。論及聯手滅
鄭，東印度總督以無人統兵，以及當年清荷聯軍時大清失約為由，拒絕
合攻臺灣。[*5]

從康熙帝到施琅，都在試探聯荷滅鄭、將臺灣返還或賣給荷蘭的可
行性。1683年7月，施琅率軍攻佔澎湖，鄭克塽遞交降表，鄭氏滅亡。
臺灣是留是棄，北京當局態度不明。施琅雖請荷蘭俘虜帶信給巴城當

局，探詢公司願意花多少錢買回臺灣；不過一方面's Gravenbroek返回巴達維亞時清廷已作出決定，一方面時移勢轉，荷、英在印度的經貿競爭此消彼長，荷蘭人對「光復福爾摩沙」興致缺缺，其重返臺灣的機遇，便擦身而過了。

關鍵時刻急轉彎　在掃平「海逆」之後，康熙帝下令與臣民共樂，演戲慶祝，「在後載門架高台，命梨園子弟演目連傳奇，用活虎、活象、活馬。」[*6]北京朝廷的九卿、大學士等官員以平定臺灣為由，奏請康熙帝加封尊號，皇帝說：「海賊乃疥癬之疾，臺灣僅彈丸之地，得之無所加、不得無所損。若稱尊號、頒赦詔，即入於矜張粉飾矣。不必行！」[*7]這句話常被解讀為康熙帝不屑將臺灣納入版圖。然而所謂「得之無所加、不得無所損」是指：有無平定盤據在彈丸之地臺灣的海賊，對於皇帝之威望無所增損。此時，康熙帝對於棄取仍無定見；朝臣意見分歧、邊疆大吏各有算計，甚受皇帝倚重的內閣學士李光地主張：「空其地，任夷人居之，而納款通貢。即為賀蘭（荷蘭）有，亦聽之。賀蘭豈有大志耶？」[*8]福建總督姚啟聖認為棄而不守，「勢必仍做賊巢」；康熙帝命戶部侍郎與福建總督、巡撫、提督「會同酌議」，仍是議而不決。1684年2月，施琅上〈恭陳臺灣棄留利害疏〉，主張留住臺灣；康熙皇帝亦表態指出「若徙其人民，又恐致失所，棄而不守，尤為不可」，命議政王等再議，進而拍板定案。福爾摩沙從此變成了大清國福建省臺灣府。

臺灣的反抗事件 1636-1730

早期臺灣最具動員規模、震懾強度的兩大民變：郭懷一事件、朱一貴事件，
帶著濃厚的顛覆意圖與政治色彩。橫跨荷、鄭、清三個時期，當權者不正不清不明，
老百姓抗稅抗官抗暴。反抗與鎮壓相生相剋，成為臺灣史的魅影。

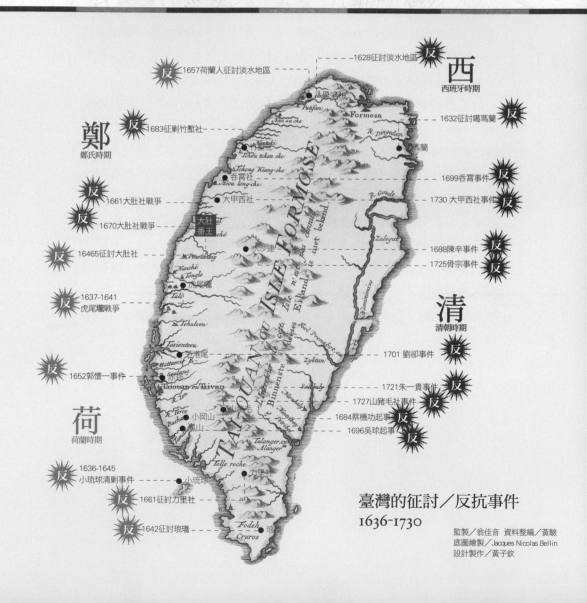

反 1657荷蘭人征討淡水地區
1628征討淡水地區
西 西班牙時期
反
鄭 鄭氏時期
反 1683征剿竹塹社
1632征討噶瑪蘭
反 1661大肚社戰爭
反 1670大肚社戰爭
1699吞霄事件
1730 大甲西社事件
反 16465征討大肚社
1688陳辛事件
1725骨宗事件
反 1637-1641 虎尾壟戰爭
清 清朝時期
反
反 1652郭懷一事件
1701 劉卻事件
反 1721朱一貴事件
1727山豬毛社事件
1684蔡機功起事
1696吳球起事
荷 荷蘭時期
反 1636-1645 小琉球清剿事件
反 1661征討万里社
反 1642征討琅璚

臺灣的征討／反抗事件
1636-1730

監製／翁佳音 資料整編／黃驗
底圖繪製／Jacques Nicolas Bellin
設計製作／黃子欽

荷蘭人自1635年12月19日與麻豆社簽訂第一份條約起，陸續以此模式將各原住民村社納入統治；自1640年8月1日向漢人按月開徵人頭稅，來臺墾殖、貿易、定居的漢人成為法定納稅人。臺灣當局透過條約、徵稅而與原住民、漢人形成政府／人民關係。在這一關係下產生的矛盾與摩擦，若訴諸於武力解決，就成為「叛亂／反抗」事件，如郭懷一事件。[*1] 荷、鄭、清時期，臺灣各種抗爭事件頻傳，清代統治臺灣212年（1684-1895），抗爭事件此起彼落，因而有「三年一小反，五年一大亂」之說。

荷、鄭、清時期之重大民變、事件，主要是當局者失政所導致，其中最具政治意涵或族群衝突意識的，首推1652年荷蘭時代的郭懷一事件，以「殺死荷蘭狗」為行軍口號，將反抗意識拉高到族群的層次；其次是1721年朱一貴事件，揭櫫鮮明的政治意識：「我們砍竹為尖槍，旗旛上書寫『激變良民』、『大明重興』、『大元帥朱』字樣。」[*2] 所率大軍雖屬烏合之眾，但因執政當局文恬武嬉，故能一路勢如破竹，13天即攻佔臺灣府城，分官封侯。不過幾天後，朱一貴與杜君英即因權力、族群矛盾而水火不容、反戈相向；及至福建水師提督施世驃、南澳鎮總兵藍廷珍率大軍來臺，鬆散的反抗軍旋遭擊潰。被捕諸公多為勞動階層，受封公、侯、御史、都督者不在少數；有的招募幾個人就封國公；因為割了一個俘虜的人頭，或因身材高大就封將軍，因為姓朱就稱王爺，顯見政治格局之侷限。

荷蘭時代對威脅統治權的反抗者，採嚴厲的壓制、屠殺；鄭氏時期亦然，劉國軒征討反叛的中部各社，將沙轆社一百多人屠殺至僅存6人。朱一貴被捕後「檻解京師，磔之」，按叛亂罪處以

■1867年日本人上坂兼勝（萍水散人）撰《通俗臺灣軍談》，以章回體的形式敘述17世紀臺灣歷史故事，圖為描繪朱一貴在天柱嶺會見李勇的情景。

最殘酷的磔刑（凌遲）；玩忽職守、已故臺灣知府王珍遭到開棺戮屍；吞霄社的土官卓个卓霧亞生被誘俘之後，「至郡，尸諸市，傳首以示諸番」。[*3]

朱一貴事件被捕重要幹部（部分）之經歷事蹟 [*4]

姓名	住處	職業	事蹟
林曹	下淡水	耕農	攻新園汛、南路營、臺灣府，封國公
鄭文遠	阿猴社	推牛車	在阿猴社豎旗，攻新園汛，封國公
賴日輝	鹿仔草莊	耕農	在下加冬豎旗，封都督，再封國公
張看	笨港	開米店	攻諸羅山，封平北將軍；奉命攻淡水，封平北國公
鄭維煜	下加冬	彈棉花	在下加冬豎旗，招到五、六人，封國公
林騫	鐵線橋	種蔗	攻新園汛、埤頭汛、南路營，封平北侯，領庫銀300兩
胡君用	嵌頂莊		攻新園汛、埤頭汛、南路營，封靖海將軍、靖海侯
陳成	五里林	耕農	烏山頭拜把豎旗、搶布店；封將軍，人稱國公
陳國進		傭工	埤頭豎旗，攻南路營、臺灣府，封都督，守柴頭港
林泰		保長	帶鄉壯四十多人，投靠張岳；封總兵，守外九莊
翁義	半平山	耕農	穿青衫青褲被誤為賊，遭鳳山參將苗景龍捆打；苗景龍被俘後，翁義割其頭，交給郭國正去獻功，因此封將軍
蘇天威	半路竹	武生	攻臺灣府，封左正，守鹿耳門。
吳良	澎湖右營	把總	在春牛埔戰敗遭俘，被劉好相救，同去澎湖奪取兵馬，因劉好酒醉洩漏身分，一同被捕。
郭國寧	笨港	駕船	領虎協軍箚付，藏在篷篙裡，被汛官搜到。
盧珠			隨繼父改姓朱，被視為朱一貴的兄弟，封王爺
陳正達	竹仔港	讀書	為朱一貴裝菸、捧茶，人稱王爺
王科			因乏銀助餉，被朱一貴抓去，在「中書科」辦事
蕭彬	○○縣	刑房	被朱一貴抓去，在「刑科」辦事，說要封太尉
詹修	臺灣道衙門	稿房	被朱一貴抓去，在「總科」辦事，照管六科
林盼			投靠朱一貴，封巡街御史，每日率羽林軍12名巡街
周和	加冬仔	耕農	領將軍箚付，奉命攻打杜君英
蕭春	鹽水港	練總	投靠朱一貴，封提督，守鹽水港
鄭元長		開糖舖	攻赤山、臺灣府，封正頭；再封將軍，攻杜君英
陳輝			投靠翁飛虎，封正頭，奉命往鹽水港驅逐杜君英
鄒應龍		開布店	投靠吳外，封總兵，奉派往鹽水港運米，領銀20兩

民變與築城　臺灣納入大清帝國版圖之初，臺灣府與臺灣、鳳山、諸羅三縣都未設城池。首任諸羅縣知縣季麒光奏請依照捐納事例，籌備建城經費。[*5] 所奏不准。1720年《臺灣縣志》云：「萬一有警，將何所恃以為守禦之具？」翌年即爆發朱一貴事件。1722年福建水師提督姚堂奏請開捐建府城，不准；藍鼎元提議：凡判處杖責的輕罪犯人，讓他們種植竹子贖罪，「每一板准種竹五株自贖，廿板百株矣；應枷者，種二百株亦准免。」[*6]康熙帝仍不准，其反對理由是：府城未設城池，朱一貴攻佔後無險可憑，清軍才得以迅速收復。

■康熙時期臺灣府未築城，各機關自設門戶，圖為臺灣鎮的衙門建築群，以一層木柵、一層植栽以及四道門構成圍牆。雍正年間最早興建府城城牆時，其形制與此相同。

　　雍正年間，閩浙總督郝玉麟奏請「買備莿竹，栽植數層，根深蟠結，可資捍衛；再於莿竹園內造建城垣，工作亦易興舉。」雍正帝仍表反對，因為建城會讓「賊眾有城可據」。康熙、雍正的築城態度，與其治臺態度基本上一致，都著重於防範漢人、原住民的動亂。

　　雖未獲准設置城牆，但仍以簡單的竹木、土壘來區隔內外，1704年諸羅縣代理知縣宋永清，「定縣治廣狹周圍六百八十丈，環以木柵，設東西南北四門，為草樓以司啟閉。」這是臺灣最早的木柵城；1721年朱一貴事件後，諸羅城改建為土城，四周栽植竹圍。1725年，清朝依巡臺御史禪濟布之奏請，在府城建立木柵，分設四大門、三小門。數年後四周遍植刺竹，此為第一代臺灣府城。林爽文事件（1787-1788年）平息後，諸羅縣城、臺灣府城改建為三合土城。

III.
翻轉

哈伯宜（Gijsbert Happartus）

花德烈（Jacobus Vertrecht）

黃叔璥（1682-1758）

藍鼎元（1654-1722）

過去

未來

傳承
轉轍
尋跡

FORMOSA

范得堡（Johan van der Burg, 1640）

利邦（Elie Ripon）

普特曼斯（1624-1662）

逐鹿虎尾壟

山最宜鹿，儦儦俟俟，千百為群。……居常禁不許私捕鹿，
冬，鹿群出，則約百十人即之，窮追既及，
合圍衷之，鏢發命中，獲若丘陵，社社無不飽鹿者。
——陳第〈東番記〉

■德國人Caspar Schmalkalden撰寫的《東西印度驚奇旅行記》一書，描繪捕鹿的福爾摩沙人。

1603年陳第〈東番記〉描繪福爾摩沙島上，住民與鹿群互利共生，鹿群長年不竭。1626年西班牙人根據迪亞茲（Salvador Díaz）口述而描繪的圖上，荷蘭人僅以徒步就能捕鹿。1648年來臺的德國人Caspar Schmalkalden描繪的福爾摩沙人逐鹿圖，有四行文字，試譯如下：

> 咱整天跑步奔行，拚輸贏
> 手腕戴著環鈴鐺，響叮噹
> 生來打獵是本行，能獵就上場
> 射不中，狗兒追其蹤！

　　陳第形容鹿皮、鹿角「委積充棟」，顯示荷蘭人未入臺之前，已有大量的鹿皮交易。1620年代前後的十餘年間，漢人、日本人、荷蘭人相繼來臺，競逐鹿皮之利，將其導入國際交易網絡，日本市場的大量需求，誘發不擇手段的陷阱獵殺。臺灣的荷蘭當局為掌控鹿皮的產銷，約於1631或1632年出售陷阱捕鹿許可證給漢人，取得執照者成為「合法」獵人。1634年全臺鹿皮出口激增逾10萬張，1638年暴增至15萬張。[*1]隨著1630年代赤崁地區大量開墾，新港社、蕭壠社等地的鹿群數量銳減，獵場逐漸北移。1638年10月至翌年5月間，從諸羅山到虎尾壠間共有31

荷蘭時代臺灣鹿皮出口統計表

單位：張

年	張數
1633	58,320
1634	111,840
1635	70,060
1636	60,440
1637	81,700
1638	151,010
1639	130,010
1640	66,000
1641	48,440
1642	19,140
1643	61,580
1644	39,020
1645	47,304
1646	40,000
1647	63,000
1648	55,000
1649	6,241
1650	66,534
1651	80,040
1652	91,963
1653	54,700
1654	27,240
1655	103,660
1656	73,022
1657	51,464
1658	99,891
1659	73,110
1660	64,898

資料來源：中村孝志，〈十七世紀臺灣鹿皮之出產及其對日貿易〉

■鹿是17世紀福爾摩沙人最主要的經濟、生活來源。黃叔璥〈番俗六考〉說「獲鹿即剝割」，在1590年代的西班牙文獻中亦可見相同的描繪。

支合法的狩獵隊伍。[2]執照獵人佩掛一枚公司發給的銀製識別章，穿梭於全臺最大的虎尾壠（Favorlang）獵場。

虎尾壠，指的是一個族群、一個語區、一個村社，位置包括今雲林縣、彰化縣。虎尾壠有2,200間房子，儲滿稻穗與黍；虎尾人比荷蘭人高出一個頭，「被視為優秀的軍人」。[3]人口約3,500人，比南部最大村社麻豆社略多，是1630年代臺灣第一大聚落。虎尾壠有兩個主要亞族，一族自稱Tern，大約在今西螺一帶；一族為Tackey，即二林。[4]

虎尾壠人與先入為主的漢人獵者、商販（或海盜）建構一個經濟共同體。當荷蘭人從1635年底陸續以武力迫使麻豆等社締約歸順後，繼續向北擴張，虎尾壠人於1636年2月首次發難，前往魍港攻擊一批持有捕魚許可證的漢人；6月底，在魍港殺死3個漢人、割取一批漢人的頭髮。8月底，180-190名虎尾壠人前往魍港的石灰島，伺機行動。次年，在麻豆社的野外打死1個執照獵人、捉拿6人、取走捕鹿執照；[5]這一連串的對抗，觸動了第一次虎尾壠戰爭。

慘烈的虎尾壠戰爭　1637年10月25日，臺灣長官范得堡（Johan van der Burg）率領300名士兵，以及麻豆、蕭壠、目加溜灣等社1,400人征討虎尾壠，約有800名虎尾壠人迎戰。荷軍燒毀2,200間房舍，殺死、殺傷數十人，取得22顆頭顱；協同征討的原住民則有3死2傷，而荷軍僅1位下士因步槍爆炸受傷。虎尾壠社化為灰燼，全社男女老幼一片痛哭、哀嚎。[6]

臺灣當局發覺鹿皮暴增、鹿群銳減的事態嚴重，1638年公告限定獵捕季節、禁止陷阱捕捉、開徵鹿肉出口什一稅，一連串措施，再起風

波。9月間，虎尾壠社的10個漢人張貼告示：禁止大灣（大員）地區的漢人、取得執照的漢人獵者進入虎尾壠獵場，一經發現，將予以攻擊。臺灣當局隨後作出強力回應：將虎尾壠獵場三分之二收為公司所有，保留三分之一給其族人。

焚村毀樹，沒收獵場　1638年11月27日，臺灣長官范得堡鑒於虎尾壠人用箭射死3個執照獵人，乃率領210名士兵前去進行報復，逮捕4位虎尾壠人長老、1個虎尾壠的漢人，燒毀該社房屋、穀倉。虎尾壠人被迫與公司締約，承諾不再阻撓執照獵人。公司將原本保留的三分之一獵

場也開放給執照獵人。虎尾壠人至此完全喪失了獵場。

　　1639年10月，數名虎尾壠人在獵場搜走執照獵人的許可證、用箭射傷了幾個人。1641年11月20日，臺灣長官特勞牛斯（Paulus Traudenius）率領400名士兵、水手，搭乘舢舨前往虎尾壠，牧師尤紐士率領10社共1,400名原住民從陸路前來會合；先燒毀肚貓螺社（Davole）150座房舍、400座倉庫，將該社所有果樹全部砍斷；接著燒毀虎尾壠社400座房屋、1,600座倉庫，大火延燒至第二天。[*7] 1642年2月中，虎尾壠的長老送還三具荷蘭人的骨骸，締約歸順，從此以後，在自己獵場打獵必須公司核准；全社每戶須繳納10束稻子、4張鹿皮做為懲罰。

　　過了一年多，紛爭再起。1643年11月，虎尾壠、二林派代表「請求

赦免罪行，當作荷蘭人的兒子和朋友一樣地接納他們。」次年年初，二社拿鹿皮來繳稅。此後再無事端。虎尾壠被征服後，開始參加地方會議。

焦土戰術與殺人比賽 荷蘭人征討各村社，都採焦土戰術，全臺第一大聚落遭到三次毀滅性的大火，居民四散，荷蘭軍隊第三次征伐的時候，路過一個「最近建造」的貓兒干社（Vasikan），可能也有從虎尾壠離散的部分住民。1659年赤崁省長貓難實叮等人巡視北路的宣教區，包含虎尾壠、貓兒干、二林、肚貓螺、大武郡等13個村社，1661年9月楊英

■1650年代荷蘭人達波描繪臺灣原住民村社交戰，勇士馘首的情景。圖中勇士左手掛著的盾牌，在臺灣並無相關文獻可考；據達波描述，這是Tokodekal（今苗栗中港一帶）村社原住民的裝扮。

奉命前往虎尾壠地區的「南社」徵糧，卻未見、未提全臺第一大社虎尾壠了。

進駐虎尾壠語區的牧師，雖然宣教成效不彰，但其中哈伯宜牧師（Gijsbert Happartus）編寫的《虎尾壠語字典》，是臺灣史上第一部原住民族字典，與花德烈牧師（Jacobus Vertrecht）編寫的教理問答〈荷蘭人與虎尾壠人的對話〉，皆是為虎尾壠民族誌留下珍貴史料的重要文獻。

荷蘭人用兵，經常動員原住民加入戰鬥，以強化盟約關係並凝聚共同體意識。公司雖以法律禁止原住民的傳統文化習俗「馘首」，卻在南征北討時，極力誘使結盟村社勇於馘首。第三次虎尾壠戰役砍了肚貓螺社20顆人頭，在分配頭顱時還引起糾紛。到了清康熙末年，朱一貴事件爆發，遊擊周應龍如法炮製，調集新港、目加溜灣、蕭壠、麻豆四社參戰，「應龍傳諭：殺賊一名，賞銀三兩，殺賊目一名，賞銀五兩。」[*8]這也是「荷規清隨」。

從「逐鹿」到「駛牛」

大批漢人農工被招攬來臺墾殖，臺灣長官譽為「福爾摩沙島上唯一釀蜜的蜂種」，
讓臺灣逐漸從鹿的產值，轉換為牛的產值，並且逐步改變了福爾摩沙的地貌。

■荷蘭土地測量師Symon Jacobsz. Domckens於1644年繪製的《赤崁耕地圖》。這是臺灣最早大規模開發
的農墾區。

前頁《赤崁耕地圖》上，墨綠色為耕地，耕地外為荒埔；土地測量師在圖上標示地目、地主，據以課稅。荒埔上有野生鹿群，有公司飼養的牛群；黃色線條為道路。左上方鯽仔潭（鯽魚潭）為大漁場，水面有不少野鴨、野鳥；1650年代起，此潭的捕魚權出贌（見P.193），由出價最高者得標。鄭、清時期沿襲之；潭畔有一座房屋，可能是臺灣長官的別墅。赤崁大地主之一Samsiack，人稱「大頭仔三舍」（Dickop），是長期承包整個小琉球島的漢人贌商，鄭成功攻臺前一年，荷蘭人疑三舍通敵，予以拘禁一年；政權轉移後，三舍被殺、財產遭沒收。鄭成功將全臺劃分為十個領地，赤崁耕地全部屬於自己的領地範圍。

■荷蘭時期的土地測量師。他們負責測量土地面積，做為公司課稅的依據。

三金一牛的傳說　相對於有圖為證、有稅可徵的赤崁耕地圖，17世紀另有一個開墾傳說：明末黃宗羲撰《賜姓始末》云：福建旱災、饑荒，巡撫熊文燦從鄭芝龍之議，「招飢民數萬人，人給銀三兩，三人給牛一頭，用海舶載至臺灣，令其築舍開墾荒土為田。」這段文字常被解讀為：1620年代鄭芝龍、顏思齊率眾來臺拓墾，為臺灣近代開發之始。

明末萬曆、天啟、崇禎三朝，災荒連年。河南巡按陳登雲將飢民所吃的「雁糞」打包，獻給28年不上朝、從人間蒸發的萬曆帝；進京應考的舉人陳其猷，目睹路旁「刮人肉者如屠豬狗，不少避人，人視之亦不為怪。」山東官員黃槐開，描述人吃人的景況云：「市鬻人肉，斤錢六文，醃肉貯甕。」；[*1] 崇禎朝「死人棄孩，盈河塞路」，比前朝悲慘。1628年前後，忙於福建沿海掠奪的鄭芝龍，「據海島，截商粟……，求食者多往歸之」，打劫猶恐不及，難有餘力在荷蘭人統治下進行大型移

民計畫，「人給銀三兩，三人給牛一頭」之說流於誇張與想像。

農墾社會初體驗　1635年底，荷蘭人陸續征服麻豆、阿猴、蕭壠等社，讓漢人「自由無礙地在田野工作」後，開始招徠漢人，首推租牛耕種、小農貸款、優惠價格收購等政策。1635年2月臺灣評議會決議，提供牛隻、小額金錢協助赤崁蔗農；並招攬亨萬、蘇鳴崗等知名華商，在赤崁一帶各自劃定20甲土地種稻植蔗；[*2] 翌年，公司將82頭耕牛賣給幾名漢人；1637年在尤紐士牧師請求下，提供400里爾貸款給新港社及其他可信賴的漢人稻農；在卑南、茄藤、大木連等社鼓勵種稻；也推廣棉花、大麻、靛青、小麥、薑、菸草、土茯苓等經濟作物。

　　1641年公司開始輔導農人種植藍草（靛青、大青），這是一種染料植物，1645年種植面積66甲。臺灣一些地名如：青埔、菁寮，都因出產靛青而得名。土茯苓是治療梅毒的藥材。梅毒由哥倫布從美洲帶回西班牙，傳到法國等歐陸國家，再由葡萄牙探險家達伽瑪傳到印度；之後一路傳至廣東、長崎。1630-1650年代荷蘭人從臺灣向福建、廣東進口土茯苓，一部分轉運至日本、巴達維亞、祖國荷蘭。林氏侯登的《東印度水路誌》提到，土茯苓傳至印度，因可治療梅毒，價格昂貴。[*3]

　　1645年赤崁地區墾地共計3,000 摩亨（morgen），分別是：稻田1,713摩亨、甘蔗612摩亨、大麥及番薯等161摩亨、新闢土地514摩亨。

■曾經於1648年來臺灣的德國人Caspar Schmalkalden，描繪17世紀西印度群島的原住民，以石車壓榨甘蔗。荷蘭人在1630年代從福建進口蔗車（石磨，molen）來臺，發展製糖業。

荷蘭人的1摩亨，約等於一甲。morgen=morning，意即一個早上可耕種的面積。[*4] 1650年，全臺耕地擴充至13,000甲。現今流傳一種說法：臺灣的土地面積單位「甲」，傳自荷蘭，漢人將荷文akker（農地），取其字尾ker，音轉為ka、甲。這是望文生義。荷蘭文獻明確記載：甲，是漳泉語系臺灣人的習慣私法。說「甲」源自荷蘭古制，並無根據。[*5]

■17世紀荷蘭畫家描繪的土地測量師（坐者），牆面的架上放置成冊的各種土地登記簿；一位農人來辦理地籍資料時，隨手抓著一隻雞來進貢。

最早的土地證書 荷蘭時代赤崁地區之墾地，屬於公司所有（鄭氏時期稱之為「王田」，撰一王的田）；赤崁以外的田埔，公司職員、自由民、漢人都可合法擁有，地主須繳交稅賦，如「米作什一稅」。1640年代，公司針對臺灣（大員）市鎮的房屋買賣課徵什一稅，其後實施土地登錄制度，這是臺灣「土地權」法制化的開端。1647年東印度評議會給臺灣評議會議長的信說：要在臺灣宣告，土地擁有者可取得完全持有的執照。[*6] 此一訓令不久即付諸實施，這可從清代臺灣道徐宗幹的記事加以印證：「有田土訟案，呈出舊契，書永曆三年。」[*7] 一起道光年間的土地訟案，地主出示舊契，竟追溯至荷蘭時代的1649年（永曆3年）！1655年5月，公司派專員、土地測量師坐鎮赤崁的大庭園，受理Amsterdam農區之地主申辦或審閱土地證書（lantbrieven），此後三個月持續辦理，至8月24日截止。[*8] 可見1650年代土地登錄制度已在赤崁地區全面實施。隨著土地權狀而來的，就是課稅。

鄭、清之季，鹿群逐漸衰竭，原本漁獵、採集為主的經濟型態，逐步轉型為農業經濟體；漢人移民來臺，引進精耕技術，荒地大量拓墾，一方面急遽壓縮鹿群的生存空間，另一方面讓原住民的粗耕型態面臨衝擊，鄭氏時期《從征實錄》說：「一甲之稻，云採數十日方完；……近

水濕田，置之無用。」清初淡水分防廳所轄各社種植小米、禾稻，收割時「以手摘取，不用鐮銍」，或如鄧傳安所云原住民「不深耕，不灌溉，薄殖薄收」等，都開始面臨轉型。

　　1626年西班牙人繪製的大灣（大員）港口圖，上方赤崁附近有一座牧牛場。荷蘭人來臺後，不斷從澎湖等地引進牛羊，設專人管理；1633年荷蘭艦隊侵擾福建，沿海居民多次奉送合計四、五百頭牛，以換取荷人手下留情，這些牛大都分給士兵食用。1640年12月《熱蘭遮城日誌》寫道：「我們與葡萄牙人一樣都是基督徒，以後不得殺牛。」這一年公司的、私人的「有角牲畜」約1,200-1,300頭，包括耕牛與乳牛；耕牛除借給漢人，也提供給蕭壠、新港、大目降、目加溜灣等社耕種。1648年5月15日星期五，臺灣第一個市集，在赤崁（當時改名Hoorn）開張了，很多原住民、住鄉下的漢人攜帶物品來交易，也有人牽著牛或其他牲畜來販賣。[*9] 這是臺灣最早的「牛墟」雛形。這個市集固定每周五上午開市。6月4日，當局貼出公告：許多人帶著貨物還在半路、或在舢舨上，就被人搶購一空，因此頒布新規：所有買、賣都須進入市集，等到統一發出交易信號後，才准進行。

■18世紀鹿皮畫描繪府城附近居民駕駛牛車的情景，從服裝髮型可推測駕車的女性為原住民。

　　鄭成功視牛為「耕稼重資」，嚴禁殺牛，違者「本犯梟示，將領連罪」。1661年5月，有8個漢人偷宰荷蘭人的牛，被當眾斬首在赤崁城十字街的那口水井旁。6月中，將一千多頭荷蘭人的牛分配給各鎮，分赴南北屯墾。鄭氏時期，牛隻應有相當程度的繁衍，1697年郁永河路過竹塹、南嵌，目睹山中野牛「每出千百為群，土番能生致之，候其馴，用之。」[*10] 在福爾摩沙原野上千百成群奔馳者，不再是鹿，而是牛。這標誌著一個農耕社會的來臨，到了1720年代前後，牛與牛車成為農業時代的要角，《諸羅縣志》云：「引重致遠，皆以車。漢莊、番社無不家製車而戶畜牛者。」

什一稅與萬萬稅

荷、鄭、清三個時代的稅目有許多脈絡相連之處，荷蘭人在商言商，
是「萬萬稅」的始作俑者，諸般苛捐雜稅，大多是荷規鄭隨、鄭規清隨。

臺灣的稅，始自荷蘭時代的海關，1625年7月1日，臺灣評議會決議：從大灣（大員）出口輸往日本的貨物，一律課徵出口什一稅。[*1]這是近現代臺灣稅政的開端。此後，各種稅目陸續出籠，諸如：1626年捕魚稅，徵收捕獲量10%的實物稅；1629年牡蠣稅，繳交牡蠣殼充稅；1629年進口貨物稅，所有進口貨物，課徵什一稅等等。1638年5月底，臺灣當局推出一項新的政令：「今天用中文、荷蘭文貼出公告，所有人在熱蘭遮市鎮的房屋交易，買方、賣方都應繳納十一稅。」[*2]這是房屋交易稅首次開徵。荷蘭人在臺灣徵稅的名目甚多，大抵以什一稅（現金或實物的10%）為稅率。什一稅源自西元第四世紀羅馬帝國時期，教會依據《聖經》中「十分納一」的奉獻規例而徵收什一稅，後來逐漸成為歐洲國家普遍採用的稅率。

捕魚燒磚砍材都抽稅　1624年第一任臺灣長官宋克剛抵臺灣不久，寫信給巴達維亞總部說，俟一切安頓後，就要藉由稅收來補貼沉重的開銷。隔年有兩艘日船攜帶7萬兩銀，經由臺灣向中國購買生絲，立即造成絲價大漲，荷蘭人決議向日本人徵收出口什一稅；之後對中國漁船核發通行證、徵收漁獲量的10%；初期採收牡蠣的漁民，應將牡蠣殼繳給商館抵稅；而燒製磚頭、砍伐木材等也須繳稅；到了1650年代，所有出口貨物全須繳稅，一網打盡。

　　臺灣當局主要稅收項目有：人頭稅、米作什一稅、獵鹿執照稅及鹿肉出口稅、烏魚稅等。1620年巴達維亞當局向華人徵收人頭稅，1640年在臺灣開徵，按月催繳，1644年漢人大憨（Twacan）在澎湖、馬芝遴招募農夫、漁夫、鐵匠、木匠、磚匠、製造籐牌、皮盔甲等技工，開列各種技工工資，並四處張貼布告，說：荷蘭人那裡沒自由，要繳納各種什一稅、人頭稅，沒許可證也不能打獵。「來澎湖，我保護你們！」[*3]一年後，他被臺灣當局依海盜罪判處死刑，以公開處決方式活活撕裂。

　　公司因稅務行政繁重，1642年起，陸續將獵鹿執照稅、人頭稅、米

◀約繪製於乾隆年間（1764-1770）的〈廣州城珠江灘景圖〉，岸上官署門前懸掛「總巡稅課」旗幟，這是海關所在。臺灣的稅創始於荷蘭時代，在大灣（大員）、魍港設立海關，課徵進出口稅。1630-1650年代的臺灣海關，可以從這張圖產生聯想。

191

作什一稅、捕撈稅等改為承包制，以公開標售方式，由出價最高者取得徵稅承包權，此一模式謂之贌（Pacht），在公司為「出贌」，得標者為「贌商」。1642年將獵鹿執照稅改為以村社為單位出贌，稱為「贌社」，得標者獨佔一個劃定區域的收購、交易等權利。

■荷蘭人將鹿視為臺灣珍貴的財富，但經過二十多年的濫捕，1650年新港人、蕭壠人已無鹿可捕，公司頒布一系列關於獵犬、獵具、獵區、獵季的禁令，但鹿群已盛極而衰。圖為清初臺灣的捕鹿場景。

荷規鄭隨、鄭規清隨　從荷、鄭、清三個時期的稅目來看，荷蘭人無疑是「萬萬稅」的始作俑者，鄭、清諸般苛捐雜稅，多係荷規鄭隨、鄭規清隨；荷蘭人在商言商，全民皆稅；鄭氏時期軍餉繁重，課徵浮濫，來臺文士徐孚遠詩云：「丁錢既已徵，望屋算突煙。尚有無名稅，飛檄正紛然」；[4] 1674年鄭經西征，攻下漳州、潮州後，命人掌理鹽政，「每石鹽價二錢，徵餉四錢」，[5] 這意思是，營業稅高達200%！1678年久圍泉州不下，公帑軍需兩缺，乃在定稅目之外，另徵：大餉、大米、雜餉、月米、櫓槳、棕麻、油、鐵、釘、炭、鵝毛等稅。[6]

鄭氏時期向僧侶道士徵收僧道稅（全臺員額45名），清代發給僧道執照（牒文），免其稅；清代開徵的檳榔餉，承襲自荷蘭時代，在巴達維亞、臺灣都課徵檳榔稅，是以「宅」為單位計稅；鄭氏、清代延續前朝稅目。康熙年間臺廈道高拱乾說：「有一朝之忿，即以檳榔睦之」、「相逢歧路無他贈，手捧檳榔勸客嘗」。[7] 文獻形容說：「臺地僧家，每多美色少年，口嚼檳榔，檯下觀劇。」[8] 可見嚼食檳榔之普及。

婪索陋規，盈千累萬　康熙帝以輕徭薄賦、永不加賦自豪；施琅一面秉

承上意，減免澎湖三年賦稅、取消臺灣各式名目的徭役、嚴禁攤派勞軍費用，一面將澎湖每年1,200兩銀的規費納入私囊，另在臺獲取數千甲土地。而官僚體系層層剝削，正供之外，另立一堆陋規。以船舶稅為例，要繳的「規禮」比正稅還多；首任巡臺御史黃叔璥發現，船從臺灣到廈門，「歸關盤查，一船所經兩次護送、八次掛驗，俱不無費。」*9乾隆時期軍機大臣福康安奏言：臺灣「文職自道員以至廳縣、武職自總兵以至守備千總，巡查口岸出入船隻於定例收取辦公、飯食之外，婪索陋規，每年竟至盈千累萬。」*10

　　原住民村社，則是另一種型態的萬萬稅，清初《臺海使槎錄》描述：「新官蒞任，各社土官瞻謁，例有饋獻；率皆通事、書記醵金承辦，羊、豕、餓、鴨，惠泉、包酒，從中侵漁，不止加倍。」無錫惠泉、儀徵包酒，都是名酒，與金華火腿一樣，在清初皆為高檔進口貨。

贌社、社商、社餉

　　1642年，荷蘭人在臺灣首創贌社制度，將全臺原住民村社劃分數十區，每一區應徵收的獵鹿稅，都以公開標售方式，由最高價得標的承包商全權包攬該區域（村社）的稅收業務。

■這是一幅鹿皮畫的局部，描繪18世紀府城地區的原住民幫一名官員扛轎子。

　　贌，廈門話、福佬話唸作Pak，荷語寫作Pacht，此字係借自拉丁文Pactum、Pactus，意為領主與包稅人對稅額取得一致。Pacht，在歐洲是一種傳統稅制；荷蘭人將它引進臺灣，在1640年已將宰豬、釀酒、港潭魚稅等出贌；*11將全臺灣各社（區域）的獵鹿稅公開標售的「贌社制」，其原型可溯自1637年的「獵鹿執照稅」，將核發執照業務交由牧師掌理，執照分為網羅、陷阱二種，前者每張每月收費1里爾，後者每個每月15里爾。

　　每年4月間，公司在赤崁的大庭園召開贌商大會，將公司統治下的村社、河川、漁場，出贌給喊價最高的贌商。鄭氏沿襲荷制，每年5月，諸羅三十四社、琅𤩝四社於公所叫贌。入清以後，因贌商「多歸內地」，難以徵集，改採定額方式徵收。

　　鄭、清贌商稱為「社商」，剝削手段更甚以往，黃叔璥描述：射得麋鹿，鹿皮鹿肉鹿筋都歸社商，「平時事無巨細，悉呼男婦孩稚供役；且納番婦為妻妾，有求必與，有過必撻。」此一景況，與一百年前「獲若丘陵，社社無不飽鹿者」，已經是兩個世界了。

1626-1685年臺灣各項稅目

荷蘭時期	鄭氏時期	清朝初期
◆ 人頭稅(1640) · 漢人每人每月繳1/4里爾	◆ 丁銀／毛丁 · 漢人每丁每年徵銀6錢	◆ 丁銀 · 漢人每丁年徵4錢7分6釐
◆ 贌社(1640) · 原住民村社交易稅，由贌商競標承包	◆ 社餉 · 諸羅34社、琅璚4社出贌 ◆ 種地諸番稅 · 鳳山八社計丁輸米	◆ 社餉 · 各社社餉改採定額徵收 ◆ 種地諸番稅 · 鳳山八社計丁輸米
◆ 米作什一稅(1644) ·田園穀物收成稅	◆ 田賦 ◆ 菜園餉	◆ 田賦 ◆ 菜園餉
◆ 房屋交易什一稅(1638) ◆ 房屋稅(1643？)	◆ 田地稅契 ◆ 厝餉	◆ 田地稅契 ◆ 厝餉
◆ 牡蠣稅(1629) · 繳交牡蠣殼給臺灣商館 ◆ 捕蚵執照稅(1642)／月繳 ◆ 捕魚稅(1626-1646)／10%實物 ◆ 漁場稅(1647-1661) · 河川、湖泊、漁場等由贌商承包 ◆ 烏魚稅(1626-1661) · 本地漁民繳漁獲10%並月繳舢版稅；中國漁民繳貨幣或漁獲量10-20% ◆ 捕鳥執照(1638) ◆ 漁船執照(1630) 徵收年費	◆ 罾、繒、罟、縺、䋈、蠔、網等稅 · 以網具張數課徵 ◆ 港、潭、塭餉 · 沿襲荷蘭之漁場稅 ◆ 烏魚旗餉 · 每旗每年納銀1兩5分 ◆ 採捕船、尖艚、杉板 · 每艘船繳費，年繳 ◆ 樑頭船稅 · 依船之樑頭大小課徵	◆ 罾、繒、罟、縺、䋈、蠔、網等稅 · 沿襲鄭制 ◆ 港、潭、塭餉 · 沿襲荷蘭之漁場稅 ◆ 烏魚旗餉 · 依鄭氏原額徵收 ◆ 採捕船、尖艚、杉板 · 沿襲鄭制 ◆ 樑頭船稅 · 沿襲鄭制
◆ 燒磚稅(1634)／10%實物 ◆ 石灰稅(1638)／10%實物 ◆ 薪材什一稅(1642)	◆ 瓦窰餉 · 燒磚瓦稅，以座計，年繳	◆ 瓦窰餉 · 燒磚瓦稅，以座計，年繳
◆ 獵鹿執照稅(1636-1640)／月繳	◆ 鹿皮、獐皮稅／依捕獲量	◆ 鹿皮、獐皮稅／依捕獲量
◆ 鹿肉出口稅(1637) ◆ 進口貨物稅(1629) · 所有進口貨物，課徵什一稅 ◆ 中國米酒進口什一稅(1629) ◆ 貿易船執照稅／月繳 ◆ 營業執照稅(1639)／月繳 ◆ 製酒執照稅(1639蒸餾arack酒)	◆ 當稅 · 當鋪稅，以所計，年繳 ◆ 進口關稅 · 進口貨物售出，3%關稅 ◆ 酒稅	◆ 當稅 · 當鋪稅，以所計，年繳
◆ 鹽稅(1645) · 採贌售方式，每擔8 condrin	◆ 鹽餉／出港鹽稅 · 鹽餉以鹽埕之格數計；出港鹽稅為銷往澎湖之徵稅	◆ 鹽餉 · 以鹽埕之格數計；清代取消出港鹽稅
無	◆ 牛磨稅 · 每首每年徵銀24兩 ◆ 蔗車稅 · 舊式糖廍，每張年徵19兩	◆ 牛磨稅 · 每首每年徵銀8兩 ◆ 蔗車稅 · 舊式糖廍，每張年徵8兩。
◆ 檳榔稅(1630年代？)	◆ 檳榔稅	◆ 檳榔餉、番檨餉 · 種植檳榔、番檨者課稅
◆ 宰豬稅(1637？) ◆ 屠宰執照稅(1650) · 屠宰牛執照，月繳	◆ 豬牙稅	─
無	◆ 僧道稅 · 僧侶、道士年徵牒銀	無 · 給僧道牒文，免其稅

194

荷蘭人的臺式管理

今天先行敲鑼之後，貼出公告，自本日起，嚴禁所有漢人食用赤崁地區製糖用的甘蔗；

所有人不得使用陷阱捕鹿，只許使用圈套；

住在市鎮的漢人，在房舍的後頭養豬造成汙臭，應於八日內拆除，

所有豬仔一律遷往第一漁場附近飼養，違者著依告示懲處。[*1]

這是1639年8月13日臺灣長官發布的公告；1643年12月發布的另一則公告說：臺灣（大員）市鎮所有竹造房屋，應在8天內拆掉，違者沒收房屋、罰款25里爾。這是強制規定所有茅草、竹造房屋改建為磚瓦結構。荷蘭人引進的現代行政法，將社會公共秩序、環境衛生、生態保育等從私領域變成公領域，此與臺灣原住民社會既有的舊慣迥然不同，與漢人社會「各掃門前雪」的觀念也大相逕庭。部落社會並無公法／私法（刑法／民法）之區分，即使殺人、竊盜等現代刑法的「非告訴乃論

■荷蘭人針對臺灣市鎮，從建築法規、街區規劃、道路鋪設等硬體方面，以及交易規範、禮拜日作息、養豬、曝曬鹿肉等都有法令規定。

195

罪」都可和解，1623年荷蘭傭兵利邦上尉與目加溜灣社、麻豆社打過仗，記錄了部落的一些律法，包括：若偷竊被逮，應賠償受害人加倍價值的衣服，否則受害人可將竊賊殺死；若妻子出軌，丈夫可殺死其外遇對象，並休妻。[*2] 1626年臺灣長官德・韋特指出：原住民若打死人，可用20匹棉布（cangan）和解；翌年來臺的牧師干治士描述：竊盜、殺人與姦淫等案件，慣例是由個人直接報復或求償；不以監禁、鐐銬或體罰等手段作為刑罰，而是課以布匹、鹿皮、稻米，或烈酒。[*3] 荷蘭人來臺後，引進西方各種近代法令，不論是公法（納稅、服役、社會秩序、公共衛生等）、私法（房屋及土地產權、借貸與擔保、結婚登記等），都有所規範。

荷蘭人的統治機關　荷蘭時期臺灣的最高統治機關為臺灣評議會。評議會之下設置幾個機構，這些機構在不同時期有所變動調整，1654年臺灣長官花碧和的報告說，臺灣評議會之下設有：法務議會、市參議會、孤兒遺產管理局、婚姻局四個機構。[*4]

　　法務議會相當於高等法院，1630年代審理各種法律案件，包括重大案件、民事兼及輕微案件；1644年市參議會設立，作為民事法庭（或稱市政法庭）之後，法務議會則專責審理公司職員的訴訟案件、市參議會的上訴案件。荷蘭文獻有關法務議會的運作，最早年代為1636年，幾位法務議會的評議員，調查漢人之間的竊盜案件。同一年，臺灣評議會任命商務官Coenrraad Salomonsz兼任臨時稽查官，針對一位退休的翻譯官擅自將一名漢人拘禁一個多月的逾權行為，以及一位狩獵管理員、一位士官長被控殺人案件進行調查、定罪；次年，巴城當局特派一位正式的稽查官來臺專責其事。法務議會不定期開會，進行判決，一般而言，被判處死刑者，於宣判之次日，便在臺灣（大員）市鎮與熱蘭遮城堡間的刑場執行。

荷蘭統治臺灣之組織架構圖

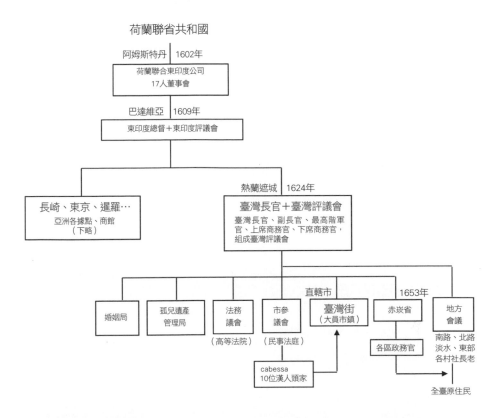

車裂斬首，殘忍動刑 荷蘭時代對叛國、逃兵、海盜、兇殺等罪多判處極刑。荷蘭文獻記載，一名蕭壠社人Vitok因謀殺妻子，被法務議會判處死刑，處以車裂之刑（raeybraecken，即英文Breaking wheel），將犯人綁在車輪上，打碎其肢體，此與同一時代中國明朝的車裂不一樣，但殘忍度不相上下。Vitok受刑後，屍體被放在謀殺現場展示。另一名活躍於鹿港、二林一帶的海盜大憨（Twakam，Tōa-khàm），被控搶劫、放火等罪，也遭車裂。[*5] 有幾名漢人海盜被判以繩子吊死；一名荷蘭婦女因殺死女奴，被以繩子勒死。荷蘭人懲辦不法或反抗案件，有時讓全部被告抽籤，抽中死刑者立刻處決；抽到空白籤者，獲赦免死。

　　1637年11月下旬，臺灣長官范德堡率領140名士兵前往放索社，主持一件兇殺案的判決：殺死長老Tacomey的五名放索社人，由數名長老

經過評議後全部判處死刑，其中三人在850名族人圍觀下，當場處斬，另兩名予以赦免，以宣示荷蘭人並非要一意報復。行刑過後，圍觀者爭相索取耳朵、牙齒、頭髮、頭顱，臺灣長官對此「睜一隻眼閉一隻眼」。[6] 殺人者償命，原、漢一體適用，但也有例外，曾殺害荷蘭人的琅瑀地區Knanga社，被要求每年帶一頭閹割的公豬來參加地方會議，前罪一筆勾銷；三個被判死刑的漢人，其中一人因某位「重要人物」說情，獲得免死。荷蘭統治末期的1658年，臺灣評議會針對若干原住民地區的祭拜偶像、亂倫、通姦、賣淫、酗酒五種行為重申嚴令，加重罪刑。其中賣淫若屬再犯，不論男女都可予以處死。

軍法判刑五花八門

軍法伺候，對良莠不齊的公司職員、士兵與水手多少具有震懾作用：一名士兵殺死一個漢人，判處斬首。一名士兵值勤睡覺，罰坐木馬半天、12月無薪；擅入臺灣（大員）市鎮，9個月無薪；夜間值勤擅離職守，判處予以吊上刑板然後摔下，連摔三次；一名士兵醉酒，判處在頭頂上方射過一顆子彈；一名水手故意以刀在胸部自殘，判他穿過船底水下三次。[7] 這是一種16-17世紀針對水手的「穿龍骨」（kielhalen）刑罰，將水手綑綁，從船舷的一邊拋下水，穿過船底龍骨，再從另一邊拉上來。不論職員或士兵，忤逆犯上的刑罰都不輕，一名中士侮辱長官，判處在

■17世紀知名的蘇格蘭海盜船長基德（William Kidd），遭到誘捕後被判處絞刑。同一時期荷蘭人在熱蘭遮城城堡前設置一個絞刑架，也常執行以繩索吊死的極刑。

頭頂上方射過一顆子彈,並降級為士兵。一名砲手以言語褻瀆上帝,予以鞭打,並刺穿舌頭。[*8]

　　荷蘭人對若干偷竊行為,多以「示眾」方式懲處,一名有前科的公司職員竊取一塊鉛條,判處綁在柱子、胸前吊掛鉛條,帶往臺灣(大員)市鎮遊街示眾,另加鞭刑50下,帶鐵鍊服役三年,服刑期間無薪。一名偷竊累犯的海軍見習生,判處綁在柱子,胸前吊掛竊物,示眾3小時,帶著鐵鍊服役二年,服刑期間無薪。一個造假的中國人銀匠,也是綁在柱子,頭頂著以中文書寫罪狀的牌子,示眾3小時,永遠驅逐出境。[*9]

商業法規與稅收　　重商主義的荷蘭人頒布的法令規章,多著眼於商業、稅收及交易秩序,以臺灣(大員)市鎮的建築法規為例,1629年規定所有人未經申請許可,不准起造房屋,幾年後下令所有房屋應在一年內改建磚屋,以瓦片鋪設屋頂,取代稻草;1638年推出房屋稅,買賣雙方都須繳納10%交易稅。稅收的效益相對地也促進市鎮的建設發展。

　　1638年臺灣長官發布公告:包括荷蘭人、福爾摩沙人、漢人在內,在安息日講道時不得從事勞動工作,同時商店、餐飲店禁售中國米酒,違者一律罰款。這是重申1629年的禁令;[*10] 1630年代臺灣賣酒行業興起,相關規定包括:中國米酒進口什一稅、禁止漢人釀造或進口亞刺酒(arracky,燒酒),後來放寬規定,僅禁止晚寢的鼓號聲過後出售亞刺酒或中國米酒;鑒於水手、士兵酒醉鬧事頻傳,為了維護荷蘭人的尊貴形象,在臺灣市鎮的四個邊界設立界椿,荷蘭人非經許可不得越界擅入。重要稅收來源之鹿產業也有系列規定,包括:1638年規定每年4月底以後禁獵,翌年規定漢人不得以陷阱捕獵,與此相關的是必須擁有執照才准飼養獵犬;1654年以荷文、中文、新港文重申禁令:以捕獸機獵捕者將加重處罰。[*11]

　　公共衛生方面,包括三令五申強制遷移豬舍,以及禁止隨地便溺

等，都有公告；1650年代東印度總督訓令，城堡及各地駐軍應以烤硬麵包取代稻米作為軍糧，因此臺灣當局還要求商人以特定價格供應麵包；1640年代曾規定麵包不得混摻米粉、麵包師傅必須取得執照，1657年重申前令，規定白麵包每個不得少於10兩重、小麥粉麵包不得少於14兩重。[*12] 許多商業法規廣泛地介入各行各業的交易行為及民眾生活中。

株連九族，廢疾皆斬

　　鄭成功立法森嚴，「有犯奸者，婦人沉之海、姦夫死杖下；為盜，不論贓多寡，必斬。有盜伐人一竹者，立斬之」[*13]，嚴酷程度史上少見，其他各種軍法就不待言了。郁永河撰〈陳參軍傳〉，指鄭成功「多誅殺細過」，其後，輔佐鄭經的參軍陳永華「一以寬持之，間有斬戮，悉出平允，民皆悅服，相率感化，路不拾遺者數歲。」入清之後，臺灣因地處邊陲，吏治敗壞，1721年爆發朱一貴事件。荷蘭人在郭懷一事件中屠殺全臺約1/4的漢人，幾個主謀者被嚴刑酷打，昏厥後潑水，甦醒後再屈打招供。但被殺戮者僅止於參與事件本人；《大清律例》則沿襲中國傳統，謀反罪為十惡之首，其首謀及相關人等皆誅九族，「朱一貴之祖父、父、子、孫、兄弟、同居之人、期親伯叔父兄弟之子、並伊嫡族以至幼子，不許遺漏一人，皆斬立決……；其母、

■1850年代英國藝術家描繪的中華帝國圖像之一，浙江定海一名衙役押解一名戴枷者遊街示眾。

女、妻、妾、姊妹、子之妻妾，給付功臣之家為奴，財產入官。」[*14] 其他從犯也都是九族通殺，「不論篤疾、廢疾皆斬」。朱一貴被押往北京凌遲處死。清代臺灣常見「斬決梟示」，對觸犯重罪或造反者，砍頭後還懸掛展示，傳遍罪犯所居的鄉里，以儆效尤。乾隆帝等人認為臺灣「民番雜聚，奸偽滋生」，下令罪犯押往省城福州斬首後，「首級裝貯木桶」，由下級官兵或仵作帶回臺灣示眾。

天災、疫情與醫療

17世紀臺灣各種傳染病肆虐，荷蘭船醫束手無策；同時期鎖國的日本，
在南蠻醫學、蘭醫學的影響下，孕育了現代醫學及防疫體制。

■1626年赤崁地區就有傳染病肆虐、漢人逃走一空的記載，17世紀歐洲、亞洲、大清、臺灣等地到處傳染各式疫病，同樣束手無策。圖為1656年德國人保羅·佛斯特描繪的瘟疫醫生。

　　臺灣當局派駐二林的政務官報告說：天花仍在蔓延，Tausamatto 社
的長老感染天花死了；Tausa Talechey 社的兩個長老都死了，全社95個
成年男子只剩34個。Kakarsakaleke社不能前往巡視，因大部分人都遭到

感染了。Babarian社開始在傳染，哀傷不已……。[*1] 這是1657年的事。1650年代的臺灣，天花、瘧疾、麻疹、熱病肆虐，諸神束手。在歐洲，14世紀起黑死病（鼠疫）大爆發，全歐洲形同煉獄，1656年德國人保羅・佛斯特（Paul Fürst）畫了一幅瘟疫醫生：配戴鳥嘴面具（見前頁），全身防護以隔絕傳染。其實，這一時期歐洲第一線瘟疫醫生，與臺灣的荷蘭時代外科醫生一樣，對傳染病束手無策。

蝗蟲來襲，鋪天蓋地　1653年，蝗災、饑荒、疫病肆虐全臺，臺灣長官Cornelis Caesar在10月間寫信報告說：「南路、北路各村社有相當多人，不分老少，死於瘧疾和麻疹，許多稻田廢耕。」[*2] 1654年5月間，蝗蟲排山倒海飛來，天空一片昏暗，蝗蟲被風吹落遍地，城堡的水井「好像鋪上一層黃紅色的布」；道路、地面「鋪蓋著又高又厚的蝗蟲」，6月中，當局動員民眾捕捉蝗蟲，每斤給予5分錢獎金；新港、目加溜灣、大目降社的長老請求准許他們的族人一半去上學，一半去捉蝗蟲，每週輪班一次。6月底，蝗蟲遍布全島。[*3] 5-8月間，蝗蟲釀災，餓死8,000人。9月2日，《熱蘭遮城日誌》寫道：「全能的上主，請憐憫我們這個共和國，把那些害蟲驅離穀物。」麻豆社牧師韓布魯克（Antonius Hambroeck）向臺灣長官報告：轄區的原住民因饑荒而被迫吃生的、不健康的野果，甚至吃香蕉樹幹，請公司表現慈悲，避免不幸事故發生。1655年3月，蕭壟、新港政務官奉令發米救濟轄區的貧窮家庭。6月，蕭壟政務官報告說，該社地方病（lantsiecte）嚴峻，有四、五百人臥病在床。這已是失控狀態。

　　荷蘭人剛到臺灣不久，因熱症（heete koortsen）流行，許多市民病故，剛發展的普羅民遮市鎮淪為廢墟。熱症，正確病名不詳，一說是登革熱，一說是寒熱症（ague），荷蘭文獻記載，有牧師染病5天即死；1649年底，巴達維亞當局向董事會報告指出：臺灣的南部像「殺人坑」（moordtcuyl），學校教師、士兵不斷死亡，「我們建議他們考慮是否

撤出」[*4]。1650年代大灣（大員）、赤崁、二林、淡水等地熱病猖獗，淡水駐地的荷蘭人，曾經「連一個健康的人都找不到」。

天花肆虐，將軍拒見　新港社頭目理加以及15位族人，於1627年被濱田彌兵衛帶往日本，獻地給幕府將軍德川家光，以示主權隸屬於日本，荷、日皆有文獻記載新港社人臉生瘡痘、面目可憎，德川將軍不大願意召見。[*5]臉部痘疤與感染天花有關，而天花是歷史悠久的全球性傳染病，16世紀西班牙殖民者將天花帶入美洲，造成空前浩劫；1657年，虎尾壟、二林等地天花疫情嚴重，東部更因天花肆虐而停開地方會議。在同一年代的北京，2歲的滿族小孩愛新覺羅・玄燁感染天花，癒後留下症狀輕微的麻臉，8歲登基為康熙帝。1661年2月，鄭成功的對手、24歲的清順治帝福臨（康熙帝之父）感染天花病逝，遺體被火化、使用過的器物全都燒毀，史無前例。罹患過天花的康熙帝，40歲時罹患瘧疾，天主教神父洪若翰、劉應進獻金雞納，先讓四位大臣以身試藥，試後無恙，皇帝跟著服用，才告痊癒。[*6]

　　荷蘭人在熱蘭遮城、新港、麻豆等地都派有外科醫生，這些醫生並非正統醫學院出身，僅擅長理髮以及拔牙、放血、割瘤、切肢等手術；對天花、熱病等傳染病就一籌莫展，而且自身難保。鄭、清時期，臺灣仍是瘴癘遍地，傳統中醫對各種傳染病無能為力，《諸羅縣志》記載，病者請「客仔師」祈禳、用「米卦」占卜，「書符行法而禱於神，鼓角噎天，竟夜而罷。」

■經常出入北京宮廷的法國傳教士記載，康熙帝臉上有感染天花留下的痕跡，但宮廷畫師並未如實描繪。

淡水、雞籠重災區　1697年來臺採硫的郁永河說：「總戎王公命某弁率百人戍下淡水（駐地東港），纔兩月，無一人還

者。」[*7] 他說的一點不誇張，下淡水第1-10任巡檢（1684-1710），8位病逝任內，一位告老解任、一位丁憂離任。郁永河的隨從僕役「十且病九」，廚子病倒，沒人煮飯。熱病、天花、瘧疾長期流行的雞籠、淡水地區，是不少西班牙人、荷蘭人葬身之地。郁永河描述：來臺班兵若被派去雞、淡，「皆唏噓悲嘆，如使絕域」；水師官兵捱到期滿換防，「以得生還為幸」；1716年擔任北路參戎的阮蔡文，巡閱淡水一帶，但見「寒風陰霧間，荒塚累累，問之皆西來將士。」[*8]

　　清代臺灣各種傳染病綿延不絕，三大民變（朱一貴、林爽文、戴潮春）期間都面臨疾疫肆虐，疫情嚴峻時，「十病五、六」；牡丹社事件侵臺日軍戰死12人，病死500多人；清法戰爭之法軍戰歿官兵，約有700人葬於基隆二沙灣，其中陣亡者約170人，餘皆染病致死，法國艦隊司令孤拔（Anatole-Amédée-Prosper Courbet）將軍也病死在澎湖。孤拔的對手劉銘傳，一身是病，目障、頭風、足腫，他歸因於「屢攖奇瘴，竟染沉痾」。

■日本出島荷蘭商館的瞭望台上，荷蘭人手持望遠鏡觀看一艘蘭船入港。圖中身著白色衣褲的男性為巴達維亞總部派至日本的德籍醫生西博德（Philipp Franz von Siebold）、穿和服者為醫師娘楠本瀧，她背著的女兒楠本稻，是19世紀日本第一位女醫師。

蘭學開路，醫療傳奇 隨著16-17世紀歐洲在解剖學、病理學的長足進展，荷蘭醫學與時俱進，並且因緣際會，在日本無心插柳。日本於1630年代鎖國，但經由與出島荷蘭人的接觸，興起「蘭學」風潮，引進荷蘭及歐洲近現代知識；1670年代荷蘭商館應日本之請，派遣外科

■1794年日本「蘭學」學者會盟之一景。圖中最前方以及最左邊的二位，拿著的書本都是洋文。1641年鎖國後，日本知識圈透過蘭學，輸入西方學術文化與技術。

醫生Willem ten Rhijne治療罹患重病的德川家綱將軍。另一位船醫、德國人Caspar Schamberger，替幕府的使節動手術治病。Schamberge據說於1646年抵臺，1649年轉往長崎，被認為是第一位來臺行醫的德國醫生，可惜無相關文獻可證明。他身兼商務官，是重要職務，但其行事、支薪等都無紀錄，顯然這段期間並無在臺任職。近代日本的西洋醫學，始自葡、西的「南蠻醫學」，荷蘭外科醫生的「蘭醫學」接續其後；日本近代醫療史上最傳奇的一章是：1805年外科醫生華岡青洲，用曼荼羅花、當歸等熬製湯藥，讓患者服用後昏眩不省人事，完成了世界首例的乳癌手術。[*9] 1849年荷蘭船醫在日本引進牛痘接種；1857年荷蘭軍醫龐貝（Pompe van Meerdervoort）在長崎開設西洋醫學校。5年後軍醫返國時，日本政府派遣醫學生隨行，開了留學西洋之先聲。

　　荷蘭船醫在日本扮演了帶路者的角色。當年他們在臺灣束手無策的各種傳染病，到了19世紀末期紛紛有解；1896年，日本統治臺灣的第二年，臺灣總督府規定全臺兒童在一歲以前應接種牛痘，翌年公布「傳染病豫防規則」，從霍亂、鼠疫等傳染病展開防治，臺灣自此逐步推動公衛體制，逐步擺脫了「瘴癘之地」的惡名。

理髮師與外科醫生

公司招募海外醫療人員,理髮師、閹豬者、補鍋鼎者都來應徵,
他們背誦一些基本醫學常識,通過面試,成為實習外科醫生;
被派在船上服務者,就是「荷蘭的船醫」。

〈安平追想曲〉描寫一位住在安平的私生女，追念她20年未曾謀面的生父──荷蘭船醫，這首歌膾炙人口，異國婚姻的故事頗引人遐想。它的原型是1939年發行的日本演歌〈長崎物語〉，描述17世紀巴達維亞的混血女子阿春，胸前抱著金色十字架，懷想著長崎的山坡、出島的海面、逝去的母親，聽到船聲響起……。在荷蘭文獻中，福爾摩沙女子嫁給荷蘭士兵、馬廄管理員、製舵匠、學校教師、牧師，乃至商務官、政務官者都有，唯獨沒有人嫁給荷蘭船醫。17世紀荷蘭的隨船醫生都稱外科醫生（chirurgijn），他們有一部分原是理髮師，接受醫學常識訓練，成為外科醫生，在《巴達維亞城日記》的經費支出表看到理髮師（barbier）申請繃帶共付多少錢，就不足為奇了。[*1] 左頁圖是荷蘭畫家博斯（Hieronymus Bosch）約創作於1494年之作〈愚蠢療法〉，描繪一位頭戴智慧漏斗的理髮師，往病人頭頂鑿洞，取出在頭殼裡作祟的狂石。這是嘲諷之作，卻反映了解剖學、病理學等西方現代醫學未萌芽前的醫療侷限。

理髮、開刀系出同門　從中世紀以來，理髮、開刀同屬一人，理髮刮鬍，兼拔牙、割瘤、放血、切肢，這些都是在身體上操刀切割，屬於同一體系。[*2] 近代初期以迄18世紀，歐洲的醫學院主要在培育內科醫生，從醫學院出身的內科醫生才屬正統，才能稱醫師（physician），診察病人、開處方箋；藥方調劑、外科手術等，則交由藥劑商、外科醫生／理髮師等處理，17世紀有些地區外科醫生、理髮師同屬一個職業團體。

西班牙人佔領北部臺灣約16年，在今和平島城堡內外，各建一間「醫院」，並有外科醫生執業。馬尼拉來航的船隻，進貨單中有外科手術工具：剪刀、剃刀、手術柳葉刀，以及玻璃製小燒瓶、膏藥繃帶等；統治末期的文獻顯示，有位執業醫生屬於西班牙王室的奴僕；[*3] 西班牙人所建「醫院」，通常僅醫治駐在官、士兵與奴隸。因此，在臺的神父建議殖民當局，另設醫院來治療北部原住民、漢人、日本人。此一建議

▶荷蘭畫家博斯的作品〈愚蠢療法〉，圖左的理髮師，正在病人頭顱上挖洞，進行治療。

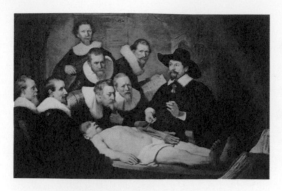

■荷蘭畫家林布蘭於1632年的作品〈杜爾博士的解剖學課〉。同一年代派來亞洲的荷蘭船醫、外科醫生都沒有受過這種醫學專業訓練。

有無付諸實行，文獻難徵。

荷蘭東印度公司是一間國家特許的國際貿易公司。公司派遣船隻前往亞洲各地時，每船配有隨船牧師（或神職人員）、外科醫生，照顧船上人員的靈魂與肉體。醫學院畢業（doctores medicinae）的醫師地位崇高，不願到危險的海外就職，公司只好自行招收醫療人員，初期應徵者有出身理髮師、豬仔閹割，甚至是補鍋鼎者。他們須具備像理髮師一樣持刀不會刮傷肌膚的技術外，尚須背誦基本醫學常識，如：身體由哪些自然物構成？（火、氣、水、土四元素）；四種溫度是什麼？（熱、冷、濕、燥）；以及衛生保健、醫藥及草藥等知識。應徵者須經過商館的考試，由醫師與主治外科醫生（opperchirurgijn）面試，通過後，當隨船實習外科醫生（onderchirurgijn）。

公司職員、船員、士兵與乘客在漫長的航海期間，以及上岸居住在公司的商館、據點，就交給外科醫生、船醫照料。放血、骨折與切肢手術，主要由外科醫生操刀。他們粗淺的醫療能力，常被指為海外地區白人死亡率居高不下的癥結。公司文獻也指出，在殖民地罹患病症，當地醫療人員往往比歐洲外科醫生更有辦法：18世紀初，巴達維亞的華人中醫師周美爹，受雇照料東印度總督荷恩（Johan van Hoorn）返回荷蘭；蕭壠社牧會的牧師H. Buschof 深為痛風所苦，1658年返回巴達維亞，被一位廣南（越南）婦人用針炙治癒，牧師因此寫書向歐洲人介紹東亞醫術的奧妙。

荷蘭船醫，各憑本事 荷蘭時期並無醫學院畢業的醫生來臺執業，外

科醫生、船醫素質不佳。淡水、雞籠的外科醫生，對風土病束手無策，自身性命也不保。由於薪水低，有的外科醫生鋌而走險，盜賣公司的丁香、胡椒而被判刑。也有值得一提的，外科醫生Jaques de Rabiere努力尋找研製藥汁的藥草，寄樣本到巴達維亞檢驗。1661年525大砲戰後，外科醫生調配溶劑王水（sterck water），試圖毀蝕鄭軍大砲。[*4]

外科醫生在某些方面的治療優於中醫，因此受到日本、大明官員的信賴。1641年4月，臺灣當局應鄭芝龍之請，派Philips Heylmans到廈門，醫治他的繼母黃氏，醫生停留到7月黃氏痊癒才返回。十多年後，鄭成功手臂長瘤，透過荷蘭通譯何斌，邀請主治外科醫生貝爾（Christiaen Beyer）前往診療。貝爾於6月20日從廈門寫信向臺灣長官報告說，國姓爺左手臂長了幾顆腫瘤（knobbelen）。[*5]他並未施予割除治療，而是調製煎熬藥方；在內服之後，腫瘤有軟化、消散跡象，事後，國姓爺要求貝爾從臺灣寄藥給他。荷蘭文獻有的寫成罹患morbum，國內曾有出版品譯作「梅毒」，造成不小的誤解。

1654年，何斌陪同一位鄭軍將領部爺（Poeya）來臺醫治腳傷。1661年，鄭軍圍攻臺灣時，有一位英格蘭人外科醫生隨征。1683年施琅攻打澎湖，前部先鋒藍理，肚破拖腸血戰，文獻傳說他幸得「荷醫」治療而保住一命。藍理後來晉升總兵，有「破肚將軍」的渾名。

荷蘭人在臺灣興建二間病院，一為臺灣（大員）病院，在安平古堡南邊，今第二公墓附近，主要收容入港的罹病船員、士兵。一為赤崁病院，主要收容貧病漢人。鄭成功大軍登陸時，土地測量員梅氏說他早上10點左右，「正在赤崁的普羅文西亞市鎮外的中國人醫院，指揮幾個中國水泥匠建造大門。」中國人醫院就是赤崁病院，由文獻可知，病院與墳場（義塚／sterfhuizen）相鄰。清代臺灣府城寧南坊之南的魁斗山（俗稱鬼仔山）有義塚，「歷年久遠，丘塚累塞」，在今南山公墓一帶，而當年荷蘭人的「中國人醫院」就在這裡。

從監察特使到巡臺御史

荷蘭駐臺的正、副首長嚴重不和，公司派遣監察特使前來調查，
引爆更多內幕，政爭不可收拾；清代派駐在臺的若干官員惡行惡狀，
康熙帝都說「殊屬可惡」，因此特設巡臺御史。

Compagnie Souveraine des Indes Orientales.

■圍在橢圓形會議桌前的是荷蘭聯合東印度公司最高權力機關「十七人董事會」的17位董事。在這
裡作出重大決策，包括貿易路線、年度發船總數、殖民地經營方針等，董事會所管的，還包括將奧
倫治（Orangien）城改名為熱蘭遮城。公司全盛時期擁有超過200艘的船隊、40多個殖民城市、3萬名
職員與軍隊，是全球第一家發行股票的跨國公司。

17世紀之初，荷蘭東印度公司職員啟程前往遙遠、神祕的亞洲夢土，冒著船難、戰爭、傳染病等多重死亡威脅，闢建貿易與殖民版圖，不怕死不怕苦不怕難，在海上要勇於當海盜，在戰場要勇於殺敵、割耳朵。這群開拓者的最上層老闆，是公司的十七人董事會（Heren XVII，十七紳士）。公司總資本額644.9萬荷盾，大股東阿姆斯特丹商會約佔56.8%，其他5家商會的股本合計34%，荷蘭聯省議會象徵性地出資2.5萬荷盾（0.038%）。「十七人董事會」的組成，阿姆斯特丹8席、密德爾堡4席，台夫特、荷恩、鹿特丹、恩格森各1席，另由阿姆斯特丹以外的5個商會輪流選派1席。此一設計之目的，在讓股權過半的阿姆斯特丹商會無法掌握過半席次。

　　公司一開始建立起兩種運作機制：制衡（合議）與監察。不論在巴達維亞總部、亞洲各地商館、據點，乃至任何一艘船、一支作戰部隊，都設有評議會，重大決策須經由評議會討論議決，不容長官、船長或隊長一人獨斷獨行。在監察方面，從總部到各商館、據點皆設檢察官（Fiscaal），這是全球首創的監察人制度，此外，日常的記帳、公文書都有稽核規定，以1657年10月31日《熱蘭遮城日誌》為例，末尾有稽核者註記的一行文字：「這日誌經與原本校對，相符無誤。熱蘭遮城，1657年11月15日。」後面署名：「宣誓過的職員C. Nobel」。[*1]在日誌中，有時區區十幾條魚也登錄，此因各種進出口物品、魚貨等攸關課稅、收支，每一筆都要詳載，並上呈公司高層稽核存留。也因此，鄭芝龍當年打著公司旗號當海盜時，將搶劫所得的一半分給公司，這筆帳如實登載在臺灣長官的報告書裡。

　　即便如此，弊端仍時有所聞。在公司營利掛帥的前提下，牧師、探訪傳道都難免向錢看齊，尤紐士牧師於1643年離臺，其14年宣教生涯總共累積4,600里爾存款。他經管的狩獵執照收入帳簿，每月提撥10里爾的特別獎金給自己。當時一頭豬價約1里爾，其存款總值約相當於4,600頭豬。高層職員發財有術者更不在話下，首任臺灣長官宋克留下可觀

■圖為1639年
荷蘭畫家范‧
德‧赫爾斯特
（Bartholomeus
van der Helst）
的作品，題
名為Roelof
Bicker隊長與
Jan Michielsz
Blaeuw上尉和
他們的中隊。
17世紀荷蘭士
兵、商人、船
員，以及與海
外貿易、殖民
亦步亦趨的傳
教士等，都有
著濃厚的冒險
家色彩。

遺產；幾任臺灣長官被指控貪汙、瀆職或財產不明；1650年代初期臺灣長官、副長官分成兩派，不開會議，形同陌路。巴達維亞、臺灣相距逾3,500公里，兩地航程約40-50天，天高皇帝遠，因此也視狀況和需要而派遣特使。

荷蘭監察特使　1639年巴達維亞當局派遣特使庫庫巴卡（Nicolaes Couckebakker），於9月15日抵臺巡察，庫庫巴卡出示東印度總督、東印度評議會的授權書，經臺灣長官及所有評議員確認文件無誤後，接受他為特使，展開工作。庫庫巴卡歷任臺灣商館上席商務員、平戶商館館長、東京與臺灣商館的監察官。11月7日視察完畢，「對一切都表示滿意」，[*2]搭乘順風船返回巴達維亞。

　　1651年前後，臺灣政教之間水火不容、東京（越南）的公司人員走私遽增，驚動了巴達維亞總部，乃派遣監察特使花士典（Willem Verstegen），前往兩地視察。花士典於1651年8月19日抵臺，停留三個多月，進行調查與調解。[*3]

　　1649年臺灣長官花碧和接任後，公司要求他與政務官、教會方面，針對是否放棄南路經營、原住民村社的「稅賦」與日常物資應否繼續由漢人贌商承包等重大政務進行討論。經營方針的爭議、高層權力摩擦等因素，讓政爭正式浮上檯面。[*4]1651年5月花碧和召開法務會議，傳喚駐蕭壠社堂會的賀拉夫（Daniël Gravius，又譯：倪但理）牧師，並停止其宣教與

政務工作。與花碧和同一陣營的史努克（Dirck Snoeck）從日本商館館長卸任後，來臺擔任檢察官，偵辦過漢商僑領茂哥（Boycko）、興哥（Hincko），以及商務官范阿芬（Van Alphen）、隊長裴德（中文文獻作「拔鬼仔」）走私案。范阿芬、裴德與揆一同時擔任臺灣教會議會的「長執」。揆一被花碧和指控從日本船攜銀到臺灣、暹羅；並在日本收取箱子裝丁銀，販賣中國黃金等情節，合計1萬餘兩。

揆一是政務、商務官，卻站在教會立場。花碧和與史努克控訴教會人員不服從、傲慢、目無官長，這在東印度公司是重罪；也指控賀拉夫擅自發照徵稅等事，還藉漢人三官（Sacqua）控訴牧師欠債。追根究柢，與公司經營臺灣法制未上軌道有關，1630年代臺灣長官普特曼斯與干治士、尤紐士關係不睦，二位牧師乃自行辭去新港社的政務，認為執行政務（如：犯罪審理與判決）違反他們的本意良心。這裡有一段插曲：一位蕭壟社婦人指控賀拉夫牧師凌遲一名男子致死，牧師回辯

■本圖左半部為荷蘭聯合東印度公司的完整徽章，包括一個縮寫的VOC標誌，以及兩位海神守護著一艘船隻；右半部為巴達維亞城的城徽。

說她與該名男子非婚同居，染有疾病，卻採用半瘋癲人的建議，以「燙熱的竹枝插肛門」致死，這倒很像舊時以竹管插患者肛門，將煙吹入體內的民俗療法。[*5]

花士典的當務之急是調和鼎鼐，使臺灣長官與副長官、教會之間的摩擦能體面地消弭，使公司運作重返常軌。但兩派人馬勢同水火，甚至拒絕同席開會；花碧和認為特使偏袒揆一，幾次公開與他對嗆，並強調

自己屢遭揆一嘲諷侮辱，兩人之間必須有一人離開臺灣；又說，手上蒐集賀拉夫一大本罪狀，要寄回荷蘭出版，揭露牧師的醜惡嘴臉。[*6]

臺灣長官控訴牧師們擅發稅照、擁有免稅田園，這些都行之有年。牧師是公司在臺開拓的先驅，作戰、經商、審判樣樣都來。向特使控訴臺灣長官干預教會人事權的牧師韓布魯克還兼差做賤商，經營漁場為村社增加收益；長官譴責牧師、老師詞無理，但站在教會立場則認為同樣領公司薪水，教會應有其超越世俗政權的一面。無論如何，雙方互控，各有懲戒，有關揆一走私的指控，臺灣法務會議主張交由巴城審理。1652年以罪證不足宣判無罪。

附帶一提：花士典特使結束任務、離臺前的一個周末，漢人頭家何斌等人邀宴特使、臺灣長官、幾位高階官員及其妻子。宴會設在臺灣（大員）市鎮Joek Tay的豪宅，街角有樂師打鼓、吹笛迎迓貴賓；餐點與飲料為荷式風味；漢人頭家盛情招待，席間表演幾種罕見的戲劇，如皮影戲（wayangen），一直演到晚上。[*7]

大清巡臺御史　鄭氏時期，統治體制從「公司制」轉為「封建體制」，最高權力機關不是合議制的董事會、各級評議會，而是中央集權、一人乾綱獨斷。鄭成功設六官（吏戶禮兵刑工），另設察言司，稽察各文武得失。察言司的角色功能，與檢察官、御史的性質接近。

■1665年荷蘭人尼霍夫描繪的明末降清軍閥、平南王尚可喜。他與靖南王耿繼茂聯手攻破廣州，屠戮甚慘。

明、清政體下的地方官員，從一品總督到七品知縣，在編制之外都須自費聘請師爺、長隨辦事。師爺分為刑名、錢穀、書啟、帳房、掛號等數種，一聘就要好幾位。[*8]（清初來臺採硫的郁永河即福州知府的師爺）；長隨包括門

房、司印、簽押、跟班、管事等,少則一二十人。1685年臺灣知府的年薪105兩,但一名師爺的年薪最低也要四、五百兩,因此每年至少需自籌上萬兩來支付「外包人員」薪資,清官取自各種耗羨、陋規,貪官則胡作非為,1721年朱一貴造反,指控臺灣知府王珍,放縱次子藉端勒索:民眾因地震、海水泛漲而謝神唱戲,被控結夥拜把抓去監禁;砍竹、砍藤、畜養耕牛、開設糖磨鋪都被強迫要索、勒派抽分,或被責打,被威脅驅逐回大陸原籍。[*9] 臺灣孤懸海外,成為貪官樂園。

朱一貴事件震撼全臺。康熙皇帝斥責官員「平日並不愛民,但知圖利苛索:及盜賊一發,又首先帶領家口,棄城退回澎湖,殊屬可惡!」下令每年派御史赴臺巡查,「彼處一切資訊可得速聞,凡有應條奏事宜,亦可條奏,而彼處之人皆知畏懼。」[*10] 此即1722年設巡臺御史一職之由來。其監督考察範圍,包括「厘核案牘,查盤倉庫,閱視軍伍,周巡南北疆圉邊陲」等,舉凡興利除弊、吏治民情等無所不問。首任巡臺御史黃叔璥充當皇帝之股肱、耳目,所著《臺海使槎錄》之《番俗六考》,分別從居處、飲食、衣飾、婚嫁、喪葬、器用等系統地描述全臺各原住民部落的社會、生活與文化等珍貴史料。

■ 1793年英國使節團訪問中國,隨團的團員兼畫師威廉·亞歷山大(William Alexander)描繪的清朝官員形象。

歷任巡臺御史的建樹有限,「因循滋弊」者不少。臺灣每年輸出一定數額的平價米到漳、泉二府(例運糶米),1745年爆發採購弊端,巡臺御史六十七、范咸因此被斥失責;1782年末代巡臺御史塞岱、雷輪因「敷衍塞責」被交部議處,林爽文事件平定後,正式廢除巡臺御史。督察百官的特任官,紛紛淪為被督察糾彈之對象,可見官箴之壞矣,難怪臺灣兵備道徐宗幹批曰:「各省吏治之壞,至閩而極,閩中吏治之壞,至臺灣而極。」[*11]

鄭成功的國土計畫

鄭成功為了創造繁衍一個龐大的人群社會，派出軍鎮分赴全臺各地，

進行土地測量、繪圖、屯墾，預定分配每個將官一塊領地，

每塊領地的南北距離約45公里……

1661年東都國土計畫・示意圖

計畫主持人：鄭成功
執行期程：1661.6.15起

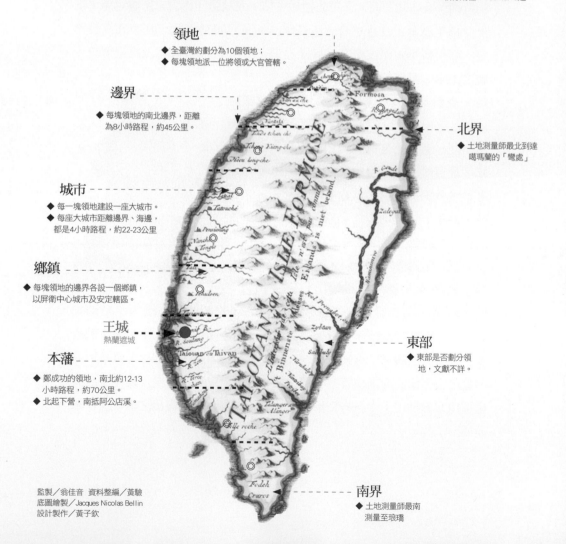

領地
- ◆ 全臺灣約劃分為10個領地；
- ◆ 每塊領地派一位將領或大官管轄。

邊界
- ◆ 每塊領地的南北邊界，距離為8小時路程，約45公里。

城市
- ◆ 每一塊領地建設一座大城市。
- ◆ 每座大城市距離邊界、海邊，都是4小時路程，約22-23公里

鄉鎮
- ◆ 每塊領地的邊界各設一個鄉鎮，以屏衛中心城市及安定轄區。

王城
熱蘭遮城

本藩
- ◆ 鄭成功的領地，南北約12-13小時路程，約70公里。
- ◆ 北起下營，南抵阿公店溪。

北界
- ◆ 土地測量師最北到達噶瑪蘭的「彎處」

東部
- ◆ 東部是否劃分領地，文獻不詳。

南界
- ◆ 土地測量師最南測量至琅𤩝

監製／翁佳音 資料整編／黃驗
底圖繪製／Jacques Nicolas Bellin
設計製作／黃子欽

「國姓爺把福爾摩沙全部土地分給他的官員和將領，每個官員和將領都分到南北距離八小時路程的領地，每個領地都要在中央地帶建造一個大城市，做為那個官員或將領的居處，在邊界要各造一個鄉鎮，用以安定他的轄區。」這是荷蘭土地測量師梅氏記載的國姓爺的「國土計畫」，梅氏是被扣留的前朝專業人士，與鄭成功有不少互動與對話，有一次，鄭成功問梅氏：荷蘭有多遠，國家有多大？有多少艘船？有多富裕？政府怎樣？時局如何？[*1]

建造幾個美麗城市　　鄭成功1661年4月27日發布的告示，點出了國土計畫的目標性，說要來臺灣「建造幾個美麗的城市」，29日給揆一的招降信說：「要來改善這塊土地、建造幾個城市、創造繁衍一個龐大的人群社會。」[*2]此一計畫的策略性，則在攻臺之前安撫內部將領所強調：「暫寄軍旅，養晦待時，非為貪戀海外，苟延安樂。」以及：「我欲平克臺灣，以為根本之地，安頓將領家眷，然後東征西討，無內顧之憂，並可生聚教訓也。」[*3]

　　鄭成功踏上自己所形容的「長小草的土地」（指臺灣）可謂始料未及。自1647年起兵以來，「矢志恢復，切念中興」，與滿清誓不兩立；與荷蘭人大抵河水不犯井水。1656年因與西、荷商業競爭的糾葛而封鎖兩岸貿易，但非覬覦臺灣。1659年江寧之役，戰力與士氣重挫，金、廈大本營勢難固守，這才轉念奪取臺灣。荷蘭與西班牙、葡萄牙有一段時期是敵對國，依據格勞秀斯的國際法理論，荷蘭人可公然搶劫西、葡船隻，向澳門宣戰。鄭成功攻奪臺灣，為了「師出有名」，因此宣稱臺灣是當年太師（鄭芝龍）收稅之地，「借給荷蘭公司」，今來收還。荷蘭人找出1630年鄭芝龍與臺灣長官普特曼斯共同簽字的「自由貿易和平協約」加以反駁，但鄭成功推說對此一無所知。其實，在1628年10月1日，鄭芝龍受撫才幾個月，即與臺灣長官納茨簽訂三年貿易契約，還派四弟鄭芝豹來臺當人質，以履行契約。

　　奪臺行動無法自圓其說，但治臺計畫則已想定，6月14日發布「本

藩令諭」，分派文武各官、各鎮、大小將領官兵至各地屯墾，[*4] 只在臺灣市鎮、赤崁各留一個鎮兵力。派往南邊各村社共約5,000-6,000人，北邊各村社共約11,000-12,000人，並將上千隻牛，以及耕具、鋤頭分配給各鎮，每位總兵官率領1,000-1,200人，屯墾的責任額約500公頃——每個士兵應開墾約0.5morgen（約5分地，或1,467坪），違者處斬。同一時間派出土地測量師，北抵噶瑪蘭，南至琅𤩝，測量並劃定各領地的邊界，[*5] 這是國土計畫的一環，當各個領地的邊界範圍標定後，後續的執行應是各地屯墾總兵官之責了。

國土計畫，人亡政息　梅氏指出：每塊領地的南北距離，為8小時路程（約45公里），並要在每塊領地的中心地帶劃設一個城市預定地，此預定地距離海邊4小時路程（約22-23公里），規劃由數百名士兵駐防；每一塊領地靠近南、北邊界處各劃設一個鄉鎮預定地，用來安定轄區。另外，「每小時的路程都要插一個路標」，如此，則南北十個領地的十個城市連成一條縱貫軸線。

　　鄭成功派出的土地測量師，從茅港尾（Hoem Cangbooij）往北開始測量領地，一路前往哆囉嘓、諸羅山、他里霧、猫兒干、虎尾壠，到二林；茅港尾以南，到阿公店溪附近的Lamaacka小溪之間，是國姓爺的領地，南北約70公里，比其他各個領地大了75%，[*6] 涵蓋荷蘭時代漢人開墾的赤崁地區。梅氏僅記錄國姓爺的領地範圍，其他不詳，難窺計畫之全貌。到了8、9月間，鄭軍嚴重缺糧，鄭成功憂心士兵叛變，加上大肚社等原住民反叛、荷蘭救援艦隊抵臺等情事，國土計畫有無具體推展不得而知。1661年5月上旬，鄭成功於入臺十多日後首次出巡蚊港（魍港）及新港、麻豆、蕭壠、目加溜灣社。翌年1月25日攻下烏特勒支堡後，帶著馬信、何斌等人及率精銳部隊1,100人，攜帶十日口糧，「從新港、目加溜灣巡視……，由蕭壠、麻豆、大目降、大武壠、他里霧、半線各處踏勘而還。」[*7] 足跡最遠處，來到斗南、彰化。6月，鄭成功猝逝，「創造繁衍一個龐大的人群社會」之懸念也隨之而去。

一條辮子兩種天地

鄭、清進行三十年雙邊談判，清方一再拿鄭芝龍一家數十口性命來脅迫，
並堅持鄭氏薙髮。這幾根「無用之頭髮」，牽涉的是鄭氏父子的國家主張。

■上圖描繪了
18世紀中期
日本長崎唐人
屋敷（唐人
街）的街景，
大明與大清的
髮式並存，融
合在同一時空
裡。左圖為17
世紀菲律賓的
華人，由右至
左分別為：苦
力、漁夫、仕
紳和神父。除
了神父留長髮
外，其餘三人
都留辮子。

中國明朝男子將長髮梳攏在頭頂斜後方，打個髮髻。1639年東印度總督Diemen向董事會報告時提到：根據中國法令，出國居民不得滯留超過三年，也不得變髮、削髮出現於中國。[*1]1644年清軍入關後，強制剃頭，一條辮子定生死。荷蘭人尼霍夫（Johan Nieuhof）於1655年在廣東見到平南王尚可喜、靖南王耿繼茂，這二位明朝叛臣頭戴軟帽，遮住光滑的額頭、腦後的辮子。中國境外的各地華人，辮由自主。1650年代荷蘭文獻記載：有幾千名剃髮的中國人，其中有多少韃靼人，顯然對兩者分得一清二楚；《熱蘭遮城日誌》1657年6月有一則記載：當局要求哨所士兵去查驗一個溺斃者，是剃髮還是束髮，褲帶是否依照荷蘭人的規定形式製作。1662年1月，荷蘭人從廈門灣擄來4個人，其中一人說，國姓爺的人剃了髮，冒充韃靼人，去Lamsi騙到了米。

明、清政權輪替一百年後，如前頁上圖所見，長崎的唐人，有的紮辮子，有的梳髮髻，彷彿不同時空交會；而菲律賓華人也是明式、清式混合，前頁下圖中的四位華人，有三人應是往返閩、粵之故而剃髮，最左的一位基督徒可能不必往來中國，故能存其異。而在鄭、清長期對峙與談判過程中，鄭成功雖斥責對方斤斤計較那些無用之頭髮（薙髮），骨子裡是斷然排斥薙髮，因為它象徵「華夷之辨」。

兩國命使，賓主抗禮 1653年清朝首次向鄭成功拋出招撫之議，順治帝頒布諭旨：封鄭成功為海澄公，「閩海地方保障事宜，悉以委託」，同時提醒他說：「爾等父兄，在朕左右」。鄭成功則寫信給被軟禁在北京的鄭芝龍，說：「異國之兵，為日本、柬埔寨等諸夷兵，且晚畢至。」並強調「沿海地方，我所固有者也」，[*2]加碼要求清朝割讓三省土地，這是存心破局。

1654年2月間，鄭芝龍派人傳話，說北京當局願讓出福建的興、泉、漳、潮四府，要求鄭成功受撫，「忠孝兩全」；鄭成功派常壽寧為正使，前往福州會見清朝代表，臨行面授機宜：「議和之事，主宰已

定，煩爾等言及應
對，只是禮節要做
好看，不可失我朝
體統。」意思是本
藩主意已定，你去
行禮如儀敷衍一番
即可。來到福州，
清方代表認為，常
壽寧是來晉見「內

院大人欽命天使」，應行「腳門參謁之禮」（叩拜禮）；常壽寧堅持說：「今日俱兩國命使，況掛印賜玉！我朝無屈〔尊〕之理，賓主抗禮足矣！」*3意思是，雙方各為國家代表，皆獲授權、授印，應行賓客之禮。禮儀涉及國格，常壽寧不敢退讓。周旋幾天後，清方代表被接來福建安平的東山書院，遞交順治帝的國書，鄭成功收下，但不開閱。翌日，鄭成功向清使表明：「兵馬繁多，非數省不足安插」，這是老調重彈，讓對方知難而退。

兵民投降，依髮賞錢　同一年9月，清朝派鄭成功之弟鄭渡、鄭蔭來做說客。鄭渡向兄長下跪，哀求道：「父在京許多斡旋，此番不就，全家難保，乞勉強受詔。」鄭成功安慰他：「我一日未受詔，父一日在朝榮耀。我若苟且受詔削髮，則父子俱難料也。」*4並點出北京歷次議和，不出一個「挾」字，以鄭芝龍幾十口性命相要脅，因此斷然拒絕。1656年12月，北京當局將鄭芝龍下獄，以脅迫鄭成功就撫。鄭成功寫信給鄭芝龍說：「自投虎穴，無怪乎有今日也」；並指責清朝不管億萬之生靈，只顧「爭此數根無用之頭髮」。雙方談判畫下句點，也斷了鄭芝龍家眷的一線生機。

　　「無用之頭髮」其實很值錢，1679年福建總督姚啟聖在漳州設「修

來館」，專責招降納叛，鄭經的文武官員投降者，從優任用；「兵民如果頭髮全長者，每人賞銀五十兩，如頭髮短者，每人賞銀二十兩。」[*5] 這一年，鄭營官員投降者500多人，搶著來剃髮領錢的士兵有3萬多人。

鄭成功奉大明「永曆」為正朔，但一切軍政大事皆自行定策，與永曆帝的君臣關係有名無實；1662年永曆帝、鄭成功相繼逝世。鄭經繼位，沿用永曆年號。今存1671年頒印的「大明永曆二十五年歲次辛亥大統曆」上，言明「皇曆遙頒未至，本藩權宜命官依大統曆法考正刊行」；1677年頒印的「大明永曆三十一年大統曆」，也稱「皇曆未至，本藩權依大統曆法命官考訂刊行」，[*6] 鄭經遵奉一個虛無的大明（永曆）皇帝，一直未擁立新帝繼位，因此東寧實質上是個獨立政權。

延平王剃髮紮辮　鄭經的諮議參軍陳永華分析說，臺灣「遠濱海外，且其俗醇……，十年生長、十年教養、十年成聚，三十年真可與中原相甲乙，何愁侷促稀少哉？」[*7] 這是小國寡民的戰略思考；1667年，鄭經在回覆福建招撫總兵官孔元章的信中提到：「東寧遠在海外，非屬版圖之中。……王侯之貴，固吾所自有，萬世之基已立於不拔。」[*8] 這一立場，深化了鄭成功「開國立家」之論。1678年，清朝康親王傑書致函鄭經，要求他完全退回臺灣，雙方即可依朝鮮事例，稱臣納貢、不薙髮，全盤接受鄭經的一貫立場。清、鄭差一點締結宗主國／藩屬國關係，惟因鄭經堅持要求劃設海澄作為互市據點而破局。

1683年，福建總督姚啟聖向北京上奏：鄭克塽請求依照琉球、高麗之例，稱臣進貢。但是時移勢轉，這一條件的最佳機遇已一去不返了，7月8日，施琅率領水師攻打澎湖，宣告鄭、清三十年的談判閉幕；澎湖海戰後，14歲的「招討大將軍」、延平王鄭克塽，派代表向施琅獻上降表，以及印冊、圖籍等，施琅派員來臺，通令全臺官、兵、民等約11萬人，全面進行薙髮。鄭克塽摘去頭上的進賢冠，將前額頭髮削去，再將後腦勺的頭髮編成一條辮子。臺灣，從此進入了212年的辮子時代。

政權輪替下的鉅變

鄭、清政權輪替，臺灣進入全民辮髮時代；東寧政制變成臺灣府，
經濟體制從國際化轉型為內地化、從鹿場變為穀倉。

■大約繪製於
1690年代的
《臺灣地里
圖》描繪的臺
灣南部景觀。

　　清康熙年間的山水畫式地圖《臺灣地里圖》，呈現臺灣改朝換代
幾年後的南部景觀，畫面中的鳳山縣署、南路營盤，象徵官方管轄之
所至；鄭、清變局後，男性全民剃髮，綁起了辮子；各地有民眾犁田、

鋤土、挑擔、劈材；塔樓社（里港）一帶族人忙著以箭獵鹿；加六堂社（枋山）一帶族人用牛車堵成一圈，圍捕牛群，同一年代來臺採硫的郁永河，描寫苗栗中港社人捕獲一頭肥壯野牛，囚禁在木籠中，讓牠俯首跼足、體不得展，以此馴服之；從鄭入清，人民形象、經濟體制都產生了鉅變。

剃髮與易服　1683年鄭克塽獻表降清後，全臺官、兵、民等約11萬人，全面薙髮。10月3日，施琅率軍抵達鹿耳門，鄭克塽在天妃宮（原寧靖王官邸）迎見；10月8日施琅受降，宣讀赦詔，鄭克塽率領眾人叩頭謝恩，施琅向鄭氏君臣逐一分發袍、帽、靴、外套；鄭成功之子鄭聰等6人、鄭經之子鄭克塽等9人，以及官兵、眷口等陸續遣送中國內地安插，沿海各省來臺居民悉令回籍。對於各鄉社原住民，「酌量給賞銀牌、袍、帽、靴、煙、布疋」[*1]，與荷、鄭時期的做法如出一轍。

接收與侵奪　政權更迭，伴隨而來的是土地財產的接收與掠奪。1644年滿清入主北京後，為安插王公貴族，多次大規模圈地，範圍遍及直隸、山東、山西地區，不計其數的「原住民」（漢人）之土地、房屋被強奪，流離遷徙，家破人亡。1669年康熙帝下令：「比年以來，復將民間房地，圈給旗下，以致民生失業，衣食無資，流離困苦，深為可憫，自後圈占民間房地，永行停止。」[*2]

　　1661年6月，鄭成功發布圈地令：一、承天府安平鎮：文武各官及總鎮大小將領，隨人多少圈地，但不許混圈土民及百姓現耕田地；一、各處地方，或田或地，文武各官隨意選擇創置莊屋，但不許紛爭及混圈土民及百姓現耕田地。[*3]此一諭令透露兩項訊息：一是文武各官在全臺各地，可隨人多少圈地、興築宅第家屋；一是不得侵佔漢人、原住民現耕土地。鄭氏將荷蘭人的公司土地（王田）改稱官田，原有的佃農變成官佃，輸租之法沿襲荷制；鄭氏宗黨、文武官員、有力士庶階層，圈

報或招墾的田園，稱為文武官田，自收佃租，納課於官；各鎮營屯墾之地，稱為營盤田。

　　1683年改朝換代後，鄭氏官田、營盤田都陷於無政府狀態。首任諸羅縣知縣季麒光奏報說：攻打澎湖、來臺接收的將領，瓜分鄭氏產業，佔去「臺灣田園之半」，並且以招佃、墾荒名義「另設管事，照舊收租」*4。1726年閩浙總督高其倬奏報說：「領兵之官，自原任提督施琅以下，皆有認佔，而地方文武亦佔做官莊，再其下豪強之戶，亦皆任意報佔⋯⋯輾轉頂授，層層欺隱」*5，可見侵奪之嚴重。施琅獲地數千甲，招佃入墾，徵收大租（即「施侯租」）；另接收澎湖每年歲餉1,200兩，乾隆年間被勒令歸公；到了日本時代，施家因未入國籍，其在嘉義、鹽水港、鳳山三廳約2,700甲的施侯租被臺灣總督府收為官有地。施琅部將陳致遠，來臺辦理接管事宜，「募佃開墾田園二萬餘畝」；「海東文獻初祖」沈光文之子沈紹宏，1685年申請接收今嘉義鹿草「偽鄭時左武驤將軍舊荒營地一所」*6，1690年又請墾他里霧堡大東、小東庄一帶（今斗南）無主之地，坐收雲嘉平原的田園米糖之租，與施家一樣是不在地的大地主。

鹿場變穀倉　康熙帝深恐臺灣的開發將為福建帶來「無窮之患」，而採取消極治臺政策，但民間的拓墾持續不斷，1709年泉州籍的陳天章、戴天樞等人成立「陳賴章墾號」，向諸羅縣請墾大佳臘地區；1711年王世傑率眾開墾竹塹地區；1713年賴科與鄭珍等人合組「陳和議墾號」，向官方請墾海山莊、內北投等地區；康雍年間，八堡圳、隆恩圳、道將圳、貓霧捒圳等陸續開鑿，水田化運動*7加速了土地開發，也讓稻米取代荷、鄭時期的鹿皮，成為臺灣最大宗農產品；西部平原從鹿場變成穀倉，臺產稻米「資閩省內地之用」，臺灣也因此逐漸淡出了荷、鄭時期的亞洲貿易網絡，脫離轉口貿易、國際貿易體系，轉型為大清帝國國內經濟、沿海經濟的一環。

康熙皇帝與臺灣

康熙帝開創空前的治世，與極不文明的父祖輩形成強烈對比；

決定將臺灣收入版圖、輕徭薄賦，

但因擔心墾臺會對福建帶來「無窮之害」，而採消極治理。

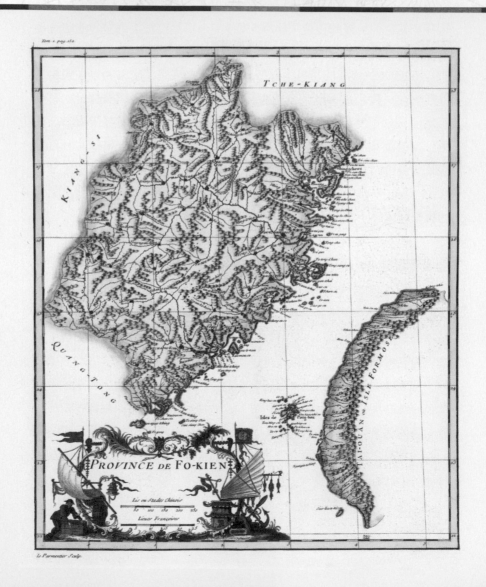

1683年清軍攻打澎湖、佔領臺灣，康熙帝鑒於掃平海逆，下令與臣民共樂，演戲慶祝，「在後載門架高台，命梨園子弟演目連傳奇，用活虎、活象、活馬。」[1] 1714年底，閩浙總督覺羅滿保奏稱臺灣未墾之地極多，已命諸羅縣知縣周鍾瑄盡力招墾。康熙帝對此多所顧忌，批曰：「臺灣地方多開田地，多聚人民，不過目前之計而已，將來福建無窮之害，俱從此生。爾等會同細商，毋得輕率！」[2] 覺羅滿保見批，趕緊稱頌皇帝博聞遠慮，自己至愚至陋，「今奴才等共同詳議，臺灣墾田之事，即行停止。」臺灣收入版圖後，清政府的渡臺規定時寬時嚴，嚴禁之舉顯係受到康熙帝擔心「無窮之害」所影響。

圍堵與隔離政策　清初臺灣府的吏治敗壞，1721年爆發朱一貴事件，事平後，覺羅滿保發布「遷民劃界」的諭令，要求將朱一貴、杜君英的起事地點羅漢門、黃殿莊、檳榔林、郎嬌（琅璃）的房屋盡行燒毀、人民全部驅逐；臺、鳳、諸三縣山中居民也盡行驅逐，房舍盡行拆毀，各山口俱用巨木塞斷，不許一人出入。臺灣從北路到南路，築土牆高五、六

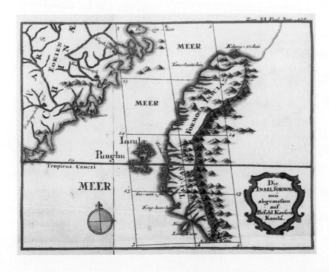

尺，深挖濠塹，永為定界。「如此則奸民無窩頓之處，而野番不能出為害」。[3] 這些諭令雖遭藍鼎元等人反對，但後來發展成「土牛溝」，即乾隆年間《臺灣民番界址圖》所呈現的原漢分治線。1722

◀1714年（康熙53年）法國傳教士馮秉正（Joseph de Mailla）等人來臺測繪地圖，完成《皇輿全覽圖》之臺灣部分。下弦月形狀的臺灣，顯示清初對臺灣有效統治領域的認知。馮秉正曾說，山脈的西邊才是中國人的。原圖為黑白版，上圖為原圖彩色版，前頁圖為改繪版。

■法國人描繪的康熙皇帝，與大清宮廷畫師筆下的莊嚴形象有所差別。

CAM-HY
Keyser van China en van het Oosters Tartaryen
Out 41 Iaaren en op sijn 32 Iaar Geteykent.

年，康熙帝召見首任巡臺御史黃叔璥，說：「臺灣斷不可建城。去年朱一貴無險可憑，故大兵入鹿耳門，登岸奮擊，彼即竄逃；設嬰城自固，豈能克期奏捷？」[4] 反對築城的態度，呼應了先前消極的治臺政策。

康熙帝曾說：「臺灣屬海外地方，無甚關係。」繼位的雍正帝說：「臺灣地方自古不屬中國，我皇考聖略神威，取入版圖。」從皇帝到滿朝文武，異口同聲指出臺灣自古不屬中國。福建水師提督萬正色奏稱臺灣是「外國荒遠之區」。[5] 首任諸羅縣知縣的季麒光形容臺灣是「天末荒島」。臺灣入中國版圖60年後編纂的《大清一統志》，對臺灣歷史仍十分生疏，描述明朝天啟年間，臺灣「為紅毛荷蘭夷人所據，屬於日本。」[6]。因為「天末荒島」不可預測，讓滿朝君臣在澎湖海戰、鄭克塽出降後，集體焦慮了八、九個月，才決定將臺灣收入版圖。

滿清從1644年入山海關，到征服全中國，所到之處燒殺、擄掠、姦淫、屠城、圈地，極度不文明。十幾年後，愛新覺羅‧玄燁以8歲幼齡登基，是為康熙帝，14歲奪權親政，以寬仁為本，開創空前的治世。

康熙皇帝與臺灣的西瓜、芒果有點小插曲。荷蘭時代臺灣的西瓜，幾乎都靠澎湖進口。1713年起，康熙帝接連幾年將西瓜種子交給福建巡撫覺羅滿保，命其在臺灣試種，滿保戒慎恐懼，視同重大國政來辦，

但連年歉收，「此皆奴才之罪」，康熙帝批說：「西瓜事小，有何關係？」從滿保奏摺中可知，當時「民人播種者多」，但直到康熙帝在位最後一年，滿保奏稱臺灣所獲西瓜「顏色淡薄」；另外，芒果（番樣）是荷蘭時代的臺灣特產，1719年時福建巡撫呂猶龍向康熙帝進獻臺灣芒果，指出新鮮芒果味甘帶酸，「其蜜浸與鹽浸，俱不及本來滋味；切條曬乾者，微存原味。」乃命人精心製作芒果乾，裝貯小瓶，敬呈御覽。皇帝收到後，批曰：「番樣從來未見，故要看看。今已覽過，乃無用之物，再不必進。」

帝王制 VS 公司制　康熙帝自幼接受儒家教育，史記漢書、諸子百家無不涉獵，讀書博覽、強記、貫通。他相信「凡事俱由學習而成」，因緣際會，在法國國王路易十四（Louis XIV）派遣至中國的「國王數學家」——耶穌會士白晉（Joachim Bouvet）、張誠（Jean-François Gerbillon）等人的指導下，勤學西方知識，數學、醫學、天文、地理等無不精通。康熙帝是專制時代少見的優質皇帝，對繼承人胤礽的培育，用力甚深，卻發生廢儲、重新立儲、二度廢儲的憾事，此中背景複雜，但廢儲主因之一是「暴戾淫亂」。鄭成功同樣廢儲，理由如出一轍：鄭經亂倫。以康熙帝之明，仍有此失，癥結在於僵化的嫡長子制度。

　　1661年2月康熙帝繼位，當時是荷蘭人在臺統治的最後一年，翌年即被鄭成功逐退。鄭、清的政體都是帝王制，與「公司制」迥然有別，荷蘭東印度公司雖在1799年關閉，由荷蘭政府接管繼續經營，公司制卻開枝散葉，經過四個多世紀的全球實踐，演化成「專業經理人接班」的機制，相當程度地貼近現代民主制度「選賢與能」的精神。

■清代的滿文字型，右為「康熙」；左為「臺灣」，在康熙通寶的背面，會有滿文的臺字。

IV.
傳奇

奇遇
奇談
神會

尤紐士（Robertus Junius, 1609-1655）

過去

FORMOSA

未來

梅氏（Philip

揆一（Jan Luyken, 1649-1712）

（1888-1696）

（1621-1696）

（1612-1688）

東番女「娶」了紅毛番

臺灣長官娶了西拉雅族女子，依照族俗，晚上摸黑來睡，天亮之前閃人。
荷蘭人撤出臺灣時，嫁給荷蘭人的臺灣女子，有的嫁雞隨雞，有的打死也不願離去……

17世紀文獻顯示，日本人喜左衛門（Jasinto Quesaymon）、西班牙
人阿吉拉爾（Domingo Aguilar）分別娶了金包里、雞籠的原住民女子。
荷蘭來臺首任傳教士干治士於1628年向臺灣長官納茨建議，讓荷蘭人與
當地人通婚，是建立基督教社會的好辦法。可先由10-12名牧師與當地
人結婚，如此將會像「一塊磁石，吸引全臺居民成為基督徒」。[*1] 干治

士也想身體力行，但他後來娶了一位荷日混血女孩莎拉（Sara Specx，1617？-1636）。莎拉之父Jacques Specx，算是Pieter Cnoll（左頁圖中盛裝的男主人）的老前輩，一樣擔任過平戶的荷蘭商館館長，一樣跟日本遊女非婚生女。不一樣的是，Jacques做到東印度總督。

臺灣長官摸黑入洞房　身為臺灣長官，納茨一馬當先，1628年年底到1629年7月間，與新港社女子Poeloehee（以漳泉話可譯作「蒲嚕蝦」）結婚，這是第一個荷蘭在臺領導人遵照在地婚俗締結的異地聯姻。[*2]陳第〈東番記〉如此描述1600年代的東番婚俗：一個女子若接受男子贈送的瑪瑙珠，男子即可「夜造其家，不呼門，彈口琴挑之……，女聞，納宿，未明徑去，不見女父母。自是宵來晨去。」臺灣長官入境隨俗，依西拉雅族的「從妻居」，晚上摸黑來與蒲嚕蝦共寢，天亮之前閃人。實質上，是異教徒蒲嚕蝦「娶」了基督徒納茨。長官的送定聘禮包括：縷金緞（goude laeckense baeytgens）、紗綾（pangsis）與花綾（damast）等各色布匹，以及沒收自日本幕府將軍饋贈給新港社頭目理加的一副銀冠。臺灣長官「宵來晨去」，豈止不便，更有損公司體面，過沒多久，納茨就將蒲嚕蝦帶進熱蘭遮城；之後，長官「姘」上別的女子，因不懂原住民語，竟找來通事，在床邊翻譯男女之間的床笫話！

　　納茨被調職後，因荷日貿易衝突、公司賬目不清等案情，經審訊後入獄。1630年臺灣高等法院審訊納茨與頭目理加及新港社姑娘發生關係等不法行為的口供、以及巴城高等法院（Raad van Justitie）1633年9月17日判決書，將納茨掀了底，這位長官除暗吞銀冠，還逮捕沒有稅照的漢人，扣上腳鍊送到新港社附近種麥，並將部分田地送給蒲嚕蝦。[*3]

高幹迎娶臺灣女子　1629年臺灣長官普特曼斯在報告中說，要增加人口大有困難，因為缺乏婦女，建議先試辦，從爪哇、峇里島送20-30個女

◄荷蘭人在亞洲各地的跨國婚姻十分常見。圖中盛裝的夫妻是17世紀荷蘭東印度公司商務官Pieter Cnoll與日荷混血女Cornelia van Neijenrode。她的父親是平戶荷蘭商館館長乃煙樓（Cornelis van Neijenrode），曾追隨雷爾松待過澎湖；Cnoll的左邊是兩個女兒Hester與Anna，姊姊一手拿著精緻日本摺扇（倭扇）、一手抱寵物狗；妹妹扶著一只象牙小箱，腳邊還有一隻寵物狗；地板鋪設磁磚，右邊是印尼峇里島出身的奴僕，男僕執傘，女僕捧著水果籃。畫面呈現一個上流家庭的華麗風采。

性奴隸來臺灣婚配，繁衍下一代；[*4] 東印度總督顧恩提醒普特曼斯：公司職員若真心想與新港社或其他村社女子結婚，不可反對。1635年普特曼斯指出，為鞏固經營，必須藉由荷蘭人和本地人或深膚色人種之間通婚，或仰賴強大的駐軍來做保障。稍後東印度當局也持正面態度。從1640年代起開始有高級職員、學校教師娶本地婦女，通曉新港語、大目連語的新港政務官范伯亨（Joost van Bergen）娶了新港社女子Taguatel；另一位通曉多種原住民語的南路政務官諾頓（Hendrick Noorden），當了放索社女子Maria的夫婿。學校教師Johannes Druyvendaal，娶大目降社女子。范伯亨與Druyvendaal各都生育了子女，公司於1654年准許二人各擁有160甲（morgen）的土地。[*5]

太太繼承丈夫遺產 根據1650-1661年東印度公司的臺灣婚姻註冊簿，男性共有181人，其中歐洲出生者154人（85％），印度6人、東南亞3人、臺灣4人；女性共有171人，臺灣出生者68人（39.8％），歐洲36人（21％）、印度28人（16.4％）、東南亞25人（14.6％）。[*6] 公司曾經以滅族式手段將小琉球人殺盡抓絕，其中有上百名小琉球孩童被新港社

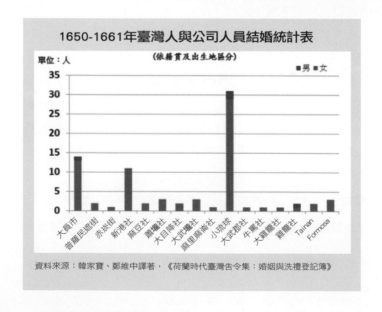

資料來源：韓家寶、鄭維中譯著，《荷蘭時代臺灣告令集：婚姻與洗禮登記簿》

或荷蘭人（歐洲人）收養，東印度總督范迪門（Van Diemen）曾經要求讓小琉球女子皈依基督教，長大後嫁給荷蘭人。根據婚姻註冊簿的統計，前後12年間有二、三十位嫁給荷蘭東印度公司的員工。

公司派遣來臺的歐洲白人，兩性比例懸殊，不少單身男性因此與臺灣女子通婚（或重婚）；而因各種狀況殉職者眾，喪偶者再嫁或再娶的比例極高，與范伯亨之妻同名的小琉球女子Taguatel，1650年1月嫁給一位馬廄管理官，丈夫不久去世，她於1652年4月再嫁給代理南路政務官Joannes Olario，第二任丈夫於1657年6月底去世，11月底她再嫁一位臨時學校教師。依照荷蘭法律，丈夫死後其遺產由太太繼承。

離散抉擇天人交戰 依照規定，嫁給公司職員的女人，都必須隨著配偶返回巴達維亞或荷蘭，但在1662年2月荷蘭人撤離臺灣之際，一部分原住民籍配偶面臨去留離散的抉擇，《熱蘭遮城日誌》記載：「昨天、前天共有12個婦女來我們這裡，其中一位是歐瑟偉（Paulus Ossewaijer）的妻子，她死也不肯離開，還要遺棄一個仍在吸奶的嬰孩……，跟荷蘭人結婚的其他本地婦女們也不願意來。」[*7] 歐瑟偉是赤崁省的法庭議會祕書，被鄭成功殺害，他在1655年與Susanna結婚，她是出生於新港社的高山原住民，因此不願離開臺灣。鄭成功攻臺沒幾天，許多原住民村社轉向鄭營，締約歸順，這種氛圍，多少對嫁給公司職員的原住民婦女形成了牽絆。南路政務官諾頓帶領妻子兒女、岳母及一批荷蘭人歷盡折磨潛往卑南，在逃亡途中，放索社族人來向他的眷屬傳達長老的話：回歸部落，別跟荷蘭人走。不過諾頓家這一對母女，並未聽從族人的召喚，而是追隨諾頓，往返南部枋寮、卑南之間的古道，最後輾轉逃出，前往巴達維亞，一個陌生遙遠的國度。[*8] 在東印度公司婚姻註冊簿（公司員工的內部資料）中，與荷蘭人婚嫁的六、七十個臺灣人及其混血兒，最後應都依照公司規定撤離臺灣；Susanna等幾個特例，留下一段異國婚姻的時代插曲，但若以此推論臺灣有荷蘭後裔，就不免過度想像了。

萬能萬用傳教士

　　蕭壠社教堂外面，六位長老在尤紐士牧師等人的見證下，向1,300名族人公開宣布：所有輕浮、淫亂行為，特別是孕婦墮胎、一夫多妻都應結束；男人更要將私處遮起來。

■荷蘭改革宗教派遣來臺宣教的第二任牧師尤紐士（1606-1655）。其宣教工作大破大立，頗具成果，但對原住民社會文化也產生極大的衝擊。四幅銅版雕刻畫分別為39歲（下圖）、40歲（上圖），以及逝世前一年49歲（左、右兩圖）時的留影。

尤紐士（1629-1643任職）是荷蘭改革宗教會派遣來臺的第二任牧師，與干治士（1627-1631，1633-1637任職）是基督教在臺傳播的先驅。首任牧師干治士有兩件事蹟膾炙人口，一是傳教本土化：自己學習新港語，以拉丁文編寫新港語字典，教導新港社原住民用羅馬字來拼寫新港語（新港文書）；[*1] 一是娶了荷日混血兒莎拉。莎拉是Jacques Specx擔任日本平戶商館館長時，與日本遊女的非婚生女。Specx返回荷蘭述職時將她寄養於東印度總督顧恩的邸舍。1629年，莎拉與16歲小軍官（也是混血兒）於府邸偷情，總督怒將二人判處極刑，罪名是「觸犯大不敬」等國法！小軍官被斬首，莎拉本該浸水桶淹死，因未滿14歲而改處笞刑。1632年，15歲莎拉嫁給從臺灣返回巴達維亞的干治士。干治士曾經建議來臺宣教士應與本地人結婚，讓基督教本土化。[*2] 豈料自己身先士卒，娶了混血兒莎拉，翌年重返臺灣服事。莎拉19歲蒙主寵召，她人生最後三年，大多住在教堂旁的公司高層職員住宅（今安平古堡旁公園），遺體應是葬在荷蘭墓園（今效忠街一帶）。

丟棄他們的假神　干治士來臺第三年，開始有了追隨者，臺灣長官普特曼斯1630年致東印度總督的信中說：新港社有21個家庭共122人，「丟棄他們的假神」。[*3] 到了1638年，風氣為之丕變：2月間，尤紐士在蕭壠社教堂（長165英呎，寬36英呎）舉行安息日講道，有1,300名族人聚集在教堂聆聽；之後，族人在教堂外面聆聽長老們告誡如何遵守基督徒的戒律；4月間，麻豆教堂湧進2,000多人，

■賀拉夫牧師於1647-51年來臺宣教，編譯《聖馬太與約翰福音書》，及教理問答〈基督教信仰要項〉。在臺期間碰上政教衝突，被臺灣長官指控擅自核發人頭稅單，遭撤職、解送巴達維亞，其後獲得平反。

聆聽尤紐士講道。[*4] 1659年10月赤崁省長猫難實叮與政務官、牧師所作的視察報告：虎尾壟語區13村社、西拉雅語區7村社，共有6,078人熟悉教理。其中男子2,592人（42.6％）、女子2,746人（45.2％）、兒童740人（12.2％）。若以這20個村社總人口10,109人（1656年統計數字）計算，受教化比率約為60％。[*5]

　　牧師一面大力宣揚基督教義，一面貫徹一千多年來基督教壓制異教徒的傳統，全面摧毀其偶像、器物、會堂、神職人員。1636年12月10日，目加溜灣社160戶原住民將所有的崇拜物交給尤紐士銷毀。1637年11月17日，尤紐士陪同臺灣長官，在軍隊護衛下，順應麻豆社的「多次懇求」，去毀壞所有的偶像，並建立學校與教堂；1638年2月7日尤紐士將蕭壟社公廨的崇拜物取下來毀掉。[*6]

■17世紀西拉雅族的尪姨，是人與神溝通的靈媒。荷蘭人達波描繪尪姨為舉行房屋落成的祈福儀式，從一頭豬身上取肉做為祭品。

干治士描述部落的女祭司（Inibs，尪姨），每天與靈界溝通，對違反族俗、未滿36或37歲（按：此處年紀之記載有爭議）而懷孕的女性，用推、擠等壓迫手法予以墮胎；她們召喚神靈，裸身站在公廨上，以特有儀式與神靈溝通。基督教視這些為「異端」，採取如同於歐洲的獵巫（witch hunt）手段，於1641年12月間陸續將麻豆、蕭壠等5個部落共250名尪姨流放到諸羅山，11年後僅存48名尪姨獲准返回部落，不得再從事宗教活動。[*7] 1640年代，虎尾壠原住民在范布廉牧師的要求下，改變原來將亡者放置在墓穴不予掩埋的習俗，開始埋葬亡者（chachap au macha）。[*8]

臺灣化 VS 荷蘭化

1636年，尤紐士寫信給公司的董事說：「我們已建立一所學校給新港的孩子。……還有一間學校給12、14歲或更年輕的女孩就讀。」[*9] 這是臺灣第一所正式學校，在固定場所從事基本讀寫教育的開端。尤紐士也培養原住民教師，1642年甄選精通基督教義、具讀寫能力之原住民50人，分派到6個村社的學校擔任教師。

尤紐士任滿返國後，傳教工作產生了一些轉變：從本土化轉向荷蘭化。1643年來臺的范布廉是宣教荷蘭化的關鍵人物之一，他認為二位前任牧師編寫的教材違反正統，改以荷蘭人文背景編纂的《海德堡教理問答》為教材；並試圖捨棄新港語，改教荷蘭語。1648年開始在蕭壠、新港、諸羅山等9個村社以荷蘭語講課。但是，巴城當局、臺灣當局、傳教士之間，對於荷蘭化的走向一直有不同見解，也引發過論爭，最後並未形成明確的政策。

萬能萬用，惡行惡狀

宣教士既是基督的牧者，也是超級政務官，在重大政務上忙進忙出，1635年12月，公司與麻豆社簽訂臺灣史上第一個條約時，尤紐士居間協調，並促成28個村社的歸順儀式；公司自1637年起四次討伐虎尾壠社，尤紐士是原住民聯軍帶隊官員、兼要向士兵

■荷蘭的殖民
地巴達維亞教
堂做禮拜的場
景。教徒不分
男女老少穿著
整齊，撐傘、
戴帽，盛裝而
莊重地參加教
堂禮拜。

講道，祈求全能的神帶來美好戰果；此外，收稅、審判等無所不為，也無奇不有：探訪傳道Jacobus Viverius將多種藥草製成藥湯、藥漬，送去巴達維亞檢驗；[*10]尤紐士也將草藥汁寄給總督。1630-40年代牧師核發捕鹿執照、人頭稅單。1651年臺灣爆發政教衝突，賀拉夫、哈伯宜等牧師，與臺灣長官花碧和勢如水火，驚動巴城當局派特使來臺調查、調解。[*11]鄭成功圍城期間，對於象徵荷蘭人的忠誠與良心的牧師甚為痛恨，有四位牧師因此遇害。

並非所有宣教師都像干治士、尤紐士、韓布魯克那樣熱誠、奉獻；相反的，行為不檢、私吞稅款、走私撈錢的神職人員也屢見不鮮，大目降的探訪傳道Carolus Agricula工作懶散、行為惡劣、用藤鞭打新港社長老；新港社探訪傳道Johannes Lindenbom受懲戒後仍放蕩狡詐，均遭免職；虎尾壠、二林地區的牧師佈教長達八年，卻連一個信徒也沒有。

■1930年代
日本畫家小早
川篤四郎的作
品，描繪1630
年代荷蘭人在
新港社、目加
溜灣社、蕭壠
社、麻豆社等
原住民村社興
建學校，教導
原住民子弟就
學。

韓布魯克牧師受難記

韓布魯克牧師與女兒訣別後，女兒哭倒在地，
接著牧師請城內守軍表現荷蘭人的忠勇，然後返回鄭營，慷慨就義⋯⋯。
18世紀的荷蘭劇本改寫了歷史，但真正的史實，比劇本更具戲劇性。

ANTHONIUS HAMBROOK.

S. Fokke, inv. et fec. 1776.

■19世紀的版
畫，描繪韓布
魯克牧師受難
經過。

國姓爺於1661年圍困熱蘭遮城時，派荷蘭牧師韓布魯克進入城堡勸降。前頁的版畫描繪此一故事的幾個過程：主圖為牧師奉命來勸降後，要返回鄭營時，與被圍困在城堡裡的女兒訣別，女兒哭倒在地。主圖左上、右上兩幅圓形小圖，分別是鄭軍攻城場景；主圖左下方為國姓爺威脅荷蘭代表：右下方為牧師勸降任務失敗，因此被國姓爺斬殺的一幕。[*1]

荷蘭、日本好戲上演　版畫上的種種情節，是根據1775年荷蘭劇作家漢娜·諾姆斯（Johannes Nomsz.）的劇本《福爾摩沙圍城記》而來。諾姆斯為形塑韓布魯克「基督英雄的光榮事蹟」而編寫了這齣五幕劇。為了角色形象、戲劇張力，她創造出牧師在圍城裡激勵軍心、視死如歸、父女訣別、魂斷牆頭等情節，鋪陳出英雄／撒旦；天理／親情；基督徒／異教徒的鮮明對比。這齣戲在1776-1810年間，於阿姆斯特丹劇院上演14次，勾起了無數荷蘭人的激憤與感傷。不僅許多荷蘭人、歐洲人將戲劇當成了正史，在這齣戲的原生地臺灣，一樣有不少人傳述著「國姓爺斬殺來使」的「歷史」。

1715年，日本大阪竹木座劇場，《國性爺合戰》熱鬧登場，同樣是五幕劇，但這齣戲是「跑野馬」：劇中角色鄭芝龍是遭到誣陷而流亡日本的忠臣，國姓爺是救了明朝公主的伏虎英雄，甘輝是鄭芝龍的女婿；吳三桂是個護主大忠臣。當崇禎帝的寵姬華清夫人被敵軍所殺，吳三桂將這位懷孕的皇帝寵姬剖腹，救出胎兒，也就是皇子（永曆帝），予以撫養。劇作家的這一情節脫胎自希臘神話：信息使者Hermes將阿波羅的情婦、已死的Coronis剖腹，取出Asklepios（醫療之神）。但劇本還讓吳三桂殺了自己的嬰兒，放回寵姬腹中。戲劇的結局是：國姓爺、吳三桂、甘輝合力攻陷南京，擒獲韃靼王、救回鄭芝龍，天下太平。[*2] 此劇上演後十分風靡，因為這位發揚了大和精神的國姓爺是「日本之子」！

城堡勸降，父女訣別　舞台劇為了追求戲劇性，往往逸出了史實。韓布

魯克1607年出生於阿姆斯特丹，41歲來臺，在麻豆社擔任牧師。1661年5月，韓布魯克在淪陷區，被鄭成功派去熱蘭遮城勸降。鄭成功攻臺初期，為了招降，對投降的荷人多所保護。1661年5月7日，赤崁的法庭議會祕書歐瑟偉騎

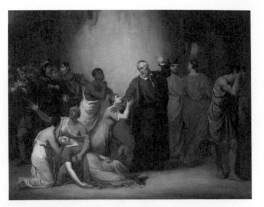

馬來到熱蘭遮城報告，說：前幾天舉城投降的赤崁省長貓難實叮，備受國姓爺及其部將的禮遇，230個投降的荷蘭人也受到很好的待遇，米、酒、豬肉都有供應，赤崁省長反而擔心士兵叛變，投靠國姓爺，反過來對付荷蘭人。這席話讓圍城裡的人人心浮動，《熱蘭遮城日誌》說：為了不讓這些事在士兵中流傳出去，「我們脅迫他只許說國姓爺的壞處，別的不准他說，否則將予懲罰。」[*3]臺灣長官趕緊將他隔離，命議員看守，避免他口無遮欄，攪亂軍心。

　　5月24日下午5點，韓布魯克奉鄭成功之命，進入熱蘭遮城向荷人勸降，25日天亮前2小時鄭軍發動砲戰，停戰後，韓布魯克於當天下午在城堡裡與女兒訣別，返回鄭營。勸降不成，鄭成功沒有怪他。並非劇本所述，任務失敗，命喪斷頭台。8月中，荷蘭人逮到鄭營的兩名黑人少年，其中一人是韓布魯克的僕役，一番拷問之後，供述說：荷蘭人翻譯員Johannes Druyvendael和學校教師Frans van der Voorn被控煽動原住民抗鄭，於7月間在赤崁被判處將雙手、膝蓋釘在十字上。韓布魯克牧師去向國姓爺請求，獲准為受難者禱告，這兩人在第三天還活著，被運往新港社示眾。

　　學者江樹生研究指出：5月25日砲擊熱蘭遮城失敗後，鄭成功開始懷有戒心，令赤崁的投降荷蘭士兵去屯田，遣散各處。9月16日臺江海

2 Timot. 2. v. 11. 12

Dat is ymmer gewysloeck waer. Sterlien wy mede so sullen
wy mede leven Verdragen wy so sullen wy mede ler-
schappen versacken wy soo sal hy ons oock versacken.

戰，有鄭軍將領被同船的荷蘭人趁機殺死，鄭成功於是下令殺絕赤崁的荷蘭人，並且將婦孺分發給部將或原住民，只留下幾個醫生、土地測量師。鄭成功殘殺荷蘭人的事蹟，大都發生在臺江海戰後。[4]

牧師之妻永遠相隨 換句話說，投降的荷蘭人扣除婦孺，約一百多名男性職員、士兵等遭到殺害。韓布魯克何時被殺？根據前述韓布魯克牧師的奴僕之口供，8月上旬牧師在諸羅山。因此，被斬的時間，推測應在8月中、下旬。《從征實錄》記七月間官兵之糧、紅夷甲板船（即卡烏救援艦隊）抵達之際，「援勦後鎮、後衝鎮官兵激變大肚土番叛」，這是著名的大肚番王（Formosaense Keizer van Middag）起事，重創鄭軍兩、三千人。大肚番王的捷報，中文文獻謂：「其鋒甚熾，欲出援荷蘭」，似指原住民被煽動而作亂。參照《熱蘭遮城日誌》，大約在8月15日前後（農曆7月），鄭營軍心不穩，鄭成功斬韓布魯克等荷蘭人以儆效尤，[5]直到10月下旬，圍城內的荷蘭人才輾轉得知噩耗。

荷蘭支援艦隊司令卡烏的日記，提到馬本督（馬信）的黑人僕役逃到熱蘭遮城，要來刺探軍情，被拷問後供稱：9月16日臺江海戰後，鄭成功震怒，將赤崁投降的荷蘭人、韓布魯克牧師等一同殺害。卡烏日記又說，韓布魯克的一個女兒被鄭成功收為妾，此一逸聞，未見諸荷蘭文獻，應係捕風捉影；土地測量師梅氏提到，鄭成功納了新化漢人大地主三哥（Keesje Saacko）的女兒為妾，[6]梅氏受國姓爺信賴，近身接觸觀

察，所言相對可信。

　　1662年2月6日，荷蘭人忙著撤離臺灣之際，梅氏之妻Anta、韓布魯克牧師之妻Anna Vincenta Moydie、牧師的一個女兒，以及其他幾位荷蘭婦女，從南路、北路各地被接來熱蘭遮城堡，飽受戰火的磨難，「看起來很可憐」。2月9日，萬能的神決定讓韓布魯克牧師的妻子留在臺灣，永遠陪伴她的夫婿。這天晚上，她離世。[*7]

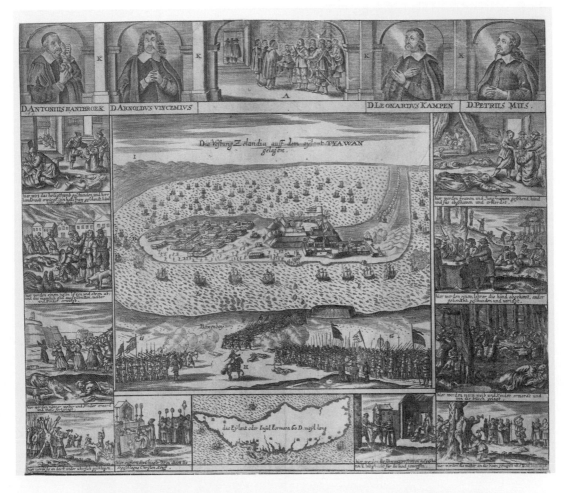

■1663年在荷蘭發行的《福爾摩沙淪陷快報》的刊頭版畫，描繪1661年被鄭成功處決的荷蘭牧師，最上一列為四位殉難的荷蘭牧師，其中最左者即韓布魯克，上列中間一幅為韓布魯克就義前激勵荷蘭人；左右兩欄描繪鄭軍迫害荷蘭人的景象。

東西方神明交會

荷蘭牧師強迫臺灣原住民改宗並毀棄他們的偶像，也讓新港社人百分百受洗；
荷、鄭、清時期漢人從原鄉迎來各方神祇，
其中海上守護神就有關帝、玄天上帝、媽祖等多種。

17世紀荷蘭人成立東印度、西印度公司，荷蘭改革宗教會派遣傳教人員前往公司在海外的據點，照顧弟兄姊妹的屬靈需要。1627年首位來臺的牧師干治士，先在印尼摩鹿加群島的Ternate島宣教，新手上路，不論心靈的、肉體的全都管：有的長官在荷蘭已有家室，在巴達維亞另有「牽手」，干治士對此頗有意見，引來眾人嫌。長官乃將他調離是非之地，因緣際會成為基督新教在臺宣教的祖師爺。左頁圖描繪的臺灣原住民的公廨及其信仰、儀式等，即為干治士來臺一年多所做的觀察紀錄。圖中兩位尪姨，在肢體猛烈動作召神之後，從恍神中恢復知覺，爬上公廨屋頂。右邊的尪姨將私處朝天，用力拍打，直到尿水溢出，象徵著祈求雨水充沛，這是一種祈雨儀式。[*1]

荷蘭人的神　16-17世紀從舊教（天主教）分裂出來的新教（基督教），有路德教派、喀爾文教派、英國國教等主要教派。屬於喀爾文教派的荷蘭改革宗教會，與海外殖民事業相輔相成。1633年，東印度總督Brouwer向董事會報告：「全能的上帝駕御神風助戰，用惡劣的天候懲罰敵人。」同一年，荷蘭畫家林布蘭創作〈加利利海的風暴〉，描

◀左圖為1675年在荷蘭出版的《被遺誤的臺灣》之插圖：原住民的公廨，石造結構、圓拱形屋頂。立面石柱上有鹿首雕飾，柱頭上站著兩位Inibs（尪姨），這幅圖是根據1628年干治士寫給臺灣長官的一份備忘錄內容而繪製。公廨裡的人物像，大多是從1671年達波的《第二、第三次荷蘭東印度公司使節出使大清帝國記》書中的北京城人物圖（上圖），直接複製、反拼組合而成，形成有趣的對照。

■荷蘭畫家林布蘭作品〈加利利海的風暴〉，描述耶穌是所有追隨者賴以安定的力量。

繪耶穌在海上遇到暴風，「斥責風，向海說：『住了吧！靜了吧！』，風就止住……，（門徒）彼此說：連風和海也聽從祂了。」[*2] 荷蘭人信奉全能的神，一切悲喜，一切成敗，一切行止，皆與神同在。

牧師是上帝的忠僕，也是政務的推手、殖民事業的先鋒。臺灣當局攻打各地原住民，牧師無役不與，譬如攻打虎尾壠，尤紐士牧師先帶隊去當斥堠；接著擔任原住民聯軍帶隊官員，在發起攻擊前夕，向士兵講道，祈求神賜給美好的戰果；打敗虎尾壠、砍了25顆人頭班師歸來，在熱蘭遮城舉行祭典（beedach），感謝萬能的神。遇上各種災難，往往請求全能的神多多「補償公司損失」；強颱肆虐臺灣，更要祈求全能的神「從我們和這些可憐的土人縮回祂打擊的手臂」[*3]。

原住民的基督信仰　荷蘭人在臺宣教，採原漢分治。漢人聽其所好；歸順的原住民，必須敬奉唯一的神。傳統信仰所崇拜的偶像，以及祭祀用品壺甕、衣物等，都在嚴禁之列，在宣教蓬勃發展的1636-1637年間，大目降、目加溜灣、蕭壠、麻豆、放索仔、Dolatock（東港）、麻里麻崙等社的偶像器物，都遭毀棄。但顯然禁之不絕，到了統治末期，原住民陸續回歸傳統信仰，臺灣評議會重申嚴令：崇拜偶像者處以荊條鞭打、連續五年帶鎖鍊服勞役；祭拜用之器具、衣服、飾物一律沒收燒毀；主其事者予以嚴厲鞭打後，終生逐出其村社。

1661年4月，麻豆人獵得三個力里社人的頭顱，圍繞著頭顱舞蹈、蹦跳慶功；5月中旬，南部原住民大都歸順國姓爺，有的破壞教會的道

具，重返「亂七八糟的異教徒生活」[*4]；8月中，國姓爺下令所有取荷蘭人姓名的原住民，應改回父親或朋友的姓名，否則重罰。17世紀基督宗教在臺宣教事工至此休止。半個世紀後，法國人馮秉正來臺測繪地圖，發現在漢人中找不到基督徒，在原住民中則有好幾個，還會說荷蘭話、唸荷蘭書、寫荷蘭字，保存幾本聖經殘本。擔任通譯的漢人告訴馮秉正，原住民在嬰兒出生時，用冷水倒在嬰兒身上（受洗）。[*5]

漢人的諸神　荷蘭時代好幾位漢人頭家（何斌、郭懷一等）是天主教徒，漢人住宅區臺灣市鎮有一條「廟街」，顯然漳泉來臺移民已將原鄉的傳統信仰移入。

　　玄天上帝：荷蘭人說鄭成功是異教徒，是「神所不認識的人」。其實，鄭成功出身天主教家庭，對天主教神父李科羅十分禮遇，不過他對眾神一視同仁，1659年北伐前，曾經祭天、祭地、祭山河江海諸神；他奠祭的江海諸神，應涵蓋了玄天上帝。明代福建沿海晉江、同安、南安等地，將玄天上帝奉為航海守護神，1612年《泉州府志》云，晉江縣石頭山「上有真武殿，舊為郡守望祭海神之所」；明代崇奉真武神（玄天上帝），並列入官方祀典。清初諸方志對此略而不提，乾隆時期王必昌《重修臺灣縣志》直言不諱指出：「鄭氏踞臺，因多建真武廟，以為此邦之鎮。」因是鎮邦之神，奉祀玄天上帝的大小上帝廟、上帝廟、真武廟，香火鼎

■16世紀菲律賓華人描繪的真武帝（玄天上帝）。相傳明成祖朱棣發動政變時，獲得真武帝顯靈相助，因此重建廟宇、設專官奉祀，其後成為大明的護國家神。鄭氏時期多建真武廟，玄天上帝信仰因此鼎盛。

盛。大上帝廟（今臺南市北極殿）有寧靖王朱術桂於1669年題書「威靈赫奕」匾額。

　　媽祖助戰：1622年，荷蘭人登陸澎湖時繪製的地圖中，臨近馬公港灣的「中國寺廟」，就是天妃宮，時人董應舉說天妃宮為「沈將軍有容折韋麻郎處也」[*6]，意指1604年荷蘭人韋麻郎首次佔領澎湖時，沈有容在此折衝，迫其撤離。但明、清文獻多稱「娘媽宮」，1624年福建巡撫南居益在荷蘭人撤離澎湖後，在奏捷書說：荷蘭「牛文來律（司令官Commandeur或長官Gouverneur之對音）隨豎白旗，差通事同夷目至娘媽宮哀稟。」哀稟二字，頗見神氣。1664年荷蘭出海王來到澎湖，釋放一名俘虜上岸尋找牛、豬等補給，這名俘虜未依約定返回，出海王因此放火燒毀了這座澎湖最早的廟宇。

　　根據1650年代在臺任職的蘇格蘭人萊特的記載，在今臺南一帶，漢人尊奉的神祇有72位，媽祖排名第39，稱為娘媽（Nioma），又稱媽

■媽祖是鄭、清時期三大海上守護神之一。17世紀荷蘭人描繪的巨大媽祖立像，與二侍女、二侍從的造型；寺廟正廳的梁柱以交叉拱穹為結構，空間挑高，明顯屬於西方教堂的格局。

MATZOU.

祖，名次在臨水夫人婆祖（Potsou）、觀音媽（Quamina）之後。[*7] 似乎早期臺灣的媽祖信仰並不普遍。鄭氏時期，奉祀媽祖的寺廟與香火亦有限；寧靖王朱術桂於1683年7月自縊殉國之前，將王府捐出，改做天妃宮（今大天后宮）。

　　1683年施琅攻打澎湖，大力宣揚媽祖的神蹟，說：眾將士「恍見天妃，如在其上，如在其左右」；又說：有將領夢見天妃諭示「二十一日必得澎湖，七月可得臺灣」。[*8] 施琅推功於媽祖，早有前例可循：大明帝國揚名海疆的鄭和、俞大猷、沈有容等人，有的勒石銘誌「天妃護祐之德」，有的親撰〈祭天妃神文〉，有的主持天妃宮重建。1684年9月施琅奏請加封天妃，部議不准；雍正朝時，巡臺御史禪濟布等人上奏時，誤稱康熙帝敕封天后，自此將錯就錯，媽祖成為天后。位於赤崁樓對面的天后宮，經常有船家來演戲酬願，1697年郁永河來臺採硫時，在天后宮廟埕看戲，有詩作云：「馬祖宮前鑼鼓鬧，侏離唱出下南腔」。後一句指的是原住民或漳泉語系的演員，在戲台上唱出漳泉一帶的聲腔。

　　海神關帝爺：16-17世紀閩粵地區的海神，並未定於一尊，《東西洋考》說，海舟奉祀的神祇主要有三尊：協天大帝（關帝）、天妃、舟神。凡是海上航行，專任一人為司香，「晝夜香火不絕，……舶主每曉起，率眾頂禮。」渡海來臺者顯然多向關帝頂禮祈求，祂在臺灣當道，其理在此，鄭氏時期大小關帝廟、

■鄭、清時期不少閩粵移民渡海來臺，奉關帝爺為海上守護神。17世紀荷蘭人達波書中描繪的關羽、周倉相當傳神，但牆上掛的這一幅書法，像火星文一樣難以辨認；同一書中有些圖上的中文字卻寫得有模有樣。

關帝廟香火鼎盛。入清以後，1725年雍正帝敕封武聖關公曾、祖、考三代公爵，兩年後，派官春秋致祭大關帝廟，成為祀典武廟。

佛教信仰：鄭氏時期文人多近佛教，鄭經為「奉佛祈福」而興建彌陀寺；晚年耽於聲色，興建了北園別館，「極島中之華麗」，他死後，北園別館改為海會寺（今開元寺）；流寓文士沈光文的詩作〈州守新構僧舍於南溪，人多往遊，余未及也〉中曰：「一日無僧渾不可」「書成短偈堪留寺」，可見一幫文人之雅好；輔佐鄭經、鄭克塽父子的陳永華，在龍湖巖興建觀音宮；漳州龍溪舉人李茂春遯跡來臺，建一座夢蝶園，「與住僧誦經自娛，人號李菩薩」，[*9]夢蝶園即後來的法華寺。

上列之外，鄭、清時期漢人移民從原鄉分靈來臺的神祇有：三官大帝、保生大帝、三山國王、開漳聖王、廣澤尊王、清水祖師、王爺（五府千歲）、土地公、註生娘娘、臨水夫人、七娘媽、呂祖堂（呂洞賓）等；奉祀韓文公（韓愈）、張睢陽（張巡）、謝東山（謝安）等中國歷史人物的廟宇也各擁香火。

施琅與天后宮

坊間廣泛流傳的謬說：施琅來臺，霸佔寧靖王府，後因遭斥「恃功驕縱」，趕緊撤出，並在王府奉祀媽祖，託言祂助戰有功，奏將王府改建為天妃宮。

這是三段式的訛誤。1683年寧靖王自縊殉國前，已將王府捐為天妃宮；施琅來臺僅二個多月即離開，並沒有霸佔、怕被朝廷調查這回事；恃功驕縱，另有其事。

1687年初，福建提督張雲翼上疏：「水師提督施琅於泉州公廨建立御書碑亭，各官不便行走。」康熙帝賞賜「御書」給施琅，依例可在自宅豎立御書碑亭，以示榮寵，但施琅將御書立在泉州公所，如此一來，福建全省文武大臣往來公所辦事，都必須「震悚迴避」。康熙帝責其「借端招搖，欲引以為重」，嚴飭施琅不得於公所立碑。1688年8月，施琅入京，康熙帝指責他「恃力驕傲」，並說，有大臣建議趁他來京，「當留勿遣」（予以扣押），告誡他「益加敬慎，以保功名」[*10]；施琅趕緊推說年老體衰、精神不堪，請求解職。皇帝不許。1696年施琅病逝。坊間流傳施琅與天后宮事，多屬虛構。

在臺奴隸的一頁滄桑

伴隨著大航海時代而來的葡萄牙、西班牙、荷蘭殖民者，
將買賣或掠奪得來的奴隸，帶往亞洲，帶到臺灣，留下了悲苦滄桑的史頁。

■圖左為19世紀日本畫家歌川國久繪製的荷蘭人與其僕役。圖右為荷蘭人與長崎的花街女子、侍童。

1662年1月30日，臺灣評議會派商務官戴維茲（Paulus Davidtsz.）等人前往鄭營交涉時，要求他們務必將公司帳冊裡列為「現金」的公司資產——奴隸，排除在「現金」項目外。[*1] 因為，若依會計記帳慣例，幾百名奴隸及其子女列入「現金」項目，一旦清點移交，所有奴隸將被國姓爺接收；否則，勢必依照帳上的奴隸人數，折算一筆現金付給國姓爺，若依據當代市場行情，一名奴隸約80里爾（一頭牛約20里爾），數百名奴隸折算現金總值好幾千里爾，要從哪裡生出這筆錢來墊付？

　　歐洲自古羅馬時代即有奴隸公開拍賣，出價最高者得標。奴隸被視為可轉讓的動產、流動的現金。大航海時代葡、西、英、荷等國都大量買賣奴隸。1604年起，荷蘭人陸續迫使印尼的班達（Banda）、孟加錫（Macassar）；印度的科羅曼德（Coromandel）、馬拉巴（Malabar）；緬甸的阿拉干（Arakan）等地住

■從古羅馬時代，到17世紀的亞洲，延續到19世紀的美洲，都有黑奴的買賣。圖為1853年美國的一張黑奴販售的廣告。荷蘭人也在17世紀大量販賣、壓榨奴隸，獲取暴利。

民充當奴隸；1624年起，荷蘭人從巴達維亞運來臺灣的奴隸，包括：班達人、爪哇人、孟加錫人、印度Geuseratte人；越南中部的廣南人（Quinam）；孟加拉人（Bengaler）等；並接收西班牙從菲律賓帶來雞籠、淡水的卡加延人（Cagejaner）、邦板牙人（Pampanger）。1636年8月初，新任臺灣長官范得堡從巴達維亞率領三艘船抵臺，其船隊中另有一艘是在海南島附近擄獲的葡萄牙帆船，船上約有200名奴隸，成為新

官上任的伴手禮。[*2]《巴達維亞城日記》記載，1661年5月熱蘭遮城裡共有1,733人，其中奴隸及其子女共547人。

這些被強迫為奴者，來自亞洲各地，膚色黧黑，被稱為黑人（swart），不同於非洲黑人；從其身分，稱為奴隸、僕役（slaaf），或女僕（slavin）；公司、私人都可擁有。中文文獻多以黑奴、烏鬼、鬼奴等帶有貶義的稱法。《明史·和蘭傳》則說，荷蘭人的奴隸「名烏鬼，入水不沉，走海面若平地。」

僕役、苦役、侍衛 殖民者讓奴隸擔任苦役、從事生產、參與戰爭。1654年，公司的赤崁馬廄，原本長期雇用9名漢人，為了撙節開銷，改用最近捉來的一批廣南人（越南人）。多數黑人被工具化，受到非人待遇。但也有黑人受到重用，鄭芝龍派自己信任的黑人，隨船監督貨物，以防閃失；《一般報告》1622年6月24日提到荷蘭人攻打澳門，葡萄牙的許多僕役、黑奴，「被酒灌醉後，無所畏懼地任由槍彈射擊。」利邦上尉也記載在亞洲其他地方把奴隸灌醉趕上戰場的作戰儀式。鄭成功擁有黑人部隊，後來接收荷蘭的黑人步槍隊；鄭經

■17世紀日本人描繪荷蘭商館的女僕、來自爪哇的黑人，因膚色黧黑，泛稱為黑人或黑奴。荷蘭人在臺曾擁有五佰多名奴隸，有些奴隸在城堡服役，可獲准結婚，多數奴隸從事粗重工作，極其悲苦。

將這支部隊擴充為護衛鎮。1681年馮錫範、鄭聰等人發動東寧政變，殺害鄭克𡒉，「令烏鬼將𡒉屍拖於旁院。」[*3]

奴隸逃逸，懸賞捉拿　1629年12月，荷蘭人擁有的10個班達人逃去投靠海盜李魁奇，公司因此向他討人。1631年，6名菲律賓黑人從淡水搭一舢舨逃到大灣（大員），控訴西班牙人用漂亮的承諾，將他們騙來雞籠，沒有報酬、經常挨打，因此相招逃逸。他們被隔離看守一個多月，說服了5名公司奴隸、一名中尉的僕役，共12人，偷一艘小船逃走，不知下落。1645年，幾個逃逸的黑人在赤崁及漁場一帶偷竊、破壞，當局派50名士兵前往搜捕，不論死活，每個賞50里爾；1647年，幾個逃逸的奴隸到處搶劫，當局允諾赤崁一帶的農人，每逮到一個奴隸賞6里爾；不久重申前令，不論死活，一個賞12里爾。1648年3月，赤崁的幾個邦板牙人奴隸趁夜脫逃，往南邊逃走；10月間，9個邦板牙人分別從病院、鐵匠坊逃走，公司研判可能偷船逃回馬尼拉，乃派出兩支部隊進行海、陸搜索，但無所獲。

有些幸運者可能安返菲律賓；有些則消失在臺灣的山林、村社中。1643年有6個菲律賓卡加延人逃逸，金包里人予以收容、供應食物，後來迫於公司壓力，將其交給荷蘭人，結果3人被吊死、3人被烙印做記號。1645年，公司抓到一個逃逸奴隸，得知另有在逃的4個邦板牙人、2個孟加拉人躲在蕭壠、新港社間的一座竹林，從那裡出來偷竊，得手之後拿去一個漢人的小村莊交換物品。

公司奴隸若有過失、脫逃未遂、偷竊搶劫等，下場不堪想像，曾有奴隸因粗心造成茅屋及職員住宅失火，被判處在臉頰烙印、終生帶鐵鍊當苦役；1643年臺灣評議會決議：鑑於奴隸逃逸頻傳，往後脫逃者被捉回，要在臉頰烙印、割掉雙耳、繫鐵鍊做苦工一年。1656年，幾個經常在福爾摩沙鄉間流蕩、偷竊、犯罪的奴隸，經法務議會宣判：一名被砍斷右手、釘死在絞刑架；兩名被鞭打、烙印、割掉右耳，帶鎖鍊一年。

戰爭、兵役、槍手　黑人、奴隸平時從事勞役，戰時搬運輜重、搶修工事、擔任傳令兵。1642年臺灣當局攻打雞籠的西班牙人，派遣86個黑人搬運輜重。根據當時天主教的紀錄，鄭芝龍擁有一支300名黑人組成的衛隊，都是基督徒，很受信任，[*4] 他們多為從澳門葡萄牙人麾下逃逸的Cafres。Cafres是東非一帶的黑人，中文文獻稱「咖呋哩國」，稱其人為「極黑番」；按一《被遺誤的臺灣》說，鄭成功有兩個中隊的少年烏鬼仔（Swarte Jongkens），其中部分曾是荷蘭人的奴隸，練習過燧發鎗。1661年10月間，熱蘭遮城裡從一名投降的漢人得知，鄭營有24個會操作火繩槍的少年烏鬼仔駐紮在市鎮。

　　1661年5月初，熱蘭遮城多次派奴隸冒死潛往臺灣（大員）市鎮去燒毀房屋，或去病院拆除門扇、窗框，搬進城堡當燃料；5月中，城堡裡挑選80名強壯的私人奴隸，組成一支戰備隊；5月25日大砲戰停止後，有些奴隸在懸賞之下奮勇出擊，去將鄭軍大砲的砲口釘死；6月間，城堡四周被砲彈擊毀的許多地方，原本用鹿皮堵塞，遭大雨淋濕後發出惡臭，戰備隊冒死將全部拆下，換上新鹿皮；並在黑德爾蘭（Gelderland）稜堡、新建稜堡（Nieuwen Werck）、女牆補強工事。6月下旬，半數的戰備隊在步槍手掩護下，又去城堡外搬木頭、搬石灰。圍城期間，出生入死的公差，都免不了黑人、奴隸。

　　1684年，康熙帝召見即將赴任的臺灣鎮總兵楊文魁，說：「彼處新附兵丁，以及土人、黑人，種類不一。」從其說法，黑人是臺灣幾個主要族群之一；事實上，荷、鄭、清時期黑人佔全臺人口比例甚微，但其際遇與行蹤，卻頗有能見度。來自亞洲或非洲的黑人，不論是被收編接納，或隱沒於各村社，或埋骨於深山林野，都成為臺灣歷史的一部分；流傳至今，臺南、高雄等地尚存烏鬼井、烏鬼渡、烏鬼埕、烏鬼埔等地名、遺址或傳說⋯⋯。

福爾摩沙島奇異記

熱蘭遮城堡前方海面上出現美人魚、赤崁城的一隻狗生了兩隻小豹、
有個原住民長了一呎長的尾巴……，福爾摩沙的故事無奇不有。

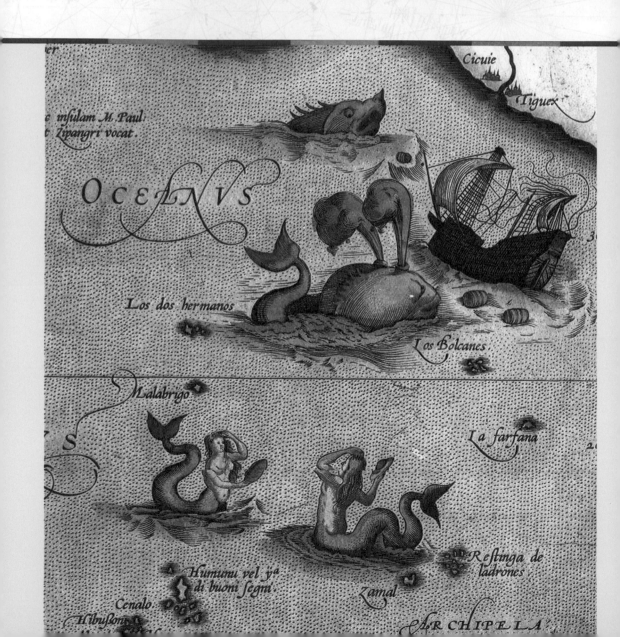

東方美人魚 1660年參與荷蘭救援艦隊

來臺的瑞士籍傭兵赫波特記載：鄭成功來襲的前一天，1661年4月29日上午，熱蘭遮城士兵看到外城新建稜堡下方的海面，有一男子三度浮沉，經詢問後，得知城中沒人失足落海。午後，荷蘭地亞（Hollandia）稜堡下方海面，有一黃色長髮海女（Meer-Fraw, meerminne）三次躍出水面，這是國姓爺圍攻城堡的先兆。[1] 同一個事件，中文文獻也有傳說：鄭成功的大軍攻臺時，「紅夷望見一人騎鯨從鹿耳門入」，這兩個異象恰可相互輝映。

1638年《熱蘭遮城日誌》記載：位於卑南東南東方、來回兩天航程的一座海島，島民都長著一條狗尾巴，其他一切跟常人無異。[2] 1650年，公司的製帆師John Struys記載，南路有一名原住民，因殺害宣教人員被判處火刑。罪犯被綁在木樁、剝去衣物，露出一條尾巴，約1呎長、上面長滿了毛。Struys聲稱自己親眼目睹了那條尾巴。[3]

美人魚、狗尾巴等見聞，反映了16-17世紀旅行家的「名嘴」性格：道聽塗說、虛構拼湊、自娛愚人。1704年，法國人撒瑪納札（George Psalmanazar）宣稱自己是在福爾摩沙長大的日本人，發表騙世鉅作《福爾摩沙島地理與歷史的描述》（今譯：《福爾摩啥》），他說，福爾摩沙人推翻韃靼（蒙古）的暴政，獨立建國；日本皇帝以大象駄載籠子暗藏士

The Idol of the DEVIL

◀1570年《東印度群島圖》描繪的美人魚。西方探險家在航海日誌或海圖上描述人魚、海怪之奇聞屢見不鮮；1608年英國探險家哈德遜在新大陸沿海發現一條雌性美人魚，黑髮披肩、胸部裸露、有一條長尾巴，該船船員、水手共同目擊。哈德遜所記、熱蘭遮城所見，與此圖所繪之情景有相似處。

兵的「木馬屠城記」手法，佔領、統治臺灣。Psalmanazar這個名字，取自舊約《聖經》亞述國王Salmanassar；全書除了虛構外，還雜抄16世紀歐洲宣教士、商人等有關日本、臺灣見聞。島上有國王、王后、貴族，以及可惡的天主教神父；島民之葬禮，有樂隊、士兵、祭司、送葬者，還有拉靈車的大象，將泰國等地的風情挪移到臺灣來；作者虛構一套臺灣原住民語言、文字，夾雜葡萄牙語、日本語、東南亞土語，就是無一語是南島語。書中一套福爾摩沙錢幣，也是純屬捏造。[*4]

不敢吃雞　陳第〈東番記〉描寫臺灣原住民酷愛百草膏——食物在鹿的胃裡消化後進入小腸分解吸收、「將糞未糞」階段的食靡。〈東番記〉還提到，原住民看到漢人吃雞，「輒嘔」。其俗不可思議，但非孤例。1642年10月間，一名荷蘭士兵、一名翻譯員，攜帶衣服、耳環、手鐲等物品，前往淡水的鄰近村社交換食物；幾天後帶回來23隻雞、2隻豬。

他們去過里族社（Kiliessouw）、峰仔峙社（Kipangas，位於基隆河北岸的山中，今峰仔峙）、麻里即吼社（Malessekou），這三社都說未見過歐洲人，好奇地前來圍觀；其中，峰仔峙社不吃雞，荷蘭人向他們換得一隻雞，殺來吃，族人害怕地躲避，「像回教徒躲避豬肉那樣，他們連雞血也不敢碰，也不肯跟荷蘭人一起吃飯。」[*5]峰仔峙社、里族社人被西班牙人統治過，卻說沒見過歐洲人，不符史實；但峰仔峙社人不敢吃雞，荷蘭人具體提到若干細節，並鄭重其事地載入公司日記，寧可信其有。

沉默貿易　1633年奉命征討小琉球島的荷蘭司令官Claes Bruyn，記載小琉球人與漢人有一種罕見的「沉默貿易」：每年1-2月烏魚季節，漢人來小琉球島，以各種不值錢的小東西，交換島人的椰子。以物易物時，不碰面、不討價，漢人在海邊放好東西後走開，島民拿來相當數量的椰子放在一邊，然後走開；漢人若願意交易，就拿走椰子；若不願意，便取回己物。[*6] 無獨有偶，瑞士人赫波特描述臺灣北部也有沉默貿易：北部山中一群不知族名的山地人，每年兩次帶著沙金與未敲煉之金，放置在交易地點，然後走開。噶瑪蘭的居民攜來對方所需貨物，放在沙金之旁，然後離去。山地人若是認為二物等值，即拿走貨物，否則就取回沙金。[*7]

全裸規定　1627年來臺的牧師干治士記載：西拉雅族的習俗中，每年有三個月，族人必須全身赤裸，否則「神明便不賞賜雨水，稻穀會在田園中腐壞」。這期間穿衣犯忌者，將被強脫衣物，並予以處罰。早期臺灣住民的「身體毀飾」，有鑿齒、文身、穿耳洞等。《熱蘭遮城日誌》記載：放索仔（林邊）人身材高大，大部分赤裸走路；耳垂有個大孔，嵌著一個木製的耳盤，跟拳頭一樣大小。荷蘭人繪製的圖像，即有掛著耳盤的男子。清初《裨海紀遊》形容，原住民的耳盤「有大如盤，至於垂肩撞胸者」。

荷蘭獵犬　17世紀之初的臺灣，野鹿千百成群。中文文獻《東瀛識略》說：相傳臺灣的鹿都是鯊魚所化，「後山鯊魚隨潮登岸，即化為鹿，毛色純黃，其孳生者始有梅花點。」荷蘭人來臺後，引進獵狗作為捕鹿幫手。1635年初，臺灣評議會開始面對犬隻太多的問題：原屬於公司的獵犬，後來由新港社人飼養、繁殖，可能造成災害，需要設法控制；

1647年5月當局發布公告：所有荷蘭人、自由市民、漢人、原住民飼養的「荷蘭獵狗」，應在一個月內帶去祕書處作標記，以便控制數量。[*8]獵狗咬損鹿皮、爭食鹿肉，對打獵造成危害。後來規定：牧師、政務官每人可養3隻，學校教師可養1隻，這樣足可「供應他們廚房的需要」。1650年當局規定農人飼養的狗，身高不得超過2呎（60公分），由此可見當時獵犬或土狗之體格。清代鳳山縣教諭朱仕玠曾經見過重約六、七十斤的番犬！1651年大灣（大員）地區的漢人頭家向當局陳情，請准許居民飼養比較小型的狗用來追趕野豬，因為牠們到處肆虐，破壞作物、攻擊牛羊，幾乎是農民的天敵。

揆一所撰《被遺誤的臺灣》說：福爾摩沙人最好的衣服是狗毛製品，人們剪取狗毛搓成毛線，編織衣服。荷蘭人撤離臺灣半個世紀後，狗毛織品依舊奇貨可居。1661年，鄭成功來襲前半個月，赤崁城有一隻狗，生了兩隻小豹，荷蘭人將這件不尋常的事，登載在公司日誌裡。

巨鱷預兆 1683年5月13日，一條長二丈餘、四足、身披金色鱗甲的巨鱷在澎湖登岸。主持防務的劉國軒與澎湖安撫司陳謨等人，焚燒冥寶紙錢、鳴金打鼓恭送巨鱷入海；三天後牠又登岸，死於一戶人家的廚房裡。《臺灣外記》記載：有人問黃蘗寺的隱元禪師，鄭成功是何星宿投胎，禪師答曰：「東海長鯨」；又問：「何時得滅」，答曰：「歸東即逝」，因此有1661年「騎鯨從鹿耳門入」之說；翌年，副將楊明夢見鄭成功冠帶騎鯨，從鯤身游向外海，鄭未幾即卒。[*9]鯨魚、巨鱷被附會為祥異之兆，史家詳載其事，不言自明矣。

東沙島漂流記

1654年荷蘭船「烏特勒支號」在東沙島附近沉沒，
獲救的81人在此無人島上捕捉海龜、海鳥，挖掘芋頭維生，
苦撐近兩個月，終於等到了「美麗島號」救援船。

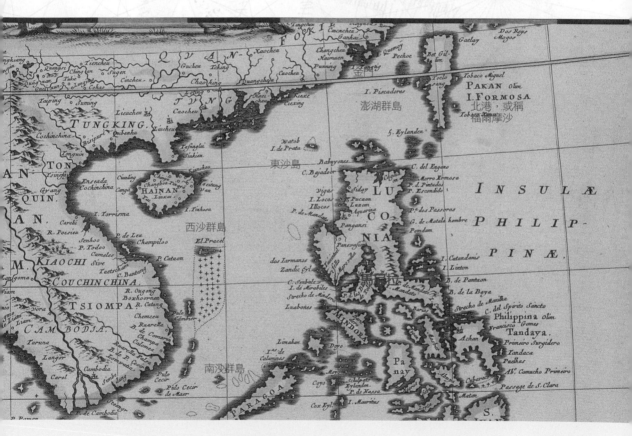

澎湖群島

東沙島

西沙群島

南沙群島

1654年6月下旬，距離福爾摩沙的打狗240浬、位於南海海域的Ilha de Prata島（東沙島）附近，一艘荷蘭快艇烏特勒支號（Uytrecht）遭遇暴風，擱淺在珊瑚礁岩，一天半後船體破裂、沉沒，大副與水手們藉著

■1662年荷蘭人繪製的地圖上標示的Prata島即東沙島。英國航海家形容這裡是西班牙人的百慕達。

一艘被打壞的小船，搶救81人到東沙島，落難客中有三位荷蘭籍婦女，其中一位是孕婦。這艘快艇5月21日從巴達維亞出發，目的地是臺灣。[*1]

海龜候鳥拯救餓殍　6月26日，出去尋找食物的小船，抓到40隻白鳥、很多海龜、幾桶帶有鹹味的飲水。島上是玳瑁、綠蠵龜的繁殖地，因此大副分派三組人，每天夜裡趁海龜登岸產卵時予以捕捉，過了產卵期，就只能吃海鳥；但海鳥受到驚嚇，越來越難捕捉，正擔憂斷炊之際，突然飛來大群海鷗，救了這一群餓殍。

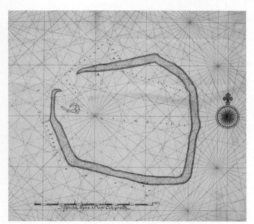

■1654年荷蘭的高級舵手繪製的東沙環礁圖。

　　7月20日，大副帶領10個人，搭乘改造過的小船，3天後航抵臺灣求救。7月29日，臺灣當局派遣美麗島號（Ilha Formosa）及一艘中式篷船前往東沙；此時島上的野鳥全飛走了，眾人只能挖掘野生芋頭充飢。每年5-9月海上吹起西南季風，逆風航行的美麗島號，經過23天才航抵東沙島，找到這群衣衫襤褸、消瘦虛弱的落難者；倖存獲救的76人，告別這座救命之島，航行了三天，於8月25日返抵大灣（大員）。[*2]

東方海域的百慕達　荷蘭文獻稱島名為Prata，Prata意為白銀，此名稱在1621年荷蘭製圖家Hessel Gerritsz繪製的《東亞海圖》即已出現；[*3] 1627年Abraham Goos等編的《中國地圖》，此島名為Wales；大明宣德年間的《鄭和航海圖》將東沙、中沙群島標註為「石星石塘」；清代謝清高口述的《海錄》云：「東沙者，海中浮沙也，在萬山東，故呼為東沙。」這是首次出現東沙之名。東沙島附近海域暗礁密布，海流洶湧，一向被視為危險海域，1687年航經東沙島的英國航海家丹皮爾（William Dampier）形容，中國漁民對東沙海域岩礁的恐懼，更甚於西班牙人對

百慕達的恐懼；許多馬尼拉的船隻連同貴重貨物在這一帶出事，船員都無法倖免於難。[*4]

　　1858年，英國皇家海軍前往東沙島踏查，留下紀錄說，島上有無數的鰹鳥（Gannets），用木棍就可以打下來。1866年到福爾摩沙調查生態的英國博物學家柯林烏（Cuthbert Collingwood），稍後也登上東沙島，目睹龐大的鰹鳥族群在此繁殖。島上蘊藏豐厚的鳥糞層（磷礦），1907年日本商人西澤吉次到東沙島插旗，建造房屋、開採磷礦，並逐改島名為西澤島；其後清、日交涉協商，清政府派員於1909年10月7日前往東沙島接收，並派官兵駐守，「是午鳴炮升旗，行接收禮，並由廣海兵艦燃賀炮二十一響，以伸慶賀。」[*5] 1924年，中華民國海軍部發現約有30名臺灣、日本漁民在東沙島採捕海螺、曬製螺肉。在漁民撤離後，海軍於島上興建無線電氣象觀測台，並將東沙島劃為軍事管制區。[*6]

■白腹鰹鳥，19世紀英國博物學家在東沙島目睹並留下紀錄。

關聖帝君大駕光臨　二次世界大戰期間，日本佔領東沙島；戰後，由中華民國政府接收。1947年，中華民國內政部方域司劃出11條斷續的U形線，作為在南海的領海基線，東沙島、太平島都在這條U形線範圍內；這一年夏天，「關聖帝君之聖駕乘獨木舟漂流至防區第三據點，全島官兵欣喜之餘，乃於現

地建廟奉祀，承天意之庇佑，信眾所求均能應驗……，防區官兵乃尊稱為東沙大王。」[*7] 1979年東沙島、南沙群島劃歸高雄市管轄，市府為東沙島設立門牌「旗津區中興里18鄰東沙31號」。戰後以來一直由國防部派海軍陸戰隊駐防，1999年起改由海巡署駐守。1995、2011年分別有玳瑁、綠蠵龜上岸產卵紀錄；各種候鳥隨著季節來去，截至2015年已發現記錄的有284種；柯林烏記錄下的鰹鳥，20世紀逐漸消失了蹤影，2015年牠們重返舊地，為東沙的生態史再綴續曲。

東西方貨幣通臺灣

市中用財，獨尚番錢。番錢者，紅毛人所鑄銀幣也。圓長不一式，上印番花，
實則九三色。臺人非此不用，有以庫帑予之，每蹙額不顧，以非習見耳。

——郁永河

　　1697年來臺採硫的郁永河所描述的這段話，所指「番錢」是西班牙
銀幣里爾（Reaal），1642年西班牙人被逐出雞籠，過了半個世紀，臺灣
人仍酷愛其幣，官府的康熙通寶反而無人問津。

通寶、荷盾、里爾攏ㄟ通 1550年代，葡萄牙人在澳門落腳，逐步建立起印度果阿、麻六甲、澳門、長崎的貿易網絡；1624年，荷蘭人佔領大灣（大員），將巴達維亞、東京（安南）、臺灣、長崎連成一線。荷人從臺灣將鹿皮、糖以及從中國轉口的絲貨等輸往日本，換取白銀、里爾運來臺灣，再以白銀、里爾向中國購買絲綢、瓷器、黃金，一部分銷往日本，一部分銷往南洋。大航海時代伴隨而來的國際貿易，促成東西方銀幣、銅錢、黃金、白銀（銀錠）等在東亞地區流通；在臺灣，明、荷、西、鄭、清各式貨幣，包括：里爾、荷盾（Florin）、明代及清代通寶等，相繼登場。

荷蘭人經過八十年戰爭，才從西班牙獨立，荷蘭東印度公司在巴達維亞自鑄荷盾，但西班牙里爾在亞洲一直是強勢貨幣，在臺荷蘭人對內稅收、罰款、交易等之項目，多以里爾為主，兼用荷盾；在計算貨物總值、職員薪資，或公司收支帳則以荷盾計算；1645年10月，臺灣當局通知淡水上席商務員，往後開銷帳目，一律以里爾結帳。[*1] 但一直到荷治末期，二種貨幣仍通用無阻。

荷盾的面額，主要分為Ducaton（3荷盾）、Rijksdaalder（2.5荷盾）、Ducat（2荷盾）、Daalder（1.5荷盾）、Stuiver（5分）五種。1662年鄭荷簽署的備忘錄，規定臺灣評議會的28人，每人准攜帶200個Rijksdaalder（即每人500荷盾，約等於揆一長官3個月薪水）離開臺灣；另外20名高級市民，准予攜帶合計1,000個Rijksdaalder。

◀明末清初通寶樣式示意圖。這些通寶與臺灣歷史發展有若干的關聯性：萬曆年間，臺灣成為「海盜經濟圈」的一環；天啟年間，荷蘭人從澎湖轉進臺灣；崇禎時期開始有「臺灣」之名；鄭氏時期的永曆通寶、日本的寬永通寶都曾在臺灣流通；大明叛將吳三桂在反清稱帝時發行「利用通寶」。萬曆、天啟、利用通寶在臺灣的考古挖掘都有出土；清初臺灣參雜使用中國宋、元古錢，包括太平通寶（西元976-984）；康熙通寶或庫銀臺灣沒有人要，人們偏愛「番錢」。

■荷蘭人在臺灣（大員）市鎮設有公秤所，所有進出口貨物先在公秤所過磅，然後繳稅。本圖為荷蘭東印度公司正在以公秤進行茶葉過磅作業。

自有貨幣以來，就有各種偽造、毀損事件，1626年公司逮到一個偽造西班牙銀幣里爾的日本人；1637年銀匠Peecko因造假（可能是偷工減料）事件，被綁在一根柱子上，用中文書寫他的罪狀，放在頭上告示，綁了3小時後，予以驅逐回中國。1658年初，發現一些偷斤減兩的西班牙里爾在市面流通，推測是贌商流入，乃通令各地政務官在轄區用中文、福爾摩沙語文公告：禁用任何西班牙錢幣，若收到這種劣幣，可向交付者求償。[*2]

永曆通寶，日本鑄造 中國明朝歷任皇帝依例鑄造通寶，南明政權（1644-1662）的福王、唐王、魯王、桂王，分別鑄造弘光、隆武、大明、永曆四種通寶。鄭成功在廈門時，「令兄泰造大艦，洪旭佐之，以甥禮遣使通好日本，國王果大悅，相助鉛銅，令官協理，鑄銅熕、永曆錢、盔甲、器械等物。」[*3] 1666年，鄭經部將洪旭「興造洋艘、鳥船，裝白糖、鹿皮等物，上通日本；製造銅熕、倭刀，盔甲，並鑄永曆錢，下販暹羅、交趾、東京各處以富國。」鄭氏的國幣，與大砲（銅熕）、軍需等多次委由日本鑄造；1661年圍攻熱蘭遮城時，戶官楊英持金（明朝銀錠）10錠，前往新港社等地採辦兵糧。鄭、日因貿易之故，日本「寬永通寶」也在臺流通。

宋朝古錢，清代流通 在臺灣的漢人，除了使用西洋、日本貨幣，也使

用明代通寶，甚至七、八百年前的宋朝「老錢」。1685年福建當局鑄造臺灣版的康熙通寶，並禁止民間使用永曆通寶等明代制錢。首任諸羅縣知縣季麒光指出，漳、泉等處都有老錢在流通，何況遠隔重洋的臺灣！1763年來臺擔任鳳山教諭的朱仕玠描述：「臺地用錢，多係趙宋時錢，如太平、元祐、天禧、至道等年號。錢質小薄。」[*4]1769年擔任南路理番同知的朱景英說：「余往北路時，家僮於笨港口海泥中得錢數百，肉好，深翠，古色可玩。」[*5]

朱仕玠、朱景英的見聞，200多年後，從考古遺址的發掘得到印證。2002年，民眾在北港溪（古笨港溪）出海口沙洲發現、撿獲約5萬枚古銅錢，翌年，國立自然科學博物館的研究團隊，在古笨港遺址「崩溪缺」進行調查與試掘，掘獲1,500枚古銅錢，可辨識文字者1,080枚，其中唐代通寶2種共9枚、宋代通寶16種共70枚、明代通寶4種共16枚、清代通寶共688枚，以康熙、乾隆、嘉慶三朝最多。吳三桂自封大周皇帝（1678-1679），鑄造昭武通寶、利用通寶，不旋踵即猝逝，孫吳世璠繼位，鑄造洪化通寶，這幾種貨幣都出現在臺灣。[*6]

儘管不斷改朝換代，各種西洋、中國「老錢」在臺灣仍源遠流長；到了日本時代初期，澎湖廳參事蔡汝璧向廳長報告說：「臺灣、廈門之船隻，所有運載糖米、布帛、木瓦各件來澎湖販賣者，皆要龍銀、英銀、佛銀，不要私錢。」[*7]私錢是指不肖者鑄造的偽幣。佛銀（西班牙銀元），又稱佛頭銀，正面西班牙國王頭戴假髮、桂冠，狀如佛頭也。18世紀的新港文書上，亦有用佛頭銀交易者，它在臺灣流通了三百年，依然搶手！

■荷蘭東印度公司在巴達維亞發行的兩種貨幣。荷蘭時代臺灣主要通貨為西班牙里爾，荷盾流通相對有限。

1620年代至1661年臺灣地區物價、薪資等舉例

年代	項目	費用/價格	說明
1626	低階職員（月薪）	4里爾	幾名自由市民請求重回公司任職，月薪10荷盾
1639	士兵（月薪）	3.6里爾	魍港的一位士官、一位下士，被降級為士兵，月薪9荷盾
1638	牧師（月薪）	40里爾	尤紐士的月薪100荷盾；他建議將蕭壠社牧師之月薪調高為26荷盾；其他幾位調高為10-16荷盾
1640	人頭稅（每人每月）	0.25里爾	本年8月1日開始課徵
1642	建築工（每月）	3.6里爾	建造城堡工人每日工資30 cent
1642	18隻雞	1.5里爾	
1642	2頭豬	4.5里爾	
1643	上等鹿皮（每100張）	15里爾	外銷上等鹿皮每張37.5cent
1643	山羊皮（每100張）	7里爾	
1644	捕獲每名奴隸（賞金）	5里爾	
1644	油紙傘（每100把）	10里爾	
1644	生活費（荷蘭人／月）	3里爾	在菲律賓停留的荷蘭人每月生活費
1644	臺籍學校教師薪資	4里爾	1644年調高為4里爾，調整後不得兼差打獵、種田
1645	上席商務官（月薪） 商務官（月薪）	30里爾 24里爾	Philip Schillemans由祕書晉升上席商務官，月新75荷盾
1645	捕獲每名黑奴（賞金）	100里爾	在赤崁一帶騷亂的逃逸黑人之賞金。擊斃的30里爾
1648	豬肉（每斤）	25 cent	大灣（大員）地區贌商賣肉每斤不得高於25 cent
1649	臺灣長官花碧和（月薪）	92里爾	月薪230荷盾
1650	魚（每斤）	10 cent	標到河川撈捕權的贌商，須以每斤10 cent賣魚
1650	牛（每頭）	20里爾	公司提供之牛隻若死亡，應賠償數額
1651	南路政務官（月薪）	30里爾	Ritsaert Weils，駐麻里麻崙
1654	蝗蟲收購價（每斤）	5 cent	公司公告之收購價；部分收購經費請漢人頭家樂捐
1655	伐木工（每月）	4.8里爾	每日工資40 cent
1656	鹿腿（每支）蕭壠社	60 cent	公告收購價
1656	鹿腿（每支）新港社	20 cent	各地贌商之收購價格相差懸殊
1656	鹿腿（每支）諸羅山社	100 cent	
1656	小鹿（每隻）	200 cent	1歲大的鹿隻之公告收購價
1656	臺灣評議會議長揆一（月薪）	68里爾	揆一升任議長，並代理長官，月薪170荷盾；翌年升任副長官，月薪200荷盾（80里爾）
1657	漢人翻譯員Soequa（月薪）	8里爾	原任稅務所文書，懂西班牙語。另加80磅米。
1657	赤崁渡輪（每人每次）	5 cent	臺灣（大員）市鎮與赤崁渡輪票價
1657	白麵包（10兩重/個） 小麥麵包（14兩重/個）	10 cent 10 cent	公告售價
1661	士兵（月薪）	4.16里爾	1661年6月，鄭成功圍城期間

資料來源：《熱蘭遮城日誌》

※荷盾兌換里爾的匯率是浮動的，1645年2.5荷盾約等於1里爾，1647年2.4荷盾約等於1里爾；1661年貶值約2.8荷盾＝1里爾

※1荷盾＝100 cent（1個荷盾＝20個stuyvers，1個stuyver＝5 cent）

多元文化在臺相遇

自（永曆帝）緬甸蒙塵以後，中原之統絕矣，
而鄭氏以一旅存故國衣冠於海島，稱其正朔。
——黃宗義

荷蘭詩人、雕刻家賴肯（Jan Luyken）於1690年畫的一張圖裡，有
16個象形文字；兩側各有兩行小字，抄自〈大秦景教流行中國碑〉：
「粵若常然真寂，先先而無元，窅然靈虛，後後而妙有。……鼓元風而
．　．　．　．　．　．

■1690年荷蘭詩人、雕刻家賴肯畫的介紹中文的字母系統。

生二氣，暗空易而天地開，日月運而晝夜作。」是從碑文中隨意剪裁出四段（引文中以黑點標示者）來摹寫，因此文義斷裂，但字體筆畫有模有樣。

荷蘭人的「國語糾察」

荷蘭人於1624年來臺後，對明朝人、來臺漢人一律稱為「中國人」；滿洲人崛起，尤其是入關、南下以後，「中國人」是專指明末政權有效統治下的人民，主要是鄭成功勢力範圍、講漳泉語（即「中國話」）的族群；清軍佔領的廣袤地區都稱「韃靼人」；

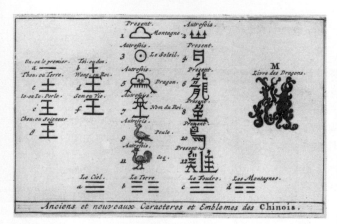

■1650年代荷蘭人接觸中國文字後製作的學習字卡。

1650年代荷蘭使節團前往北京，隨團的福建通譯聽不懂北京話──也許北京人聽福佬話也跟黃叔璥聽府城人講話一樣，「鴃舌鳥語，全不可曉」。東印度公司統治印尼近兩百年，倒閉後由荷蘭政府概括承受繼續統治，在印尼華人圈傳承的中文用語、書寫，概以漳泉語為準。17-19世紀荷蘭人在印尼編印的荷／華辭典、法令文書都是荷文、漳泉語的雙語對照。[*1]

荷蘭文獻記載的人事時地物，絕大多數以漳泉音拼寫，如：Koxinga（國姓爺）、Vanlia（萬曆）、Kae（甲）、tansou（探子，間諜）、Ongsoepy（王守備）等；明、清時期有若干外來語，是用接近漳泉音的中文字來拼寫，如：公班衙（compagnine，公司）、牛文來律、高文律（Commandeur，司令官；或Gouverneur，長官）等。荷蘭人在大灣（大員）地區以荷文、中文雙語發布政令，在西拉雅族地區則教導原住民用羅馬字（紅彝字）拼寫母語；宣教上有過本土化／荷蘭化之論

爭，最後並未在政策上定調，但在實務上曾發生語言歧視現象，如：
1657年臺灣教會決議派出糾察（custode）全天輪流糾舉未講荷蘭語，或
違犯各種過失的學生，將其名字提報給副校長。[*2]

鄭成功的移民社會　荷、鄭改朝換代後，臺灣社會隨著漢人移民而顯著
地漢化，其中髮式與衣冠，則是鄭、清之間「華夷之辨」的標記，浙東
史家黃宗羲雖反對鄭成功離廈入臺，但不認為鄭成功是避世的田橫、徐
市之輩，而是「正統」、「漢化」的象徵。黃宗羲兩度拒絕康熙帝的徵
召，但卻違制剃髮，對於「存故國衣冠」[*3]特別有感。

　　1661年鄭成功向臺灣長官揆一寫信提到要率領大軍來臺灣「繁衍
一個龐大的人群社會」，這是一種帶著殖民色彩的漢人移民事業。鄭
氏在中央政府設六官，行政區設承天府、天興縣、萬年縣；統治階層從
荷蘭人變成了漢人，以科舉取士建立用人制度，讀書人被框入「學而優
則仕」的價值體系。高拱乾《臺灣府志》說：「鄭氏竊據茲土……，
民間秀良子弟，頗知勵志讀書。」部分原住民也接受漢式教育，郁永
河《裨海紀遊》云：「新港、嘉溜灣、毆王、麻豆，於偽鄭時為四大
社，令其子弟能就鄉塾讀書者，蠲
其徭役。」鄭經時代的陳永華，
擘劃政教方針，創設太學、社
學、制定科舉取士。另創建
孔廟，1666年臺灣首座
「先師聖廟」（今
臺南孔廟之前
身）落成，成
為推行與深化
儒教文化的象
徵。

■荷蘭人在臺
推行基督教文
化。鄭成功帶
來大量漢人，
鄭經在臺創設
孔廟，標榜儒
家文化。圖為
清代改建的臺
南孔子廟俯瞰
圖。

朱術桂、沈光文遺事 　朱元璋的九世孫、寧靖王朱術桂，在明末亡命至福建，鄭成功以王禮待之；當代流寓文人陳元圖說，鄭成功死後，朱術桂被斷了禮遇，衣食不繼，在今路竹一帶闢墾數十甲地自給，仍被追徵田賦，「悉索募應，困甚。」1683年施琅攻佔澎湖，朱術桂決意殉國，妾袁氏、蔡氏及侍姬三人向他表示：「王生俱生，王死俱死」，五人穿戴齊整，先一步自縊而死。朱術桂隨後自縊，其〈絕命詞〉云：「艱辛避海外，總為數莖髮」，以不剃髮明白揭示家國立場。[4]

　　1646年清軍攻破浙江，南明王室的魯王與群臣流亡於閩浙，以「舟楫為宮殿」，沈光文追隨在側，從此踏上流離之路。[5] 1651-1662年落

腳金門，曾經「借米於人無應者」。荷蘭人撤出臺灣、鄭成功逝世不久，沈光文前往泉州途中遭風漂至臺灣，無奈之餘滯留在臺，「混跡於雕題黑齒之社」；他撰文有「鄭錦僭王，附會者言多諂媚，逢迎者事盡更張」等語，譏諷鄭經，因此「以僧服自匿」，後來在目加溜灣社旁教授生徒，兼以醫藥為業。他與盧若騰、徐孚遠等流寓臺灣的南明遺臣文士，處異地而成其大，成為文學、文化的標竿。首任諸羅縣知縣季麒光說：「臺灣無文也，斯菴來而始有文矣！」

庶民文化的相遇　臺灣平埔族原住民在荷蘭時代已傳入漢人的各種庶民文化，試舉二例：1650年代荷蘭牧師編寫的〈虎尾壠語字典Woordboek der Favorlangsche taal〉，有原語化的Summamgean一字，此字從漳泉的三獻（sam-hiàn）而來，可見1650年代中部應有漢語系臺灣人做三獻的平安祭；荷蘭文獻又說，今臺南一帶的漢人，辦喪事時僱請女子來代哭，其詞曰：Waarom zijt ghy dan gestorven（意為「你為何就死去」，語境猶如「你奈也死，放我作你去」），由此可知「孝女白瓊」不是鄭、清時代才有。[*6]

　　漢人的庶民文化，包括生命禮俗、歲時節慶、食衣住行等，在鄭氏時期全面移入臺灣，每年歲時節慶如：清明掃墓、端午競渡、中秋賞月、除夕辭歲圍爐等，都從原鄉搬來；1664年春節期間，荷蘭出海王派遣的翻譯官Johannes Melman來臺，發現安平一帶（原臺灣市鎮）許多人在街上看戲。[*7] 1685年蔣毓英描寫元宵節時，「庵、祠、廟、院及所居門首，各懸繩索竹竿，掛紅紙燈籠一盞。……更有裝束道、巫、仙、佛及昭君、龍馬之屬，向人家歌舞作慶，謂之鬧元宵。」[*8] 巫仙佛都來賀節，諸神各擁香火。鄭氏諸稅中有一條度牒稅，佛僧、道士都須納稅。鄭氏治臺雖僅22年，但是「興市廛，搆廟宇，招納流民，漸近中國風土矣。」[*9] 所謂「中國風土」，指的是閩南文化，相異於先前荷蘭人建立的歐洲文化類型。

移民／遺民／棄民　廣義來說，1550年代以後來臺灣的，都是外來移民。但移民的樣態不一，對於冒險家鄭成功而言，「繁衍一個龐大的人群社會」是一項艱鉅的殖民（移民）事業；對流亡皇室、文人而言，他們的身分是遺民；對海盜、羅漢腳、難民而言，是大明、大清的棄民。臺灣第一個漢人政權，以及後續的幾個政權，都交織揉合了殖民（移民）、遺民、棄民等多重元素。

福爾摩沙、臺灣府人口

「有室家者百不得一」是清初臺灣部分地區、族群的歷史事實。
但藉由通婚、偷渡、掠販、搬眷等途徑，
兩性人口並無俗諺所云「有唐山公、無唐山媽」的嚴重失衡狀態。

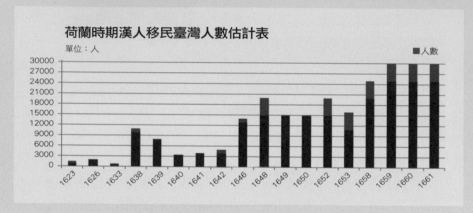

荷蘭時期漢人移民臺灣人數估計表

單位：人

■人數

資料來源：江樹生〈荷據時期臺灣的漢人人口變遷〉

  自1550年代起，漢人開始活躍於臺灣從事漁獵、交易、當起海盜，
此間有多少人口，文獻難徵；1624年荷蘭人從澎湖撤來大灣（大員）
後，初期的統治基礎，僅及於新港、麻豆、蕭壠、大目降、目加溜等原
住民村社，總人口約10,000人上下；1626年大灣地區的漢人約5,000人。

  1635年起，荷蘭人透過武力征服、締結盟約、舉辦地方集會等，
統治基礎逐步擴及全臺。1645-1656年間，各區政務官奉命調查原住民
各村社戶數、人口數。現存1647、1648、1650、1654、1655、1656年度
的統計資料，以1650年為高峰：當年全臺原住民共315社、15,249戶、

68,675人，*1 這些都是接受公司統治或締和者，不包括敵對村社、未歸順村社。1646年公司概估全臺原住民總數約10萬人。

原住民的總人口數　荷蘭時代戶口調查的難度如何？1651年一支船隊搭載翻譯員、士兵和金包里人，前往荷蘭人認為「愛報復反叛」的噶瑪蘭地區進行戶口調查，結果翻譯員被殺、所有金包里人被剝光衣服，赤裸裸逃了回來。*2 1650年代有幾個年度爆發天花、熱病等傳染病，不少村社因而衰微、消失、缺席地方會議。1656年調查統計之人口數銳減為31,000人（淡水、卑南二區無法統計而缺數字），依比例推估此二區共約10,000人，1656年荷蘭統治下的原住民總人口數約41,000人，加計未歸順村社約24,000人（以1646年度的比例推估），則1656年全臺灣原住民總人口數約65,000人。其後經歷過五、六年的蕭條、疾疫、戰爭，在1662年荷蘭人撤退時，全臺灣原住民列入登記的總人口數，最多應不超過60,000人。

　　1640年8月臺灣當局首次向漢人開徵人頭稅，從稅收掌握了較準確的人口數字，9月初，首次統計出大灣（大員）、新港及其附近的漢人共3,568人。其後中國政局動盪、天災人禍，如1646年清軍入閩、1648年福建米價飆漲，都造成大批漢人來臺；1650年代漢人約2-3萬人，臺灣長官揆一估計：1661年4月鄭成功攻臺之前，漢人成年男子人數約25,000人。學者推估當時漢人約30,000人（男性25,000人，女性5,000人）。*3

全盛時期十萬個漢人　1683年施琅攻佔澎湖後，在其〈盡陳所見疏〉提到：鄭成功帶來臺灣之官兵、眷口約3萬多人，其中為伍操戈者不滿2萬人。鄭經帶來官兵與眷口約6,000-7,000人，其中軍人不過4,000人。二者合計約37,000人。1661年大清頒布遷界令，沿海居民生計無著，閩粵人士湧來臺灣。學者推估，鄭氏時期（1662-1683）臺灣的漢人人口約有

10-11萬人。

鄭氏被滅後，施琅在〈請蠲減租賦疏〉中說，大批官兵、移民、難民「相率還籍，近有其半」，依施琅所言，約僅存50,000人。隔了一年（1685年）蔣毓英《臺灣府志》記載：一府三縣的「實在民口」30,229人（男16,274人，女13,955人）；原住民8,108人；澎湖546人。總計全臺人口為38,883人。蔣毓英云：「臺郡三邑之人民計之，共一萬六千餘丁。」[*4] 表示上述男性16,274人，是指16-60歲、無殘疾、必須繳納丁銀（人頭稅）的法定納稅人，而非全部男性人數；女性13,955人，也是指承擔稅賦的成年女性，其他所有老、少人口都不計算在內。

中國歷代各省府州縣彙報戶口，都盡力隱漏：地方官報少收多，以供挪用；百姓以多報少，逃漏稅賦，故有官丁、私丁、逃丁等名堂。康熙帝出巡，發現所至地方，多數的法定納稅人都在逃稅，「詢問一戶或有五、六丁，止一人交納錢糧；或有九、十丁，亦止二、三人交納錢糧。」[*5] 他指出這是各省督撫、主管官員在編審人丁時「隱匿不據實奏聞」。無獨有偶，1649年荷蘭東印度總部向董事會報告說：在臺漢人，繳納人頭稅者12,000人，另外應有2,000-3,000人為隱匿人口。

1685年臺灣的漢人，一府三縣加上澎湖共30,775人。設若加計25%的老少人口、再加計50%私丁逃丁，推估全臺漢人不少於5-6萬人。

1685 年漢人人口概估（單位/人）

		納稅人口 （蔣毓英統計數）	非納稅人口 （加計 25%）	隱匿人口 （加計 50%）	合計
臺灣	漢人-男性	16,274	4,069	8,137	28,480
	漢人-女性	13,955	3,489	6,978	24,422
澎湖	漢人-男女	546	137	273	956
總計		30,775	7,695	15,388	53,858

總言之：1684年臺灣隸屬大清帝國這一年，全臺原住民、漢人合計，總人口數約在10-12萬人左右。[*6]

唐山公 VS 唐山媽　《諸羅縣志》說：「諸流寓於臺者稱唐人，猶稱漢人也。鄭氏竊據，唐人既多，往來相接，長幼尊卑皆呼兄弟。……稱內地，統名之曰唐山。」這是「唐山」一詞的由來。今之俗諺「有唐山公、無唐山媽」，形容鄭、清時期來臺移民嚴重的性別失衡現象。稽之史冊，1720年代康雍交界前後，一部分族群、地區確有其事。

荷蘭人1630年代招攬漢人來臺開墾，1646年11月臺灣長官卡隆推出優惠辦法：第一個帶妻子來的，享有十年免繳土地什一稅；第二個免繳五年……。當年12月，開始有漢人搬眷來臺；到翌年9月，共有17個婦女與小孩來臺定居；1650年11月，登記居留的漢人共11,339人，其中女性838人。[*7]此後女性人口持續遷臺，學者推估1660年漢人婦女約5,000人。

■這是一幅鹿皮畫的局部，描繪18紀府城地區原住民的社會生活，有會飲、遊戲，有家屋、穀倉等，是清代臺灣社會的一個縮影。

鄭成功佔領臺灣後，隨即嚴諭搬眷，《臺灣外記》說：「臺地初闢，水土不服，病者即死。故自各島搬眷，俱遷延不前。」施琅於鄭氏降清後，訊問投誠者得知，鄭氏官兵無家眷者十有五、六；亦即半數官兵拒搬眷屬，但亦有四、五成的比例是有女眷的。

從蔣毓英彙報的全臺男女人口16,274人／13,955人觀之，性別比並未嚴重失衡。但有若干文獻稱廣東潮州流寓者多半沒娶，《諸羅縣志》說：「今流民大半潮之饒平、大埔、程鄉、鎮平，惠之海豐，皆千百無賴而為一庄，有室家者百不得一。」1721年來臺的藍鼎元也指出：「粵民全無妻室，佃耕行傭，謂之客子……，自北路諸羅、彰化以上，淡水、雞籠山後，千有餘里，通共婦女不及數百人；南路鳳山、新園、琅嶠以下四五百里，婦女亦不及數百人。」性別比例十分懸殊；1727年福

建總督高其倬奏請准許漢人攜眷來臺以安定社會，因為「臺灣一縣，皆係老本住臺之人，原有家眷。其鳳山、諸羅、彰化三縣皆新住之民，全無妻室。」這些官員點出1720年代臺灣社會的兩大現象：潮籍族群的性別比嚴重失衡；鳳諸彰三縣皆「新住民」，地曠人稀，不見婦女（漢人女性）。

通婚、偷渡、搬眷　發生性別比局部失衡的情形時，有幾種調整的途徑：一是原漢通婚。1623年，荷蘭人佔領澎湖時，一個中國人洪千總（Hongtsienson）勸他們搬往大灣（大員），說該地住著許多中國人，有的與當地婦女結婚。這是荷蘭文獻最早關於原漢通婚的描述。1644年臺灣評議會決議：娶基督徒原住民女子的漢人，限明年初之前改信基督教，否則將逐出村社；娶原住民女子、但年老的漢人若無法改宗，則不予強迫。[*8] 此一政令的背後，顯示原漢通婚的普遍存在。1645年幾個活躍於虎尾壠、二林一帶的海盜頭目，都娶當地原住民；1648年淡水一地總共有78個漢人，其中幾個娶當地女子，從事耕作；魍港、大木連等地都有漢人娶原住民。清初黃叔璥〈番俗六考〉著墨甚多：南路鳳山番「近日番女多與漢人牽手者」；鳳山傀儡番「歸化番女，亦有與漢人為妻室者」；「琅璚一社，喜與漢人為婚」，反映了部分地區原漢通婚的現象。

　　另有一種意外通婚的狀況，《重修臺灣府志》云：「南社、猫兒干二社番，其祖興化人，波海遭颶風，船破漂流到臺；娶番婦為妻。今其子孫婚配，皆由其父母主婚；不與別番同。」文獻說南社、猫兒干二社，「有說興化話者」；1786年間後壠新港社民向北路理番分府陳情，提到「有白番加已毛毛，原係興化府人，漢人做番，遇事生風」，這位興化人冒充原住民，還具狀向理番分府控訴社民。

　　二是掠販婦女。1660年代荷蘭文獻記載，在臺的漢人若無中意的對象，便寫信請中國的親友送女子來，「（女孩）與貨品一起運來，好像

尋常生意」*9《臺灣外記》也說，1669年時，「邱煇自據達濠有年，橫行無忌，（大清）官軍無奈之何，所有擄掠婦女，悉係臺灣船隻販買，因而室家日多。」這種現象，半世紀後仍然常見，1720年《臺灣縣志》說，鄉間人家盡是四、五十歲光棍，有人購買被掠販的年輕女子為妻；有人購買五、六歲，十五、六歲不等的男童或少年當兒子。1728年廈門鼓浪嶼的鄭合兄弟，「用小船載婦女數口」，在鹿耳門被查獲，可能是人口販子。*10

三是政策調整。清政府自1683年起頒渡臺禁令，此後一百多年間，四次禁止攜眷，四次開放搬眷，並非完全禁斷。及至1730年代，明顯的有所改觀，尹士俍《臺灣志略》提到臺地男多女少，但是「自奉旨搬眷，郡城內外，居民多有父母、妻子之樂；鳳、諸兩邑，頗擬郡治，即彰化、淡水僻在北壤，亦差異於昔。」

乾隆年間來臺平定林爽文事件的福康安，上奏說：「閩粵民人，皆渡海耕種謀食，居住日久，置有田產，不肯將其父母妻子仍置原籍。搬取同來，亦實人情之常。若一概禁絕，轉致私渡情弊。」福康安的報告指出兩個重點：一是歷年來攜眷未曾停過，一是來臺謀生置產後，產生了在地認同，紛紛將父母妻子搬到臺灣。

「有室家者百不得一」是部分年代、部分地區、部分族群的歷史事實。但若逕以「有唐山公、無唐山媽」來概括臺灣先民的社會狀態，就不免過於簡化、一概而論了。

■描繪18世紀府城風情的鹿皮畫。本圖與1740年代《番社采風圖》的〈迎婦〉場面相似，采風圖的新郎、新娘是共坐在肩輿上，此圖則為新郎騎馬做前導。1758年平地原住民（熟番）被要求「薙髮留辮，以別於生番，永杜假冒」，此圖應是繪於1758年以前，平地原住民仍然綁雙髻、單髻。

十七世紀臺灣交際語

隨著16、17世紀東西方的交會，馬來語、葡語、漢語、西語、
荷語都成為東亞地區的交際語。澎湖人向荷蘭人說：*Camsia Compagnia*，是什麼意思？
西班牙駐菲律賓長官請漳州人撰寫的閩南式國書「茲因山廚羅明敖寺巴禮」，要怎麼解讀？

■1543年三名葡萄牙人漂抵日本種子島，開啟了日本史上東西交流的序幕，葡萄牙商人與耶穌會士都
講葡語，扮演通譯的「南蠻通詞」應運而生。圖為16世紀日本「南蠻屏風畫」局部，描繪幾位盛裝的
葡萄牙人在大船入港、登岸後，手捧禮物，前往耶穌會的修道院途中；一旁的黑人僕役則牽著狗。

16世紀中葉的嘉靖倭寇騷亂，主角之一的安徽人王直，大約於1543年陪同葡萄牙人抵達日本種子島，日本文獻記載雙方如此會晤：「有一大舡（船）不知自何國來，舡客百餘人。其形不類，其語不通……，其中，有大明儒生一人名五峰者，今不詳其姓字……，有織部丞者，頗解文字，偶遇五峰，以杖書於沙上，云：舡中之客，不知何國人也，何其形之異哉？五峰即書云：此是西南蠻種之賈胡也。」[*1] 五峰，即大海盜王直；「西南蠻種之賈胡」是日本史上的「南蠻」人，即葡萄牙商人。大明人、日本人在海邊沙灘上寫漢字「杖談」，其場景如同清代臺灣官民對談，因言語不通，「以筆代舌」一樣。

漢字文化圈涵蓋中國、韓國、日本、琉球、臺灣、越南等東亞地區，用筆談也通；東南亞的馬來西亞、印尼群島等地區，主要使用馬來語。16、17世紀大航海時代的通商往來，促成東西方語言包括：原住民族語、漢語、馬來語、葡語、西語、荷語的交會，比手畫腳之餘，熟諳兩種以上語言的通譯往來其間，穿針引線。

馬來語 馬來語在東南亞因通商而發展成交際語。16世紀末荷蘭人東來時，在船上即備有馬來語詞彙。1598年荷蘭船隊司令范聶克（Jacob van Neck）航抵麻六甲時，云馬來語猶如歐洲之法語，為一般用語。[*2] 1622年10月，明朝官方與佔領澎湖的荷人主要透過兩位通事交涉，一用馬來語，一用葡語。稍後，荷蘭人應大明官商的建議，前往臺灣調查港灣、探查蕭壠社，陪同的翻譯者有馬尼拉的漢人基督徒，有「削髮的漢人（geschroren Chinees）」、「會葡萄牙語」的人，以及爪哇井里汶（Cheribon）的馬來語通事。[*3] 其後荷蘭艦隊司令雷爾松與福建當局交涉，陪同的是馬來語通事漢人Domingo。[*4] 荷蘭人佔領臺灣後，諳馬來語的漢人通事活躍於臺灣各地，折衝於原、荷之間。

葡萄牙語 荷蘭人初至日本，以葡語為溝通工具。日本長崎所謂「阿蘭

陀通詞」（荷蘭語通譯），最初是從通葡語的「南蠻通詞」轉過來的。1622年澎湖守備王夢熊令荷蘭人到娘媽宮前接讀朝廷要員文書，荷人請馬來語、葡語通事各一，將中文文書口譯，再由荷人從馬來語／葡語轉譯成荷文。[*5] 從雷爾松的日誌可知，兩名通事一為洋商黃明佐，一為澎湖船主郭鴻泰（譯音）。郭會講葡語，由此可推斷，往來於漳州、菲律賓等地區的漳州大海商黃明佐講的是馬來語。此外，還有一位迪亞茲（Salvadoor Dias），可能是葡語通譯。1622年澳門人Salvador Díaz搭船前往馬尼拉途中被荷蘭人俘虜來臺，1626年Díaz逃回澳門，被葡萄牙當局訊問，留有葡萄牙文的有關臺灣情報。[*6] Salvador Díaz就是荷蘭公司初期通事Salvadoor Dias。迪亞茲逃走後，臺灣長官德‧韋特向東印度總督報告指出，這位混血兒（mistisse）欺上瞞下、勾結海盜；向許心素收取佣金，聲稱可帶他到澳門；並在幫助明、荷交涉之際，趁勢從小生意人身上撈取油水。

　　鄭芝龍會講葡語，因此當過荷蘭人的通譯。1652年荷蘭人Roetman在廈門一帶時，說鄭成功部隊中有不少葡萄牙人、黑人（swarten），[*7]鄭軍必然有人能解葡語。《熱蘭遮城日誌》記載，1656年鄭成功欲封鎖兩岸貿易，遣蕭辰爺（Sausinja）帶信到臺灣，荷蘭人派漢人頭家、通譯何斌、Zako（三哥）和Juko（祐哥），先從中文逐字逐句譯成葡文，再由荷蘭人從葡文轉譯為荷文。[*8]

　　1661年圍城期間，雙方少不了罵戰，鄭軍用漳泉話、葡萄牙話向城堡開罵，荷蘭人用葡萄牙話回應，「相互怒吼叫罵」；6月下旬，荷方寫了一封短信回覆鄭營，鄭營派一名黑人去城堡前用葡語喊話，叫城堡派個荷蘭人去翻譯那封短信，長官揆一從城堡上對黑人說：赤崁那邊不是有很多（投降的）荷蘭人嗎？黑人於是用葡語說：Tyen-Bon（那一好），轉身離去。[*9] 附帶一提，1540年代明朝福建當局清剿雙嶼港倭寇時，捕獲幾名黑人，他們自幼被「佛郎機番」（葡萄牙人）買來當奴僕，地方官奏報云：「所獲黑番，其面如漆，見者為之驚怖，往往能為

中國人語。」

　　由於葡人最早東來，亞洲各族群間一般的公用語是葡語混合馬來語。在東亞，由澳門開展的葡萄牙語，也在臺灣島內外流行過一陣子，葡萄牙語sabāo（法語savon），用漳泉音對應的漢字譯作「雪文」（即肥皂），便是一例。

漢語／閩南話（漳泉話）　　漢語，正確地說，是閩南話或漳泉話、廈門話。16世紀中葉倭寇集團的溝通語是閩南話，或漳泉話混雜葡語。16世紀中葉後，葡人、西人來到亞洲，天主教耶穌會、道明會、聖方濟的宣教士紛至沓來，其中，利瑪竇等人學習中國官話，宣教對象主要放在仕紳階層，一部分對象為閩粵一帶人民。道明會士在馬尼拉對漢人傳教，使用的是臺灣早期多數漢人移民講的漳州腔。[*10]　因此而有西班牙文、中文、漳州話三語對照的《漳州話詞彙》。從西班牙等文獻中，可見16世紀末漳州腔的閩南話被廣泛使用，甚至被當成日本與菲律賓交涉文書之語種。1592年日本商人原田孫七郎替豐臣秀吉帶信給菲律賓總督，以及菲律賓總督回信，即有漢人通事參與。1604年菲律賓總督Don Pedro de Acuña致書德川家康，開頭有如下一段文字：[*11]

　　呂宋國王郎・<u>敝落・黎・勝君迎</u>，謹沐頓首書于
　　日本名高國王陛下。昔者已有復書言謝，茲因<u>山廚羅明敎寺巴禮</u>，寓<u>薩褚瑪</u>，稱欲往名高謁見聖上⋯⋯

　　其中的人名、地名、基督教名詞令人費解，但若用廈門話來逐字對譯就一目了然：「郎・敝落・黎・勝君迎」，廈門話讀作：lông pe-lo lê lā-kun-gîaⁿ，即總督Don Pedro de Acuña；山廚羅明敖，讀作：san tû lô bîn gô = Santo Domingo = 聖道明會；巴禮，讀作pa-lé = Padre = 神父；薩褚瑪，讀作sa-tû-ma = サツマ = 日本九州薩摩。

1622年荷蘭人與大明官員的文書往來，由漳泉人居中譯寫，中國或東番的地名、官員職銜等，絕大部分以漳泉音相對應的漢字來書寫。東印度總督寫信給日本幕府將軍，因荷蘭通譯能力不佳，也委由巴達維亞漢人用漢字書寫。*[12]當時巴城的漢人以漳泉籍居多，荷蘭「國書」應是閩南式的漢語文書。鄭氏時期，英國東印度公司請臺灣的陳新哥（Tansinko）翻譯文書給日本，*[13]可能也是同樣的語種。

荷蘭人認知的中國話（即閩南語）是當代主要交際語之一，第一任臺灣長官宋克一落腳臺灣，就派人去學。荷蘭文獻對於福州以北的漢語，多稱「高地語」或「韃靼語」。荷蘭統治晚期，在臺久居的荷人、歐洲人，會閩南話的包括：二位臺灣長官卡薩、卡隆，裴德隊長之子、赤崁省長猫難實叮、土地測量師梅氏等。1664年澎湖居民向荷蘭「出海王」道謝時說：「Camsia Compagnia」（感謝公班衙，Compagnia = Company），*[14]荷蘭人聽得懂，還記了下來。

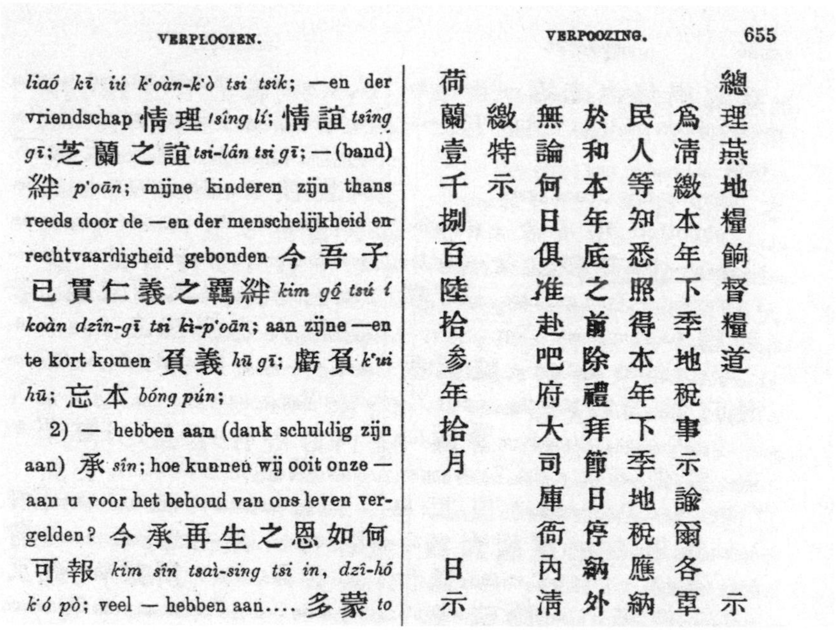
VERPLOOIEN. VERPOOZING. 655

liaó kī iú k'oàn-k'ò tsi tsik; —en der vriendschap 情理 *tsing lí*; 情誼 *tsing gī*; 芝蘭之誼 *tsi-lân tsi gī*; —(band) 絆 *p'oān*; mijne kinderen zijn thans reeds door de —en der menschelijkheid en rechtvaardigheid gebonden 今吾子已貫仁義之羈絆 *kim gô tsú í koàn dzîn-gī tsi ki-p'oān*; aan zijne —en te kort komen 負義 *hū gī*; 虧負 *k'ui hū*; 忘本 *bóng pún*;

2) — hebben aan (dank schuldig zijn aan) 承 *sîn*; hoe kunnen wij ooit onze — aan u voor het behoud van ons leven vergelden? 今承再生之恩如何可報 *kim sîn tsaì-sing tsi in, dzî-hô k'ó pò*; veel — hebben aan.... 多蒙 *to*

總理燕地糧餉督糧道　示
為清繳本年下季地稅事示諭爾各軍
民人等知悉照得本年下季地稅應納
於和本年底之前除禮拜節日停納外
無論何日俱准赴吧府大司庫衙內清
繳特示
荷蘭壹千捌百陸拾叁年拾月　日示

■1650年代起，荷蘭人稱鄭成功、鄭經統轄的人民為中國人，中國話就是漳、泉、廈一帶的閩南語。左圖可見一直到1880年代荷蘭人編的《荷華文語類參》收錄的字詞，荷文、中文對照，中文後面附記的拼音都漳泉音。圖右的告示，燕地即India、吧府即巴達維亞總督府。

荷蘭語、西班牙語 西班牙人統治臺灣北部時，不少原住民會講流利的西班牙語。荷蘭人將其逐退後，西語仍是各族群的交際語之一。至於荷蘭語，一般而言，如同荷蘭人在印尼地區一般，不鼓勵殖民地或駐在地的人民學習荷蘭語。儘管如此，日本人透過學習荷蘭語而發展出「蘭學」。漢人學荷語者少見，1640年代有位「在韃靼出生的中國人」（Chinees, een Tarter van geboorte），久住荷蘭，能說、寫荷蘭話，於1643年陪荷蘭人到中國北方沿海探險。*15 至於臺灣，受教育的西拉雅族會閩南語、荷蘭語。荷蘭「出海王」於1664年遇到一位會說破荷蘭語、名叫Kees的漢人，這名字是荷式「菜市仔名」。

原住民族語 臺灣原住民的族語多達數十種。荷蘭人召開地方會議時，通常採取三、四種地區性的語言做為大會用語，以1644年南路為例，先以新港語宣讀長官訓令後，由四位長老分別以大木連語、Tarrokey語、Tacabu（排灣）語、卑南語轉譯；1646年北路地方會議，先用新港語宣讀長官訓令，接著分別以山區語、虎尾壠語、Camachat語（大肚番王轄區的共通語）進行翻譯。由此觀之，新港語是荷蘭時代最具代表性的臺灣話。1650年前後，荷蘭人處理淡水集會區里末社（今板橋一帶）事務，則透過葡語、馬賽語的通事進行。

16世紀東、西方經由海上相遇後，各族群在原有的語言之外，融合各種「外來語」作為交際語。在臺灣，儘管多語交會，眾聲喧嘩，但除了閩南話明顯地留存於臺灣地名之外，葡語、荷語、馬來語的遺跡甚微，西班牙人留下野柳（Punto Diablos，魔鬼之岬角）、三貂角（Santiago）、蘇澳（St. Lorenzo）、哆囉滿（Duero）等地名；荷蘭人的痕跡更少，留在北臺灣的唯一地名Hoek，其實是日本時代才變成「富貴角」；其他事物詞彙也微乎其微，如：牛，葡萄牙語vaka，cavalo；西班牙語caballo，kubaya；噶瑪蘭語vaka，vakka，baka；馬賽語kavayu，abaka。*16 這一現象，恰似船過水無痕。

新港文書解碼

西拉雅人以「新港文」書寫的契書，記載土地、房屋、財務的租借或買賣，

透過學者專家的分析解讀，重現了三百年前西拉雅族的社會型態與文化諸貌。

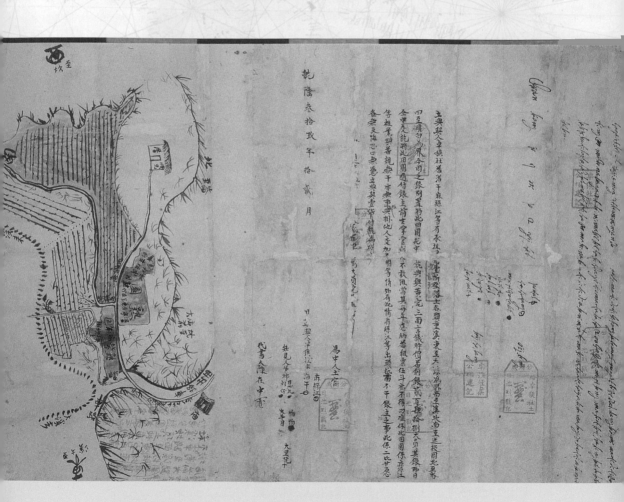

■清乾隆年間的一份雙語新港文書，是目前已知唯一文、圖參照的古契書。右為新港文、中文相互
參照；左為詳細的手繪圖，地形、方位、道路、界址、植栽、溪流，甚至廟、厝等都標示出來。

1627年6月，荷蘭東印度公司派遣的德籍牧師干治士抵達臺灣，很快學會西拉雅語，在新港社展開宣教工作。干治士教西拉雅族人用羅馬字母拼寫自己的語言，這種書寫系統，廣泛使用在西拉雅族語區，但因新港社與荷蘭人的關係最為密切，因此通稱「新港文」；1640-1650年代，南路、北路地方會議時，都是先用新港語宣讀臺灣長官的講詞，之後再由各地區的幾位通譯將長官講詞翻譯為幾種區域通用語。熱蘭遮城發布的公告，最初是荷文、中文並用，後來還加入新港文。

新港文‧紅毛字　　用新港文撰寫的契書，包括土地房屋財物的買賣、借貸或抵押，通稱「新港文書」，俗稱「番仔契」。發現新港文書的地區包括：西拉雅語（Siraya）的卓猴、崗仔林、牛棚埔；Taivuan語的麻豆、大武壠、灣裡；高雄、屏東馬卡道（Makatau）語的茄藤、下淡水等社。*1 新港文或荷蘭文，在鄭、清時期稱為「紅毛字」，《諸羅縣志》說：「紅毛字不用筆，削鵝毛管

■1680年荷蘭畫家Frans van Mieris, the elder描繪一位女性以鵝毛筆書寫的局部圖。

為鴨嘴，銳其末，搗之如氃，注墨瀋于筒，湛而書之。」

荷蘭牧師教導西拉雅族人建立自己的書寫系統時，碰到一個小瓶頸：記數方法。歐陸國家（法、德、荷等）對數字的講法，是依照個、十、百、千（十進位制）等予以拆組，有多少位數就拆成多少組，譬如「125」，荷語的講法是：Hondert vijf en twintig（100／5／20），這與中文「一百／二十／五」的講法類似。當這個講法轉用阿拉伯數字表示時，必須將拆出來的三組予以對位加總起來，但新港文並不是將100、20、5三組數字對位，而是接龍，寫作「100205」。準此觀之，如果古契書上載明的金額200408大員，表示那是248大員。

從一份契書的日期：ioungsing 103 ni 102 goij 104 sit（雍正13年12月14日）可以看出，不僅有新港文的記數法，還有外來語：ni（年）、goij（月）、sit（日）都是漳泉音。西拉雅族與閩南移民互動往來，不少單位用詞、契約用語等多採漳泉腔的外來語，如：niou（兩）、ci（錢）、hon（分）；tionglang（中人）、haptang（合同）；2pi kamgowan（二比甘願，即雙方合意。有的文書簡寫為2 pi）等。

新港文絕處逢生

使用新港文訂立的契書，現存最早者為康熙朝的1683年，最晚為嘉慶朝的1818年，此後新港文就成絕響。1874年1月初，美國博物學者史蒂瑞（Joseph Beal Steere）走訪臺南崗仔林的西拉雅族老頭目李順義，親眼目睹了傳說中的奇怪文書，喜獲至寶，當下用自己的左輪手槍，跟老頭目換取全部29件雍、乾、嘉三朝的契書，帶回密西根大學典藏、研究。[2]

日本時代學者小川尚義、村上直次郎投入收集與研究，村上將轉寫與整理的101件新港文書編輯出版；戰後，中研院學者翁佳音、李壬癸等進行文本分析、解讀，塵封三百多年的新港文書內涵逐

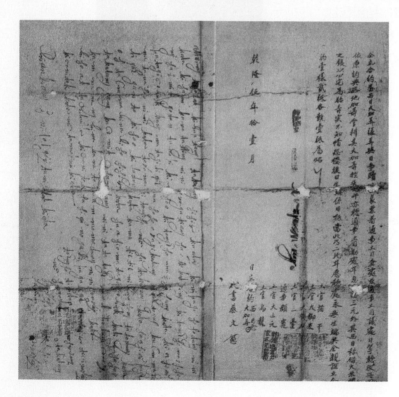

■1740年（乾隆五年）的一份雙語新港文書。新港原住民西日、大加弄因典地爭贖互控，在五位土官、一位通事的調解與見證下，「二比甘願」，全立合約。

一現形。從現存約190件新港文書可看出幾個特色：

一、立契規範：契書分為單語、雙語二種，以新港文書寫者為單語，新港文、中文對照者為雙語。雙語文書有：漢番字、番漢典契、漢契併番字等名稱。一份乾隆年間目加溜灣社（善化）雙語文書，二種文本的價金、年份都不同，這種歧異，可能有著上下其手的成分，有待進一步的研究。[*3]有一份田地賣斷契書上說，簽約時有請通事、土官在「集會所」監督，賣方若生反悔，通事、土官可向其課徵豬、酒作為處罰；一份乾隆年間的契書，見證人有一位「新港社進京土官」及另五位新港社土官、一位新港社通事，甚為隆重。

二、女性當家：許多契書的立契人、見證人是女性。17世紀東、西方文獻顯示，在西拉雅族母系家長制的社會，女性肩負耕作、家計等重擔，自然成為土地財物的持有者或繼承人；男性關心打獵、作戰與賽跑，較少插手家長的事；從每一件契書上的立書人（家名 自己的名字），可以考訂西拉雅族的姓名制度，有助於親屬組織的重建。[*4]

■從髮式、服飾可知這位駛牛犁田的女性為原住民。「新港文書」之地契擁有者多為女性，算是「耕者有其田」。

三、社會變遷：從文書可發現西拉雅族地權演變的一些現象；也可一瞥某些生活影像：有一份文書列出木耳、紫菜、蝦米、魷魚、金針菜、麵線、紅麴、米粉、菸草、胡椒等價格；其中幾種的價格（每斤）分別為：豬肉34文錢、豬心88文錢、豆油25文錢、米酒27.5文錢，[*5]是有趣的物價剪影。

解讀新港文書，可與新港文版《聖經·馬太福音》、《烏特勒支手稿》（Utrecht manuscript）、《諸羅縣志》等17世紀第一手文獻相互對照、比定，有助於重返西拉雅族的歷史現場，重現三、四百年前的社會、文化諸貌。

【各篇註釋】

I 渾沌 摸索・看見・相遇

01 番薯圖像的形成

◆ 1.——翁佳音，〈福爾摩沙名稱來源：並論 1582 年葡萄牙人在臺船難〉，《翰林社會天地》5，頁 4-13；翁佳音，〈蕃薯圖像的形成：十六、十七世紀臺灣地圖的研究〉，發表於「空間新思維：歷史輿圖學國際學術研討會」，臺北：國立故宮博物院，2008。

◆ 2.——C. R. Boxer(ed.), *South China in the Sixteenth Century: Being the narratives of Galeote Pereira, Fr. Gaspar da Cruz, O. P., Fr. Martín de Rada, O. E. S. A.*(London: Hakluy Society,1953), p. xlii.

◆ 3.——村上直次郎譯，《異國往復書翰集增訂異國日記抄》，東京：駿南社，1929。頁 34。

◆ 4.——吳美雲總編，冉福立（Kees Zanvliet）著，江樹生譯，《十七世紀荷蘭人繪製的臺灣老地圖》，臺北：《漢聲雜誌》105-106 期。

◆ 5.——杜正勝，〈臺灣史的誕生：十七世紀的福爾摩沙〉，臺北：時藝多媒體，2003，頁 8。

◆ 6.——G. T. Staunton(ed.), Juan González de Mendoza (comp.), *The History of the Great and Mighty Kingdom of China.* Vol. II, (London: Hakluy Society,1854), p.117.

02 誰在驚嘆美麗之島？

◆ 1.——翁佳音，〈「福爾摩沙」名稱來源：並論 1582 年葡萄牙人在臺船難〉，《翰林社會天地》5，頁 4-13。

◆ 2.——參見：中村拓，《鎖國前に南蠻人の作れる日本地圖》卷 3。東京：東洋文庫，1966。

◆ 3.——Jan Huygen van Linschoten, *His Discours of Voyages into ye Easte and West Indies: Deuided into Foure Bookes.* (London: John Wolfe,1598)

◆ 4. ——臺灣省文獻委員會編，《臺灣史》，臺北：眾文圖書，1977。頁 64。

03 大灣、臺灣、埋冤？

◆ 1.——翁佳音，〈從舊地名與古地圖看臺灣近代初期史〉，收於《臺灣史十一講》。臺北：國立歷史博物館。2006。頁 70-85；翁佳音、曹銘宗，《大灣大員福爾摩沙：從葡萄牙航海日誌、荷西地圖、清日文獻尋找臺灣地名真相》，臺北：貓頭鷹，2016。

◆ 2. ——陳侃，《使琉球錄》，「臺灣文獻叢刊」287，臺北：臺灣銀行經濟研究室，1970。頁 11。

◆ 3.——朱紈，《甓餘雜集》卷 2，〈捷報擒斬元兇蕩平巢穴以靖海道事〉，收入「四庫全書存目叢書・集部」78。臺南：莊嚴，1997。頁 38。

◆ 4.——鄭舜功，《日本一鑑》，〈窮河話海〉卷 1，〈地脈〉。上海：商務印書館影印舊鈔本，1939。

◆ 5.——塗澤民，〈與俞李二總兵書〉，收於《明經世文編選錄》，「臺灣文獻叢刊」289。臺北：臺灣銀行經濟研究室。1960。頁 140。

◆ 6.——G. T. Staunton (ed.), Juan González de Mendoza (comp.), *The History of the Great and Mighty Kingdom of China*, Vol. II (London: Hakluy Society, 1854), p. 117.

◆ 7.──陳祖綬，《皇明職方地圖》，北京：北京圖書館，2009。

◆ 8.──聶洪萍，〈「東西洋航海圖」與明代中國〉，Bodleian Libraries,University of Oxford，2014。

◆ 9.──江樹生主譯註，《荷蘭聯合東印度公司臺灣長官致巴達維亞總督書信集 I》，國史館臺灣文獻館、國立臺灣歷史博物館，2010。頁 308；VOC 1090, fol. 204.

◆ 10.──Coolhaas, W. Ph.(ed.), *Generale Missiven van Gouverneur-Generaal en Raden aan Heren XVII der Verenigde Oostindische Compagnie. Deel I, 1610-1638*, ('s-Gravenhage:Martinus Nijhoff, 1960), p. 710.

◆ 11.──何喬遠，《鏡山全集》卷 23-24，臺北：國家圖書館漢學研究中心藏，日本內閣文庫藏明崇禎十四年序刊本影印。

◆ 12.──王家彥，〈海寇疏〉，收於《古今圖書集成》第 208 冊《方輿彙編》之〈山川典〉第 316 卷。北京：中華書局影印本，1934。

◆ 13.──〈廣東巡撫李棲鳳題報荷蘭船隻來粵要求貿易恐與住澳葡人發生矛盾須從長計議本〉，收於《明清時期澳門問題檔案文獻彙編》第 1 冊，北京：人民，1999。頁 28-29。

04 福爾摩沙早期住民群像

◆ 1.──Jacob Constant、Pessaert Barrent 著，江樹生譯，〈蕭壠城記〉，《臺灣風物》35:4，頁 80-87；江樹生譯註，《熱蘭遮城日誌》第一冊，頁 229。

◆ 2.──劉堯誨，〈報剿海賊林鳳疏〉，轉引自：湯開建，〈明隆萬之際粵東巨盜林鳳事蹟詳考：以劉堯誨《督撫疏議》中林鳳史料為中心〉，《歷史研究》2010 年第 6 期，頁 43-65。

◆ 3.──W. Ginsel 著，翁佳音譯註，〈臺灣基督教奠基者康德（康第紐斯）牧師：荷蘭時代臺灣教會史，《臺灣文獻》52:2，頁 271-292。

◆ 4.──翁佳音，《大臺北古地圖考釋》，臺北：臺北縣立文化中心，1998。頁 106-111；劉益昌，〈古老的石門人〉，《北縣文化》55，頁 4-13；薛化元、翁佳音編纂，《萬里鄉志》，臺北：臺北縣萬里鄉公所，1997。頁 25-32。

◆ 5.──翁佳音，〈近代初期北部臺灣的商業與原住民〉，收於《臺灣商業傳統論文集》，臺北：中研院臺灣史研究所籌備處，2000。頁 45-80。

◆ 6.──翁佳音，〈福爾摩沙名稱來源：並論 1582 年葡萄牙人在臺船難〉，《翰林社會天地》5，頁 4-13。

◆ 7.──《明史》卷 323，〈外國四 · 雞籠〉。臺北：文海，1962。

◆ 8.──同註 2，劉堯誨，〈報剿海賊林鳳疏〉。

◆ 9.──松田毅一監譯，《十六 · 七世紀イエズス会に本報告集》II：I。京都：同朋社，1990。頁 87-88；姚旅著，劉彥捷點校，《露書》，卷 9〈風篇中〉，福州：福建人民，2008。頁 211。

◆ 10.──鄭舜功，《日本一鑑 · 窮河話海》，卷 1〈地脈〉。上海：商務印書館影印舊鈔本，1939。

◆ 11.──陳宗仁，《雞籠山與淡水洋：東亞海域與臺灣早期史研究（1400-1700）》，臺北：聯經，2005。

◆ 12.──慎懋賞，《四夷廣記》，臺北：中央圖書館，1985。頁 2-22。

◆ 13.──王大海《海島逸志》云：「北膠浪……華人息居其中，俗呼為八芝蘭，街衢也。」

05 臺灣第一站──魍港

◆ 1.──顧秉謙等纂,《明神宗實錄》,萬曆三年十一月。臺北:中央研究院歷史語言研究所,據北平圖書館校印紅格鈔本微卷影印,1962。

◆ 2.──翁佳音,〈歷史記憶與歷史事實:原住民史研究的一個嘗試〉,《臺灣史研究》3:1,頁 6-7。江樹生譯註,《熱蘭遮城日誌》第三冊,臺南:臺南市政府,2003。頁 204-205、208。

◆ 3.──江樹生譯註,《熱蘭遮城日誌》第一冊,臺南:臺南市政府,1999。頁 372。

◆ 4.──江樹生譯註,《熱蘭遮城日誌》第一冊,臺南:臺南市政府,1999。頁 683-686。

◆ 5.──江樹生譯註,《熱蘭遮城日誌》第三冊,臺南:臺南市政府,2003。頁 404、410。

◆ 6.──杜臻撰,〈澎湖臺灣紀略〉,「臺灣文獻叢刊」104。臺北:臺灣銀行經濟研究室,1961。頁 13、15。

◆ 7.──周鍾瑄,《諸羅縣志》卷 1,「臺灣文獻叢刊」141。臺北:臺灣銀行經濟研究室。1962。頁 15。

◆ 8.──《清世宗實錄選輯》,「臺灣文獻叢刊」167,臺北:臺灣銀行經濟研究室,1963。頁 36。

◆ 9.──聶洪萍,〈「東西洋航海圖」與明代中國〉,Bodleian Libraries, University of Oxford, 2014。

◆ 10.──江樹生譯註,《熱蘭遮城日誌》第一冊,臺南:臺南市政府,1999。頁 387-410。

06 東番海盜忙進忙出

◆ 1.──謝杰,《虔臺倭纂》卷上〈倭原二〉,「北京圖書館古籍珍本叢刊」10,北京:書目文獻,1998。頁 231。

◆ 2.──王世貞,〈倭志〉,收於《明經世文編選錄》,「臺灣文獻叢刊」289,臺北;臺灣銀行經濟研究室,1960。頁 94。

◆ 3.──朱紈,《甓餘雜集》卷 3,〈增設縣治以安地方事〉,收入「四庫全書存目叢書‧集部」78。臺南:莊嚴,1997。頁 57。

◆ 4.──曹履泰,〈答朱明景撫臺〉,收於《靖海紀略》,「臺灣文獻叢刊」33。臺北:臺灣銀行經濟研究室,1959。頁 4。

◆ 5.──曹履泰,〈上熊撫臺〉,收於《靖海紀略》,「臺灣文獻叢刊」33。臺北:臺灣銀行經濟研究室,1959。頁 44。

◆ 6.──萬表,《海寇議》,「中國野史全集」24,據《金聲玉振集》影印本。成都:巴蜀書社,1993。

◆ 7.──宋懋澄,《九籥集》卷 7,〈叔父參知季鷹公行畧〉,明萬曆刻本。

◆ 8.──瞿九思,《萬曆武功錄》卷 5,〈林道乾、林鳳列傳〉,收於《清入關前史料選輯》第 1 輯,北京:中國人民大學,1984。

◆ 9.──《鄭氏史料初編》卷 2,「臺灣文獻叢刊」157,臺北;臺灣銀行經濟研究室,1962。

◆ 10.──〈報剿海賊林鳳疏〉,轉引自:湯開建,〈明隆萬之際粵東巨盜林鳳事蹟詳考:以劉堯誨《督撫疏議》中林鳳史料為中心〉,《歷史研究》2010 年第 6 期,頁 43-65。

◆ 11.──張燮,〈海國澄氛記〉,《張燮集》第二冊。北京:中華書局,2015。頁 695-699。

◆ 12.──吳幅員輯錄,《明實錄閩海關係史料》,「臺灣文獻叢刊」296。臺北:臺灣銀行經濟研究室,1971,頁 124。

◆ 13.──Borao Mateo, José Eugenio (ed.), *Spaniards in Taiwan*, vol. I, (Taipei: SMC Publishing Inc.),p. 46.

◆ 14.——雷爾松司令 1624 年 2 月 20 日的書信提到一個從日本來的中國人通譯，此人即李旦推薦的鄭芝龍。參見 VOC 1083,fol.250.

◆ 15.——江日昇，《臺灣外記》，「臺灣文獻叢刊」60，臺北；臺灣銀行經濟研究室，1960。頁 13。

◆ 16.——江樹生主譯註，《荷蘭聯合東印度公司臺灣長官致巴達維亞總督書信集 I》，國史館臺灣文獻館、國立臺灣歷史博物館，2010。頁 266。

◆ 17.——翁佳音，〈十七世紀的福佬海商〉，收於《中國海洋發展史論文集》第七輯上冊。臺北：中央研究院社會科學研究所，1999。頁 79-81。

07 海禁、走私、護照

◆ 1.——許孚遠，〈海禁條約行分守漳南道〉，《敬和堂集》卷 7，臺北：國家圖書館漢學研究中心，1990。頁 10-11。

◆ 2.——顧秉謙等纂，《明神宗實錄》卷 316，萬曆二十五年十一月庚戌，臺北：中央研究院歷史語言研究所，1962。

◆ 3.——許孚遠，〈疏通海禁疏〉，《明經世文編選錄》，「臺灣文獻叢刊」289。臺北：臺灣銀行經濟研究室。1963。頁 179。

◆ 4.——江樹生譯註，《熱蘭遮城日誌》第二冊，臺南：臺南市政府，2002。頁 16。

◆ 5.——江樹生譯註，《荷蘭聯合東印度公司臺灣長官致巴達維亞總督書信集 I》，國史館臺灣文獻館、國立臺灣歷史博物館，2010。頁 166。

◆ 6.——VOC 1109, fol. 202.

◆ 7.——江樹生譯註，《熱蘭遮城日誌》第三冊，臺南：臺南市政府，2003。頁 339。

◆ 8.——《欽定大清會典事例》，卷 714〈兵籍〉，上海：上海古籍，據清光緒石印本影印，1997。

◆ 9.——《臺案彙錄丙集》，「臺灣文獻叢刊」176。臺北：臺灣銀行經濟研究室。1963。頁 230。

08 高山國招諭文書

◆ 1.——翁佳音，〈新港有個臺灣王：十七世紀東亞國家主權紛爭小插曲〉，《臺灣史研究》15:2，頁 5。

◆ 2.——羅麗馨，〈豐臣秀吉侵略朝鮮〉，《國立政治大學歷史學報》35，頁 36。

◆ 3.——董應舉，〈籌倭管見〉，收於《崇相集選錄》，「臺灣文獻叢刊」237。臺北：臺灣銀行經濟研究室。1967。頁 11。

◆ 4.——黃承玄，〈題琉球咨報倭情疏〉，收於《明經世文編選錄》，「臺灣文獻叢刊」289。臺北：臺灣銀行經濟研究室。1960。頁 200-201。

◆ 5.——岩生成一，〈長崎代官村山等安の臺灣遠征と遣明使〉，《臺北帝國大學文政學部史學科研究年報・第一輯》，臺北：臺灣帝國大學，1934。頁 317-318。

◆ 6.——徐學聚，〈初報紅毛番疏〉；黃承玄，〈條議海防事宜疏〉；徐光啟，〈海防迂說〉，收於《明經世文編選錄》，「臺灣文獻叢刊」289。頁 191、202、211。

◆ 7.——江樹生主譯註，《荷蘭聯合東印度公司臺灣長官致巴達維亞總督書信集 II》，國史館臺灣文獻館、國立臺灣歷史博物館，2010。頁 8；VOC 1092, fol. 400.

◆ 8.——同註 1，翁佳音，〈新港有個臺灣王：十七世紀東亞國家主權紛爭小插曲〉

09 紅毛番無因忽來？

◆ 1.——Karina H. Corrigan (ed.),*Asia in Amsterdam: The Culture of Luxury in the Golden Age*,(Yale University Press,2015)

◆ 2.——顧秉謙等纂修，《明神宗實錄》卷 403，臺北：中央研究院歷史語言研究所，1984。

◆ 3.——H.T. Colenbrander (ed.), *Jan Pieterszoon Coen,Bescheiden omtrent zijn Bedrijf in Indië.* 1e deel, ('s-Gravenhage: Martinus Nijhoff, 1919), pp. 794-795.

◆ 4.——H.T. Colenbrander (ed.), *Jan Pieterszoon Coen,Bescheiden omtrent zijn Bedrijf in Indië.* 1e deel, ('s-Gravenhage: Martinus Nijhoff, 1919),p. 712.

◆ 5.——Elie Ripon 著，包樂史、鄭維中、蔡香玉校注，《利邦上尉東印度航海歷險記：一位傭兵的日誌 1617-1627》，臺北：遠流，2012。

◆ 6.——VOC 1083, fol. 44.；江樹生主譯註，《荷蘭聯合東印度公司臺灣長官致巴達維亞總督書信集Ⅰ》，國史館臺灣文獻館、國立臺灣歷史博物館，2010。頁 134。

◆ 7.——汪楫編，《崇禎長編》卷 34，崇禎三年六月辛酉。臺北：中央研究院歷史語言研究所，1967。

◆ 8.——Coolhaas, W. Ph.(ed.), *Generale Missiven van Gouverneur-Generaal en Raden aan Heren XVII der Verenigde Oostindische Compagnie.* Deel III,1655-1674, ('s-Gravenhage: Martinus Nijhoff, 1968), p. 174.

10 把荷蘭人逐去東番

◆ 1.——翁佳音，〈新證「風櫃尾」紅毛城〉、〈「荷蘭時代臺灣史」中的澎湖〉，收於《荷蘭時代臺灣史的連續性問題》，臺北；稻鄉，2008。頁 107-127、129-145；VOC 1077, fol. 197; W. P. Groeneveldt, op. cit., p.105-106.

◆ 2.——曹學佺，「曹能始先生石倉全集」11，《湘西紀行》卷下〈海防〉。臺北：國家圖書館漢學研究中心。據日本內閣文庫藏明刊本影印。1990。

◆ 3.——〈兵部題行「條陳彭湖善後事宜」殘稿〉，收於《明季荷蘭人侵據彭湖殘檔》，「臺灣文獻叢刊」154，臺北：臺灣銀行經濟研究室。1962。頁 19。

◆ 4.——張燮，《東西洋考》卷 6，〈外紀考‧紅毛番〉，上海：商務，1936。

◆ 5.——陳學伊，〈諭西夷記〉，收於《閩海贈言》，「臺灣文獻叢刊」56，臺北：臺灣銀行經濟研究室，1959。頁 33。

◆ 6.——VOC 1081, fol. 97.；江樹生主譯註，《荷蘭聯合東印度公司臺灣長官致巴達維亞總督書信集Ⅰ》，國史館臺灣文獻館、國立臺灣歷史博物館，2010。頁 25。

◆ 7.——VOC 1083, fol. 256.；江樹生主譯註，《荷蘭聯合東印度公司臺灣長官致巴達維亞總督書信集Ⅰ》，臺灣文獻館、國立臺灣歷史博物館，2010。頁 98。

◆ 8.——〈福建巡撫商周祚奏〉，收於《明季荷蘭人侵據彭湖殘檔》，「臺灣文獻叢刊」154，臺北：臺灣銀行經濟研究室。1962。頁 1。

◆ 9.——〈福建巡撫南居益奏捷疏殘稿〉，《明季荷蘭人侵據彭湖殘檔》，「臺灣文獻叢刊」154，臺北：臺灣銀行經濟研究室。1962。頁 8。

◆ 10.——江樹生譯註，《熱蘭遮城日誌》第三冊，臺南：臺南市政府，2003。頁 378；VOC 1206, fol. 472.

◆ 11.——"Resolutiën,1624-9-7,11,"；W. P. Groeneveldt, op. cit., p.433.

◆ 12.——江樹生譯註，《熱蘭遮城日誌》第四冊，臺南：臺南市政府，2011。頁 444。

11 西班牙人進出雞籠

◆ 1.——翁佳音、林孟欣，〈陽明山地區族群變遷與古文書研究〉，內政部營建署陽明山國家公園管理處委託研究報告，2006.12；Jacint Esquivel 著，李慧珍、吳孟真、周佑芷、許壬馨、李毓中譯，〈福爾摩沙島情況相關事務的報告〉，《臺灣文獻》，54：4，頁 183-305；陳宗仁，〈1632 年傳教士 Jacinto Esquivel 報告的解析：兼論西班牙佔領前期的臺灣知識與其經營困境〉，《臺灣文獻》，61:3，頁 1-34。

◆ 2.——Jose Maria Alvarez 著，《福爾摩沙，詳盡的地理與歷史》，吳孟真、李毓中合譯，《臺灣文獻》53:4，頁 133-149.

◆ 3.——Borao Mateo, José Eugenio(ed.),*Spaniards in Taiwan*, vol.1,(Taipei: SMC Publishing Inc.),pp.260- 261.

◆ 4.—— 江樹生譯注，《熱蘭遮城日誌》第一冊，臺南：臺南市政府，1999。頁 49。

◆ 5.——江樹生譯注，《熱蘭遮城日誌》第一冊，臺南：臺南市政府，1999。頁 240。

◆ 6.——翁佳音、林孟欣，〈陽明山地區族群變遷與古文書研究〉，內政部營建署陽明山國家公園管理處委託研究報告，2006.12。

◆ 7.——中村孝志著，賴永祥譯，〈十七世紀西班牙人在臺灣的佈教〉，收於《臺灣史研究初集》，臺北：譯者印行。頁 112-146。

◆ 8.——翁佳音，《大臺北古地圖考釋》，臺北：臺北縣立文化中心，1998。

II 開光 交會‧激盪‧解密

01 熱蘭遮城一頁輝煌

◆ 1.——江樹生譯註，《熱蘭遮城日誌》第四冊，臺南：臺南市政府，2011。頁 540。

◆ 2.——江樹生譯註，《熱蘭遮城日誌》第三冊，臺南：臺南市政府，2003。頁 405。

◆ 3.——李元春，《臺灣志略》，「臺灣文獻叢刊」18。臺北：臺灣銀行經濟研究室，1958。頁 43。

◆ 4.——Philippus Daniel Meij van Meijensteen 著，江樹生譯註，《梅氏日記：荷蘭土地測量師看鄭成功》，臺北：英文漢聲，2003。頁 70-71。

◆ 5.——林孟欣、翁佳音等，「台江地區文史資源調查及應用規劃研究（二）以台江 17 世紀荷蘭商館及建築群為例」委託研究計劃成果報告書，臺南：台江國家公園管理處委託，2013。頁 74。

◆ 6.——江日昇，《臺灣外記》，「臺灣文獻叢刊」60。臺北：臺灣銀行經濟研究室，1960。頁 233。

◆ 7.——李元春，《臺灣志略》，「臺灣文獻叢刊」18。臺北：臺灣銀行經濟研究室，1958。頁 43。

◆ 8.——王元稚輯，《甲戌公牘鈔存》，「臺灣文獻叢刊」39。臺北：臺灣銀行經濟研究室，1959。

◆ 9.——社團法人臺南市文化協會執行，《台江人文資產保存與推廣：臺江地區荷蘭商館整體規劃成果報告書》第三章，臺南：台江國家公園管理處委託。2014。頁 22-48。

02 臺灣市鎮一頁傳奇

◆ 1.——布野修司編著，《近代世界システムと植民都市》，京都：京都大學學術出版會，2005。頁 198-199、226。

◆ 2.──江樹生譯註，《熱蘭遮城日誌》第四冊，臺南：臺南市政府，2011。頁197。

◆ 3.──翁佳音，〈十七世紀福佬海商〉，收於《荷蘭時代臺灣史的連續性問題》，臺北：稻鄉，2008。頁147-180。

◆ 4.──翁佳音，〈東亞第一海商傳奇：林亨萬〉，收於《荷蘭時代臺灣史的連續性問題》，臺北：稻鄉，2008。頁181-205。

◆ 5.──VOC 1175, fol.1063；江樹生譯註，《熱蘭遮城日誌》第三冊，臺南：臺南市政府，2003。頁154。

◆ 6.──江樹生譯註，《熱蘭遮城日誌》第一冊，臺南：臺南市政府，1999。頁447。

◆ 7.──冉福立（Zandvliet, Kees）著，江樹生譯，《十七世紀荷蘭人繪製的臺灣老地圖》，臺北：漢聲文化，1997。

◆ 8.──VOC 1149, fol. 848；江樹生譯註，《熱蘭遮城日誌》第二冊，臺南：臺南市政府，2003。頁403。

◆ 9.──江樹生譯註，《熱蘭遮城日誌》第三冊，臺南：臺南市政府，2003。頁400。

◆ 10.──江樹生譯註，《熱蘭遮城日誌》第四冊，臺南：臺南市政府，2011。頁396。

◆ 11.──江樹生譯註，《熱蘭遮城日誌》第四冊，臺南：臺南市政府，2011。頁198。

◆ 12.──John Ogilby, *Atlas Chinensis: Being a Second Part of Arelation of Remarkable Passage in two Embassies from the East-India Company of the United Provinces, to the Vice-roy Singlamong and General Taising Lipovi, and to Konchi, Emperor of China and East-Tartary.* (London, 1671), p.167.

03 此紅毛樓非彼赤崁樓

◆ 1.──江樹生主譯，《荷蘭聯合東印度公司臺灣長官致巴達維亞總督書信集I》，國史館臺灣文獻館、國立臺灣歷史博物館，2011。頁191。

◆ 2.──《東西洋考》云：佛朗機在呂宋「乞地牛皮大」，剪成細長，圈地築城。《澳門紀略》云，葡萄牙人以「一牛皮地」之說詞騙取澳門。此一廣泛傳說源自古迦太基女王狄多（Dido）故事，狄多從Tyer國出走，向突尼西亞的一個部落借取一牛皮之地棲身後，將牛皮剪成細長，在臨海的山丘圍地建造一座城市，名為Byrsa（「牛皮」之意）。

◆ 3.──張燮，〈海國澄氛記〉，《張燮集》第二冊。北京：中華書局，2015。頁695-699。

◆ 4.──陳宗仁，〈1626年的大員港灣：一位澳門華人Salvador Díaz的觀察〉，收入戴文鋒主編，《南瀛歷史、社會與文化II》。臺南：臺南縣政府，2010。頁1-32。Díaz之報告為葡文，由鮑曉鷗譯為英文，收入其所編："Spaniards in Taiwan."

◆ 5.──江樹生主譯，《荷蘭聯合東印度公司臺灣長官致巴達維亞總督書信集I》，國史館臺灣文獻館、國立臺灣歷史博物館，2011。頁305。

◆ 6.──翁佳音，〈歷史上的挨一王們：一封家書的另註〉，《歷史臺灣：國立臺灣歷史博物館館刊》7，臺南：國立臺灣歷史博物館，2013。頁157-178。

◆ 7.──同註6。

◆ 8.──謝金鑾、鄭兼才總纂，《續修臺灣縣志》，「臺灣文獻叢刊」140，臺北：臺灣銀行經濟研究室，1962。頁530。

◆ 9.──William F. Maxwell 撰，廖思逸、石文誠譯，〈臺灣府 Taiwanfoo〉，收於石文誠、林慧芬編輯《古

城新都神仙府：臺南府城歷史特展》，臺南：國立臺灣歷史博物館，2011。

◆ 10.——李仙得 (C. W. Le Gendre) 著，羅效德、費德廉譯，《李仙得臺灣紀行》，臺南：國立臺灣歷史博物館，2013。頁 117。

04 濱田彌兵衛的逆襲

◆ 1.——江樹生主譯註，《荷蘭聯合東印度公司臺灣長官致巴達維亞總督書信集Ⅰ》，國史館臺灣文獻館、國立臺灣歷史博物館，2010。頁 170。

◆ 2.—— H.T. Colenbrander (ed.), *Jan Pietersz. Coen—Bescheiden omtrent zijn Bedrijf in Indië 4e deel* (s-Gravenhage:M. Nijhoff,1922), p.494.

◆ 3.——翁佳音，〈新港有個臺灣王：十七世紀東亞國家主權紛爭小插曲〉，《臺灣史研究》，15：2，頁 12。

◆ 4.——VOC 1096, fol. 124-125.

◆ 5.—— VOC 1097, fol. 146-154；江樹生主譯註，《荷蘭聯合東印度公司臺灣長官致巴達維亞總督書信集Ⅱ》，國史館臺灣文獻館、國立臺灣歷史博物館，2010。頁 339-341。

◆ 6.——格勞秀斯（Hugo Grotius）著，馬忠法譯，《論海洋自由或荷蘭參與東印度貿易的權利》，上海：上海人民，2005。頁 9-76。

05 麻豆人的超級枷鎖

◆ 1.——Elie Ripon 著，包樂史、鄭維中、蔡香玉校注，《利邦上尉東印度航海歷險記：一位傭兵的日誌 1617-1627》，臺北：遠流，2012。頁 123-124；132。

◆ 2.——VOC 1085, fol. 232.

◆ 3.——江樹生譯註，《熱蘭遮城日誌》第二冊。臺南：臺南市政府，2002。頁 248。*DZII, VOC 1148,* fol. 282.

◆ 4.——翁佳音，〈麻豆社事件〉，《新活水》16：32-39。

◆ 5.——高拱乾，〈禁苦累土番等弊示〉，《臺灣府志》，「臺灣文獻叢刊」65，臺北：臺灣銀行經濟研究室。1960。頁 249。

◆ 6.——江樹生譯註，《熱蘭遮城日誌》第一冊，臺南：臺南市政府，1999。頁 222。

06 小琉球人滅族記

◆ 1.——江樹生譯註，《熱蘭遮城日誌》第一冊，臺南：臺南市政府，1999。頁 234。

◆ 2.——曹永和、包樂史，〈小琉球原住民的消失：重拾失落臺灣歷史之一頁〉，收於《臺灣早期歷史研究續集》，臺北：聯經。2000。頁：185-238。

◆ 3.——江樹生譯註，《熱蘭遮城日誌》第一冊，臺南：臺南市政府，1999。頁 233。

◆ 4.——江樹生譯註，《熱蘭遮城日誌》第一冊，臺南：臺南市政府，1999。頁 325。

◆ 5.——人數統計，自 1636 年 5 月 3 日至 1645 年 5 月 3 日。江樹生譯註，《熱蘭遮城日誌》第一冊，頁 233-473；第二冊，頁 380。

◆ 6.—— VOC.1167,fol.96。

◆ 7.——江樹生譯註，《熱蘭遮城日誌》第四冊，臺南：臺南市政府，2011。頁 180。

◆8.——韓家寶、鄭維中譯著，《荷蘭時代臺灣告令集，婚姻與洗禮登記簿》，臺北：曹永和文教基金會。2005。頁 269-315。

07 頭目長老的「地方會議」

◆1.——翁佳音，〈地方會議、贌社與王田〉，收於《荷蘭時代臺灣史的連續性問題》，臺北：稻鄉，2008。頁 77-105。

◆2.——William M. Campbell, *Formosa under the Dutch: Described from Contemporary Records* .(London: Kegan Paul, Trench, Trübner & Co.,1903),p.122.

◆3.——江樹生譯註，《熱蘭遮城日誌》第四冊。臺南：臺南市政府，2011。頁 23-29

◆4.——Joost. W. (ed.), *Die wundersamen Reisen des Caspar Schmalkalden nach West-und Ostindien, 1642-1652.* (Weinheim:Acta Humaniora,1983)

◆5.——翁佳音：《大臺北古地圖考釋》第七章。臺北：臺北縣立文化中心，1998；*DZII*, VOC 1145, fol. 330；江樹生譯註，《熱蘭遮城日誌》第二冊，頁 111。

◆6.——江樹生譯註，《熱蘭遮城日誌》第三冊。臺南：臺南市政府，2003。頁 6-8。

08 十七世紀臺灣諸「王」

◆1.——Borao Mateo、José Eugenio, *Spaniards in Taiwan*.vol. I,(Taipei: SMC Publishing Inc., 2013). p.46、p.68。江樹生譯註，《熱蘭遮城日誌》第三冊，臺南：臺南市政府，2003。頁 106。

◆2.——江樹生，《熱蘭遮城日誌》第二冊，臺南：臺南市政府，2003。頁 206。

◆3.——翁佳音，〈新港有個臺灣王：十七世紀東亞主權紛爭小插曲〉，《臺灣史研究》15:2，頁 1-36。

◆4.——村上直次郎譯注、中村孝志校注，《バタヴィア城日誌》，東京：平凡社，1975。

◆5.——Albrecht Herport, *Eine Kurtze Ostindianisch Reiss-Beschreibung,...sonderlich der chinesischen Belagerung der Insul Formosa.* (Bern,1669)

◆6.——翁佳音，〈被遺忘的原住民史：Quata（大肚番王）初考〉，《異論臺灣史》，臺北：稻鄉，2001。頁 51-95。

◆7.——江樹生，《熱蘭遮城日誌》第二冊，臺南：臺南市政府，2003。頁 392-396。

◆8.——江樹生，《熱蘭遮城日誌》第三冊，臺南：臺南市政府，2003。頁 109。

◆9.——江日昇，《臺灣外記》，「臺灣文獻叢刊」60。臺北：臺灣銀行經濟研究室，1958。頁 204。

◆10.——賴永祥，〈臺灣鄭氏與英國的通商關係史〉，《臺灣文獻》，16:2，頁 2。

09 鄭芝龍的臺海風雲

◆1.——江樹生主譯註，《荷蘭聯合東印度公司臺灣長官致巴達維亞總督書信集Ⅲ》，國史館臺灣文獻館、國立臺灣歷史博物館，2015。頁 276。

◆2.——錢澄之，《所知錄》，「臺灣文獻叢刊」86，臺北：臺灣銀行經濟研究室，1960。頁 12。

◆3.——鄭芝龍，〈石井本宗族譜序〉，收於《鄭氏關係文書》，「臺灣文獻叢刊」69。臺北：臺灣銀行經濟研究室，1960。頁 23。

◆4.——江樹生主譯註，《荷蘭聯合東印度公司臺灣長官致巴達維亞總督書信集Ⅰ》，國史館臺灣文獻館、國立臺灣歷史博物館，2010。頁 114、194、240。

◆ 5.──江日昇，《臺灣外記》，「臺灣文獻叢刊」60，臺北：臺灣銀行經濟研究室，1957。頁 26。

◆ 6.──江樹生主譯註，《荷蘭聯合東印度公司臺灣長官致巴達維亞總督書信集Ⅲ》，國史館臺灣文獻館、國立臺灣歷史博物館，2015。頁 134；江樹生譯註，《熱蘭遮城日誌》第一冊，臺南：臺南市政府，1999。頁 21。

◆ 7.──黃宗羲，《賜姓始末》，「臺灣文獻叢刊」25，臺北：臺灣銀行經濟研究室，1957。頁 11。

◆ 8.──Antonio de Gouveia, *Cartas Ânuas, da China.(1636,1643-1649)*.p.317;pp.350-352，轉引自：董少新，〈何大化與明清鼎革之際的福州天主教〉，《文化雜誌》2010 年秋季刊。頁 151-160。

◆ 9.──《清世祖實錄選輯》，「臺灣文獻叢刊」158，臺北：臺灣銀行經濟研究室，1963。頁 33。

10「殺死紅毛狗」之役

◆ 1.──江樹生譯註，《熱蘭遮城日誌》第三冊，臺南：臺南市政府，2003。頁 285。

◆ 2.──《諸羅縣志》云：「郭懷一謀逐紅夷；事覺，紅夷召土番追殺之，盡戮漢人於歐汪⋯，此地至今多鬼，昏黑則人不敢渡。」

◆ 3.──江樹生譯註，《熱蘭遮城日誌》第三冊，臺南：臺南市政府，2003。頁 286。

◆ 4.──程紹剛譯，《荷蘭人在福爾摩沙》，臺北：聯經，2000。頁 366。

◆ 5.──江樹生譯註，《熱蘭遮城日誌》第二冊，臺南：臺南市政府，2002。頁 509。

◆ 6. ──VOC 1176, fol. 937-938.

◆ 7.──江樹生譯註，《熱蘭遮城日誌》第三冊，臺南：臺南市政府，2003。頁 268。

◆ 8.──W. Ph. Coolhaas.(ed.), *Generale Missiven: van Gouverneurs-generaal en raden aan Heren XVII der Verenigde Oostindische Compagnie. deel II, 1639-1655.*('s-Gravenhage: Martinus Nijhoff,1964), pp.610-612.

◆ 9.──江樹生譯註，《熱蘭遮城日誌》第三冊，臺南：臺南市政府，2003。頁 102。

◆ 10.──曹永和，〈十七、十八世紀海外華人慘案初探〉，中央研究院中山人文社會科學研究所主辦「第八屆中國海洋發展史學術研討會」論文。2000。

◆ 11.──*"Letter of Royal Fiscal Salazary Salcedo to king Philip Ⅲ ,Regarding the Visit of Three Mandarins, Manlia, May 27,1603,"* in Gregorio F. Zaide, Documentary Sources of Philippine History. vol. Ⅲ , (Manila: National Book Store, Inc., 1990), pp.322-324.

11 封海、圍城、遷界

◆ 1.──翁佳音，〈歷史記憶與歷史事實：原住民史研究的一個嘗試〉，《臺灣史研究》3:1，頁 6-7。VOC 1183, fol.683、687-688；江樹生譯註，《熱蘭遮城日誌》第三冊，臺南：臺南市政府，2003。頁 205、208。

◆ 2.──VOC 1213, fol.702；江樹生譯註，《熱蘭遮城日誌》第三冊，臺南：臺南市政府，2003。頁 535。

◆ 3.──VOC 1213, fol.558-559、735-735。

◆ 4.──村上直次郎日譯、中村孝志校注、程大學中譯，《巴達維亞城日誌》，第三冊，南投：臺灣省文獻委員會，1990。頁 152。

◆ 5.──楊英，《從征實錄》，「臺灣文獻叢刊」32。臺北：臺灣銀行經濟研究室，1958。頁 113。

◆ 6.──VOC 1238, fol. 710-711；江樹生譯註，《熱蘭遮城日誌》第四冊，臺南：臺南市政府，2011。頁 745。

12 熱蘭遮城戰役特報

◆ 1.——1661 年 1 月 26 日東印度總督 J. Masetsuyker 向董事會的報告。VOC 1232, fol. 428-488.

◆ 2.——Albrecht Herport, *Reise nach Java, Formosa, Vorder-Indien und Ceylon,1659-1668*.(Nijhoff, 1669)；江樹生譯註，《熱蘭遮城日誌》第四冊，臺南：臺南市政府，2011。頁 412。

◆ 3.——江樹生譯註，《熱蘭遮城日誌》第四冊，臺南：臺南市政府，2011。頁 421。

◆ 4.——江樹生譯註，《熱蘭遮城日誌》第四冊，臺南：臺南市政府，2011。頁 430-431。

◆ 5.——江樹生譯註，《熱蘭遮城日誌》第四冊，臺南：臺南市政府，2011。頁 477-479。

◆ 6.——江樹生譯註，《熱蘭遮城日誌》第四冊，臺南：臺南市政府，2011。頁 524、526。

◆ 7.——江樹生譯註，《熱蘭遮城日誌》第四冊，臺南：臺南市政府，2011。頁 602。

◆ 8.——Philippus Daniel Meij van Meijensteen 著，江樹生譯註，《梅氏日記：荷蘭土地測量師看鄭成功》，臺北：英文漢聲，2003。頁 58。

◆ 9.——江樹生譯註，《熱蘭遮城日誌》，第四冊，臺南：臺南市政府，2011。頁 630。

◆ 10.——C.E.S.著，W.Campbell 英譯，林野文漢譯，《被遺誤的臺灣：荷鄭台江決戰始末記》，臺北：前衛，2011。頁 159。

◆ 11.——江樹生譯註，《熱蘭遮城日誌》第四冊，臺南：臺南市政府，2011。頁 759。

13 末代臺灣長官揆一

◆ 1.——翁佳音，〈歷史上的揆一王們：一封家書的另註〉，《歷史臺灣：國立臺灣歷史博物館館刊》7。頁 157-170。

◆ 2.——江樹生譯註，《熱蘭遮城日誌》第四冊，臺南：臺南市政府，2011。頁 430-432。

◆ 3.——楊英，《從征實錄》，「臺灣文獻叢刊」32，臺北：臺灣銀行經濟研究室，1959。頁 191。

◆ 4.——江日昇，《臺灣外記》，「臺灣文獻叢刊」60，臺北：臺灣銀行經濟研究室，1957。頁 178。

◆ 5.——VOC 1234,fol.215-252, 福爾摩沙島淪陷約三個月後，東印度總督向董事會報告時加重咎責於揆一。

◆ 6.——江樹生譯註，《熱蘭遮城日誌》第四冊，臺南：臺南市政府，2011。頁 788、800。

14 帶槍投靠症候群

◆ 1.——范承勛、張毓碧編纂，《雲南府志》，卷 5〈沿革〉，臺北：成文，1989。頁 124。

◆ 2.——孫旭撰，〈平吳錄〉頁 1，收於《辛巳叢編》，臺北：藝文印書館，1972。

◆ 3.——夏琳，《閩海紀要》，「臺灣文獻叢刊」11，臺北：臺灣銀行經濟研究室，1958。頁 8-9

◆ 4.——施琅，《靖海紀事》，附錄〈施壯襄受降辯〉，光緒元年南潯施氏刻本。

◆ 5.——夏琳，《閩海紀要》，「臺灣文獻叢刊」11，臺北：臺灣銀行經濟研究室，1958。頁 17。

◆ 6.——江日昇，《臺灣外記》，「臺灣文獻叢刊」60，臺北：臺灣銀行經濟研究室，1957。頁 298。

◆ 7.——1659 年 3 月 1 日、1659 年 4 月 21 日之臺灣評議會決議錄。參見 C.E.S 著，W.Campbell 英譯，林野文漢譯，《被遺誤的臺灣：荷鄭台江決戰始末記》，臺北：前衛，2011。頁 40-43。

◆ 8.——楊英，《從征實錄》，「臺灣文獻叢刊」32，臺北：臺灣銀行經濟研究室，1958。頁 113。

◆ 9.——江樹生譯註，《熱蘭遮城日誌》第三冊，臺南：臺南市政府，2003。頁 295。

◆ 10.——江樹生譯註，《熱蘭遮城日誌》第四冊，臺南：臺南市政府，2011。頁 443、483、491、584、

602、625、626、640、662、736、738。

◆ 11.——村上直次郎日譯、中村孝志校註，程大學中譯，《巴達維亞城日誌》第三冊，南投，臺灣省文獻會，1990。頁 320。

15 國姓爺的兩張明牌

◆ 1.——夏琳，《閩海紀要》，「臺灣文獻叢刊」11，臺北：臺灣銀行經濟研究室，1958。頁 2-4。

◆ 2.——楊英，《從征實錄》，「臺灣文獻叢刊」32，臺北：臺灣銀行經濟研究室，1958。頁 18。

◆ 3.——江樹生譯註，《熱蘭遮城日誌》第三冊，臺南；臺南市政府，2003。頁 332、356。

◆ 4-7.——同註 2。

◆ 8.——江日昇，《臺灣外記》，「臺灣文獻叢刊」60。臺北：臺灣銀行經濟研究室，1957。頁 210-211。

◆ 9.——江樹生譯註，《梅氏日記：荷蘭土地測量師看鄭成功》，臺北：英文漢聲，2003。頁 36。

◆ 10.——翁佳音，〈鄭荷戰史補遺：江樹生譯註《梅氏日記》的迴響〉，《歷史月刊》187，頁 10-15。

◆ 11.——江樹生譯註，《熱蘭遮城日誌》第四冊，臺南；臺南市政府，2011。頁 778。

◆ 12.——服部誠一，《通俗征清戰記》第 162 回，〈高島將軍詣國姓爺廟〉，東京：東京圖書，1897。頁 392-393。

16 把臺灣還給荷蘭！

◆ 1.——Cort berigt gedaan bij ondergeschreven. Alexander van s-Gravenbroek …den tegenwoordigen stand,ende gelgenteheijt van Formosa.；VOC 1415, fol. 957.

◆ 2.——鄭經，〈嗣封世子札致荷蘭出海王〉，1998 年鄭瑞明教授於荷蘭萊頓大學手抄本。

◆ 3.——W. Ph. Coolhaas(ed.), *Generale Missiven van Gouverneur-Generaal en Raden aan Heren XVII der Verenigde Oostindische Compagnie. Deel III: 1655-1674.*('s-Gravenhage: Martinus Nijhoff, 1968), p. 747.；翁佳音，〈17 世紀後半的漳州海商與通事〉，《歷史臺灣》6，頁 7-24。

◆ 4.——江日昇，《臺灣外記》，「臺灣文獻叢刊」60。臺北：臺灣銀行經濟研究室，1959。頁 363。

◆ 5.——翁佳音，〈17 世紀後半的漳州海商與通事〉，《歷史臺灣》6，頁 7-24。

◆ 6.——徐珂編撰，《清稗類抄》第 11 冊，〈戲劇類〉，北京：中華書局，1986。

◆ 7.——《清聖祖實錄選輯》，「臺灣文獻叢刊」165。臺北：臺灣銀行經濟研究室，1963。頁 129。

◆ 8.——李光地著，陳祖武點校，《榕村語錄、榕村續語錄》，北京：中華書局，1995。頁 709。

17 臺灣的反抗事件 1636-1730

◆ 1.——表列之小琉球清剿事件為荷蘭人的報復行動，非屬反抗事件。詳見：〈小琉球人滅族記〉，本書第 118 頁。

◆ 2.——〈朱一貴供詞〉，收於《臺案彙錄己集》，「臺灣文獻叢刊」191，臺北：臺灣銀行經濟研究室，1964。頁 2-3。

◆ 3.——1730 年以前之清朝反抗事件，參見：劉良璧纂輯，《重修福建臺灣府志》卷 19〈雜記〉，臺北：遠流，2005。

◆ 4.——〈朱一貴謀反殘件〉，收於《臺案彙錄己集》，「臺灣文獻叢刊」191，臺北：臺灣銀行經濟研究室，

1964。頁 4-16。

◆ 5.──季麒光，〈條陳臺灣事宜文〉，收於《臺灣縣志》，「臺灣文獻叢刊」103，臺北：臺灣銀行經濟研究室，1961。頁 229。

◆ 6.──藍鼎元，〈與吳觀察論治臺灣事宜書〉，收於《平臺記略》，「臺灣文獻叢刊」14。臺北：臺灣銀行經濟研究室，1958。頁 53。

III 翻轉 傳承‧轉轍‧尋跡

01 逐鹿虎尾壠

◆ 1.──永積洋子，〈由荷蘭史料看十七世紀的臺灣貿易〉，《中國海洋發展史論文集》第七輯，臺北：中央研究院社會科學研究所。1999。頁 37-57。

◆ 2.──江樹生，〈梅花鹿與早期臺灣歷史關係之研究〉，收於《檔案敘事：早期台灣史研究論文集》，臺南：國立臺灣歷史博物館，2016。頁 79-81

◆ 3.──*DZI*，p. 377.；江樹生譯註，《熱蘭遮城日誌》第一冊，臺南：臺南市政府，1999。頁 354。

◆ 4.──翁佳音，〈虎尾人的土地與歷史〉演講稿，發表於中央研究院歷史語言研究所，1992。

◆ 5.──江樹生譯註，《熱蘭遮城日誌》第一冊，臺南：臺南市政府，1999。頁 245、257、284。

◆ 6.──江樹生譯註，《熱蘭遮城日誌》第一冊，臺南：臺南市政府，1999。頁 352-355。

◆ 7.──江樹生譯註，《熱蘭遮城日誌》第二冊，臺南：臺南市政府，2002。頁 10-11。

◆ 8.──藍鼎元，《平臺紀略》，「臺灣文獻叢刊」14。臺北：臺灣銀行經濟研究室，1958。頁 3。

02 從「逐鹿」到「駛牛」

◆ 1.──《明史‧陳登雲傳》、《咸豐青州府志‧陳其猷傳》、《寒支初集‧黃槐開傳》。

◆ 2.──村上直次郎譯注、中村孝志校注，《バタヴィア城日誌》第一冊，頁 299；中村孝志著，吳密察、翁佳音編，《荷蘭時代臺灣史研究》（上），頁 74；翁佳音，〈地方會議、贌社與王田〉，收於《荷蘭時代臺灣史的連續性問題》，頁 77-105。

◆ 3.──蔡郁蘋，〈梅毒‧妓女‧山歸來：十七～十八世紀東亞貿易文化交流之一環〉，《成大歷史學報》44：145-186。

◆ 4.──翁佳音，〈從舊地名與古地圖看臺灣近代初期史〉，收於國立歷史博物館編，《臺灣史十一講》，臺北：國立歷史博物館。2007。頁 70-85。

◆ 5.──「甲／Kae」源自 akker，是以訛傳訛。荷文 akker、英文 acre（英畝），都源自拉丁文 ager。1 akker =4,292m2，1 acre=4046m2，二者相差不大；但是，1 甲 =9699m2（0.9699 公頃），是 1 akker 的 2.26 倍，兩者差距甚大。荷蘭文獻說："jaarlijcx voor 't gebruyck van ijder kae (dat is ongeveer een morgen) lants,aen d' E.Compe te betaelen twee realen van achten."意即：每年按慣例，每 1 kae（大約為 1 morgen）土地應向公司支付 2 里爾。〔參見：VOC 1148, fol. 248r.〕

◆ 6.──東印度總督與東印度評議會 1647 年 7 月 11 日致臺灣評議會議長函，VOC 871:287-313, fol. 299.

◆ 7.──徐宗幹，《斯未信齋雜錄》，「臺灣文獻叢刊」93，臺北：臺灣銀行經濟研究室。1960。頁 73。

◆ 8.——VOC 1213, fol. 634、fol.702.
◆ 9.——江樹生譯註，《熱蘭遮城日誌》第三冊，臺南：臺南市政府，2003。頁 38、44、52。
◆ 10.——郁永河，《裨海紀遊》，「臺灣文獻叢刊」44。臺北：臺灣銀行經濟研究室，1959。頁 133。

03 什一稅與萬萬稅

◆ 1.——《臺灣決議錄》，1625 年 7 月 1 日。VOC 1098. fol. 351.
◆ 2.——江樹生譯註，《熱蘭遮城日誌》第一冊，臺南：臺南市政府，1999。頁 394。VOC 1128. fol. 476.
◆ 3.——江樹生譯註，《熱蘭遮城日誌》第一冊，臺南：臺南市政府，1999。頁 308-309；VOC 1148, fol. 343-344.
◆ 4.——徐孚遠著，《釣璜堂存稿》卷 2，〈白足婦謠〉。國家圖書館館藏 1926 年姚光懷廎刊本，頁 353。
◆ 5.——夏琳，《海紀輯要》，「臺灣文獻叢刊」22，臺北：臺灣銀行經濟研究室，1958。頁 44。
◆ 6.——江日昇，《臺灣外記》，「臺灣文獻叢刊」60。臺北：臺灣銀行經濟研究室。1957。頁 345。
◆ 7.——高拱乾，《臺灣府志》，「臺灣文獻叢刊」65。臺北：臺灣銀行經濟研究室。1960。頁 186、288。
◆ 8.——陳文達，《臺灣縣志》，「臺灣文獻叢刊」103。臺北：臺灣銀行經濟研究室。1961。頁 60。
◆ 9.——黃叔璥，《臺海使槎錄》，「臺灣文獻叢刊」4。臺北：臺灣銀行經濟研究室，1957。頁 21。
◆ 10.——《欽定平定臺灣紀略》，「臺灣文獻叢刊」102。臺北：臺灣銀行經濟研究室，1960。頁 83。
◆ 11.——翁佳音，〈地方會議、贌社與王田〉，收於《荷蘭時代臺灣史的連續性問題》，臺北：稻鄉。頁 77-105。

04 荷蘭人的臺式管理

◆ 1.——VOC 1131, fol. 714-715.
◆ 2.——Elie Ripon 著，包樂史、鄭維中、蔡香玉校注；賴慧芸譯，《利邦上尉東印度航海歷險記：一位傭兵的日誌 1617-1627》，臺北：遠流，2012。頁 125。
◆ 3.——W. Ginsel 著，翁佳音譯註，〈臺灣基督教奠基者康德（康第紐斯）牧師：荷蘭時代臺灣教會史，《臺灣文獻》52:2，頁 271-292。
◆ 4.——VOC 1206, fol. 222.
◆ 5.——VOC 1183, fol. 676.（Vitok 事）；VOC1158，fol. 666.（Twakam 事）。
◆ 6.——VOC 1128, fol. 441-445.
◆ 7.——VOC 1228, fol. 613.
◆ 8.——VOC 1235, fol. 652；VOC 1128, fol. 449.
◆ 9.——VOC 1123, fol. 895-896；VOC 1123, fol. 872.
◆ 10.——VOC 1128, fol. 473.
◆ 11.——VOC 1206, fo1. 509-510.
◆ 12.——VOC 1222, fol. 148.
◆ 13.——郁永河，《鄭氏逸事》，「臺灣文獻叢刊」44，臺北：臺灣銀行經濟研究室。1959。頁 50。
◆ 14.——《清聖祖實錄選輯》，康熙六十一年，「臺灣文獻叢刊」165，臺北：臺灣銀行經濟研究室。

1963。頁 177-178。

05 天災、疫情與醫療

◆ 1.——江樹生譯註，《熱蘭遮城日誌》第四冊，臺南：臺南市政府，2011。頁 322-323。
◆ 2.——William M. Cambell, *Formosa under the Dutch:Described from Contemporary Records.* (London: Kegan Paul, Trench, Trübner & Co., 1903), p.290.；江樹生譯註，《熱蘭遮城日誌》第三冊，頁 289。
◆ 3.——江樹生譯註，《熱蘭遮城日誌》第三冊，臺南：臺南市政府，2003。頁 341-348。
◆ 4.——VOC 1172, fol. 82；程紹剛譯註，《荷蘭人在福爾摩沙》，臺北：聯經。2000。頁 315。
◆ 5.——翁佳音，〈新港有個臺灣王：十七世紀東亞國家主權紛爭小插曲〉，《臺灣史研究》15:2。頁 1-36。荷蘭文獻記為「天花」，日文文獻記為「疱瘡」。
◆ 6.——杜赫德編，鄭德弟等譯，《耶穌會士中國書簡集：中國回憶錄》第一卷。鄭州：大象，2001。頁 290。
◆ 7.——郁永河，《裨海紀遊》，「臺灣文獻叢刊」44。臺北：臺灣銀行經濟研究室，1959。頁 17。
◆ 8.——阮蔡文，〈祭淡水將士文〉，「臺灣文獻叢刊」141。臺北：臺灣銀行經濟研究室。1958。頁 262。
◆ 9.——酒井靜，〈明治維新之際日本醫學往西洋醫學之轉換〉，發表於中研院史語所「生命醫療史研究室」專題演講；酒井シヅ，〈全身麻下で乳ガンの摘出手術に初めて成功した華岡青洲〉。

06 理髮師與外科醫生

◆ 1.——翁佳音，〈醫院、理髮師與外科醫生：十七世紀臺灣醫療史片段〉，臺灣醫學史學會主辦「臺灣醫學與護理人文研討會」論文，2009.8.29。
◆ 2.——關於歐洲近現代解剖學史，參見：陳樂元，〈解剖教室的轉變與體制化：以十八世紀法國解剖教室為例的探討〉，《思與言》48:3，頁 37-95。
◆ 3.——翁佳音，〈醫院、理髮師與外科醫生：十七世紀臺灣醫療史片段〉，臺灣醫學史學會主辦「臺灣醫學與護理人文研討會」論文，2009.8.29。
◆ 4.——江樹生譯註，《熱蘭遮城日誌》第四冊，臺南：臺南市政府，2011。頁 478。
◆ 5.——江樹生譯註，《熱蘭遮城日誌》第三冊，臺南：臺南市政府，2003。頁 356。

07 從監察特使到巡臺御史

◆ 1.——江樹生譯註，《熱蘭遮城日誌》第四冊，臺南：臺南市政府，2011。頁 298。
◆ 2.——江樹生譯註，《熱蘭遮城日誌》第一冊，臺南：臺南市政府，1999。頁 459。
◆ 3.——江樹生譯註，《熱蘭遮城日誌》第三冊，臺南：臺南市政府，2003。頁 241；VOC 1182, fol. 273-342.
◆ 4.——翁佳音，〈歷史上的揆一王們：一封家書的另註〉，《歷史臺灣：國立臺灣歷史博物館館刊》第七期，臺南：國立臺灣歷史博物館。頁 157-178。
◆ 5.——同註 4。
◆ 6.——江樹生譯註，《熱蘭遮城日誌》第三冊，臺南：臺南市政府，2003。頁 260-261。
◆ 7.——江樹生譯註，《熱蘭遮城日誌》第三冊，臺南：臺南市政府，2003。頁 280。

◆ 8.──郭建，《衙門開幕》，臺北：實學社，2003。頁 171-185；194-212。

◆ 9.──〈朱一貴供詞〉，收於《臺案彙錄己集》，「臺灣文獻叢刊」191。臺北：臺灣銀行經濟研究室，1964。頁 2-3。

◆ 10.──《清聖祖實錄選輯》，「臺灣文獻叢刊」165。臺北：臺灣銀行經濟研究室，1963。頁 174-175。

◆ 11.──徐宗幹，〈答王素園同年書〉，收於《治臺必告錄》，「臺灣文獻叢刊」17。臺北：臺灣銀行經濟研究室，1959。頁 349。

08 鄭成功的國土計畫

◆ 1.──江樹生譯註，《梅氏日記：荷蘭土地測量師看鄭成功》，臺北：英文漢聲，2003。頁 50-51；70-71。

◆ 2.──VOC 1235, fol. 520-522；江樹生譯註，《熱蘭遮城日誌》第四冊，頁 417-419。

◆ 3.──楊英，《從征實錄》，「臺灣文獻叢刊」32，臺北：臺灣銀行經濟研究室，1958。頁 185。

◆ 4.──同註 3。頁 189-190。

◆ 5.──江樹生譯註，《梅氏日記：荷蘭土地測量師看鄭成功》，臺北：英文漢聲，2003。頁 49-51，頁 64。

◆ 6.──江樹生，〈鄭成功在臺南〉，臺南市政府、國立成功大學主辦「海洋臺灣與鄭氏王朝學術研討會」論文，2007。

◆ 7.──江日昇，《臺灣外記》，「臺灣文獻叢刊」60，臺北：臺灣銀行經濟研究室，1960。頁 205。

09 一條辮子兩種天地

◆ 1.──VOC 1129, fol. 109-110.

◆ 2.──楊英，《從征實錄》，「臺灣文獻叢刊」32，臺北：臺灣銀行經濟研究室，1958。頁 43。

◆ 3.──同註 2。頁 47-48。

◆ 4.──同註 2。頁 59。

◆ 5.──江日昇，《臺灣外記》，「臺灣文獻叢刊」60。臺北：臺灣銀行經濟研究室，1958。頁 352。

◆ 6.──英國牛津大學飽蠹樓（Bodleian Library, University of Oxford）典藏〈大明永曆三十一年大統曆〉；佩比斯圖書館（Pepys' Library, Magdalene College）典藏〈大明中興永曆二十五年大統曆〉。

◆ 7.──江日昇，《臺灣外記》，「臺灣文獻叢刊」60。臺北：臺灣銀行經濟研究室，1958。頁 236。

◆ 8.──鄭經，〈鄭經覆孔元章書〉，《明清臺灣檔案彙編》第 1 輯第 7 冊，臺北：遠流，2004。頁 59-60。

10 政權輪替下的鉅變

◆ 1.──施琅，〈舟師抵臺灣疏〉，收於《靖海紀事》，「臺灣文獻叢刊」13。臺北：臺灣銀行經濟研究室，1958。頁 51。

◆ 2.──《聖祖仁皇帝實錄》，康熙八年六月戊寅，北京：中華書局，1985。

◆ 3.──楊英，《從征實錄》，「臺灣文獻叢刊」32。臺北：臺灣銀行經濟研究室，1958。頁 189。

◆ 4.──季麒光，〈條陳臺灣事宜文〉、〈又豫計糖額詳文〉，收於《福建通志臺灣府》，「臺灣文獻叢刊」

84。臺北：臺灣銀行經濟研究室，1960。頁 157、170。

◆5.──高其倬，〈閩浙總督高其倬奏聞事摺〉，《雍正硃批奏摺選輯》，「臺灣文獻叢刊」300。臺北：臺灣銀行經濟研究室，1972。頁 113。

◆6.──臨時臺灣土地調查局編，《大租取調書附屬參考書》上卷，臺北：臨時臺灣土地調查局，1904。頁 7。

◆7.──參見黃富三，《臺灣水田化運動先驅：施世榜家族史》，南投：國史館臺灣文獻館，2006。

11 康熙皇帝與臺灣

◆1.──徐珂，《清稗類鈔》冊 11，上海：商務印書館，1917。

◆2.──〈閩浙總督范時崇奏謝御批臺灣開荒並丁糧入畝事摺〉，《康熙朝漢文硃批奏摺匯編》第 6 冊。北京：中國檔案，1985。頁 192。

◆3.──藍鼎元，〈覆制軍經理臺疆書〉、〈覆制軍遷民劃界書〉，收於《東征集》，「臺灣文獻叢刊」12。臺北：臺灣銀行經濟研究室，1958。頁 33、40。

◆4.──黃叔璥，《臺海使槎錄》，「臺灣文獻叢刊」4，臺北：臺灣銀行經濟研究室，1957。頁 18。

◆5.──《清代官書記明臺灣鄭氏亡事》，「臺灣文獻叢刊」174，臺北：臺灣銀行經濟研究室，1963。頁 16。

◆6.──蔣廷錫等纂，《大清一統志》卷 271，武英殿刻本，1743。

IV 傳奇 奇遇・奇談・神會

01 東番女「娶」了紅毛番

◆1.──W. Ginsel 著，翁佳音譯註，〈臺灣基督教奠基者康德（康第紐斯）牧師：荷蘭時代臺灣教會史，《臺灣文獻》52:2。頁 271-292。

◆2.──翁佳音，〈臺南姑娘「娶」荷蘭臺灣長官〉，《歷史月刊》245，頁 55-59。Poeloehee 有不同的拼寫方式，參見 VOC 1100, fol. 13-14.

◆3.──Leupe, P.A., *Stukken betrekkelijk Pieter Nuyts, gouverneur van Taqueran [i.e. Tayouan], 1631-1634.* [Holland?] 1853.

◆4.──江樹生主譯註，《荷蘭聯合東印度公司臺灣長官致巴達維亞總督書信集Ⅴ》，國史館臺灣文獻館、國立臺灣歷史博物館，2015。頁 918。

◆5.──江樹生譯註，《熱蘭遮城日誌》第三冊，臺南：臺南市政府，2003。頁 329。

◆6.──韓家寶、鄭維中譯著，《荷蘭時代臺灣告令集：婚姻與洗禮登記簿》，臺北：曹永和文教基金會，2005。頁 269-315。

◆7.──江樹生譯註，《熱蘭遮城日誌》第四冊，臺南：臺南市政府，2011。頁 803。

◆8.──*Daghregister van de gelegentheijt in het overvalle van Cocxinja gehouden bij den politiecq Hendrick Noorden. beginnende 1 Maij 1661 en eijndigende 3 februarij 1662. In het jacht Anckeveen, 10 Februarij 1662.*；VOC1238, fol.915-950.

02 萬能萬用傳教士

◆ 1.——W. Ginsel 著，翁佳音譯註，〈臺灣基督教奠基者康德（康第紐斯）牧師：荷蘭時代臺灣教會史，《臺灣文獻》52:2，頁 271-292。

◆ 2.——翁佳音，〈我的女王，安平街香消玉殞〉，Kaim Ang 的 facebook，2016 年 3 月 18 日（https://www.facebook.com/）

◆ 3.——江樹生主譯註，《荷蘭聯合東印度公司臺灣長官致巴達維亞總督書信集III》，國史館臺灣文獻館 · 國立臺灣歷史博物館，2015。頁 122。另參見 William M. Campbell 著，李雄揮譯，《荷據下的福爾摩沙》，臺北：前衛，2003。頁 149。

◆ 4.——江樹生譯註，《熱蘭遮城日誌》第一冊，臺南：臺南市政府，1999。頁 378-379。

◆ 5.——中村孝志撰，賴永祥、王瑞徵譯，〈荷蘭人對臺灣原住民的教化：以一六五九年中南部視察報告為中心而述〉，《臺灣研究初集》，臺北：譯者印行，1970。

◆ 6.——江樹生譯註，《熱蘭遮城日誌》第一冊，臺南：臺南市政府，1999。頁 389。

◆ 7.——W. Ginsel 著，翁佳音譯註，〈臺灣基督教奠基者康德（康第紐斯）牧師：荷蘭時代臺灣教會史，《臺灣文獻》52:2，頁 271-292。

◆ 8.——林昌華，〈追尋華武壟：以荷蘭文獻重構華武壟（Favorlong）民族誌〉，《臺灣教育史研究會通訊》第 63 期，2009.11。

◆ 9.——William M. Campbell 著，李雄揮譯，《荷據下的福爾摩沙》，臺北：前衛，2003。頁 198-199。

◆ 10.——江樹生譯註，《熱蘭遮城日誌》第二冊，臺南：臺南市政府，2002。頁 15。

◆ 11.——江樹生譯註，《熱蘭遮城日誌》第三冊，臺南：臺南市政府，2003。頁 244。

03 韓布魯克牧師受難記

◆ 1.——參見：Johannes Nomsz. 著，王文萱中譯，翁佳音校注，《福爾摩沙圍城悲劇》，臺南：國立臺灣歷史博物館，2013。頁 305-317。

◆ 2.——近松門左衛門，《國性爺合戰》，東京：早稻田大學古典籍総合データベース。

◆ 3.——江樹生譯註，《熱蘭遮城日誌》第四冊，臺南：臺南市政府，2010。頁 440；VOC 1235,fol.555.

◆ 4.——江樹生，〈鄭成功在臺南〉，「海洋臺灣與鄭氏王朝學術研討會」論文，臺南：國立成功大學，2007。

◆ 5.——翁佳音，〈1661 年的戲裡戲外〉，《福爾摩沙圍城悲劇》，臺南：國立臺灣歷史博物館，2013。頁 305-317。

◆ 6.——翁佳音，〈鄭荷戰史補遺：江樹生譯註《梅氏日記》的迴響〉，《歷史月刊》187，頁 10-15。

◆ 7.——江樹生譯註，《熱蘭遮城日誌》第四冊，臺南：臺南市政府，2011。頁 799；VOC 1238,fol.764、768.

04 東西方神明交會

◆ 1.——翁佳音，〈影像與想像：從十七世紀荷蘭圖畫看臺灣漢番風俗〉，收於國立臺灣歷史博物館籌備處主編：《荷蘭時期臺灣圖像國際研討會：從時間到空間的歷史詮釋》，頁 69。

◆ 2.——《新約聖經 · 馬太福音》第四章，35-41 節。

◆ 3.——江樹生譯著，《熱蘭遮城日誌》第四冊，臺南：臺南市政府，2011。頁 143。

◆ 4.——江樹生譯著，《熱蘭遮城日誌》第四冊，臺南：臺南市政府，2011。頁 453。

◆ 5.——William M. Campbell, *Op. cit.*, p.510.

◆ 6.——董應舉〈與南二太公祖書〉、施琅《靖海紀事》等文獻皆記「娘媽宮」。

◆ 7.——Olfert Dapper, *Gedenkwaerdig Bedryf der Nederlandsche Oost-Indische Maetschappye, op de Kuste en in het Keizerrijk van Taising of Sina……,*(Amsterdam:Jacob van Meurs.,1671)

◆ 8.——施琅，〈靖海將軍侯福建提督施為神靈顯助破逆請乞皇恩崇加敕封事〉，「臺灣文獻叢刊」77，臺北：臺灣銀行經濟研究室，1960。頁 11-13。

◆ 9.——周文元纂輯，《重修臺灣府志》，「臺灣文獻叢刊」66，臺北：臺灣銀行經濟研究室，1958。頁 212。

◆ 10.——《清聖祖實錄選輯》，康熙二十五年冬十二月十六日、康熙二十七年秋七月十五日條，「臺灣文獻叢刊」165，臺北：臺灣銀行經濟研究室，1963。頁 138、141。

05 在臺奴隸的一頁滄桑

◆ 1.——江樹生譯註，《熱蘭遮城日誌》第四冊，臺南：臺南市政府，2011。頁 782。

◆ 2.——江樹生譯註，《熱蘭遮城日誌》第一冊，臺南：臺南市政府，1999。頁 252。

◆ 3.——江日昇，《臺灣外記》「臺灣文獻叢刊」60。臺北：臺灣銀行經濟研究室，1957。頁 382。

◆ 4.——C. R. Boxer, *The Rise and Fall of Nicolas Iquan*, (Shanghai:T'ien Hsia Monthly, 11:5,1941), p. 437.

06 福爾摩沙島奇異記

◆ 1.——Albrecht Herport, *Eine Kurtze Ostindianisch Reiss-Beschreibung,...sonderlich der chinesischen Belagerung der Insul Formosa.*,p. 51.；荷文本 p. 147.；翁佳音，〈鹽水溪歷史之夢：國王魚的故事〉，「臺灣文化的流變與創新」讀書會演講稿。臺南：國立成功大學，2012.1.22.

◆ 2.——江樹生譯註，《熱蘭遮城日誌》第一冊，臺南：臺南市政府。1999。頁 391。

◆ 3.——Jan Jansz. Struys, *The voyages and travels of John Struys through Italy, Greece, Muscovy, Tartary, Media, Persia, East-India, Japan, and other countries in Europe, Africa and Asia*, (London: A. Swalle, 1684), p. 57.

◆ 4.——翁佳音，〈虛實之間的臺灣〉，收於《百年觀點：史料中的臺灣・原住民及臺東》特展導覽專刊。臺東：國立臺灣史前文化博物館，2007。頁 60-63。

◆ 5.——江樹生譯註，《熱蘭遮城日誌》第二冊，臺南：臺南市政府。2002。頁 32；翁佳音，《大臺北古地圖考釋》，第 2 章〈基隆河流域：一號至十七號地圖解讀〉，臺北：臺北縣立文化中心，1998。

◆ 6.——曹永和、包樂史，〈小琉球原住民的消失：重拾失落臺灣歷史之一頁〉，《臺灣早期歷史研究續集》，臺北：聯經。2000。頁 185-238。

◆ 7.——翁佳音、陳孟欣，〈陽明山地區族群變遷與古文書研究〉，內政部營建署陽明山國家公園管理處委託研究報告，2006.12。

◆ 8.——江樹生譯註，《熱蘭遮城日誌》第二冊，臺南：臺南市政府。2002。頁 642。

◆ 9.——江日昇，《臺灣外記》，「臺灣文獻叢刊」60，臺北：臺灣銀行經濟研究室，1959。頁 405。

07 東沙島漂流記

◆ 1.——江樹生譯註，《熱蘭遮城日誌》第三冊，臺南：臺南市政府，2003。頁 364。

◆ 2.——江樹生譯註，《熱蘭遮城日誌》第三冊，臺南：臺南市政府，2003。頁 388-389。

◆ 3.——吳美雲編，《十七世紀荷蘭人繪製的臺灣老地圖・解讀篇》，《漢聲雜誌》106，頁 68-69。

◆ 4.——William Dampier, *A New Voyage round the World* ,vol. Ⅰ , chapter 15. (London,1699)

◆ 5.——陳天錫編，《東沙島成案彙編》，收於《西沙島東沙島成案彙編》，上海：商務，1928，頁 69-72。

◆ 6.——馬有成，〈美哉海洋國家公園：東沙島歷史寫真〉，《檔案樂活情報》第 64 期，2012.10。

◆ 7.——中華民國海軍陸戰隊四一四營支援連撰，〈東沙大王廟誌〉，1999。

08 東西方貨幣通臺灣

◆ 1.——江樹生譯註，《熱蘭遮城日誌》第二冊，臺南；臺南市政府，2003。頁 471。

◆ 2.——江樹生譯註，《熱蘭遮城日誌》第四冊，臺南；臺南市政府，2011。頁 360。

◆ 3.——江日昇，《臺灣外記》，「臺灣文獻叢刊」60。臺北：臺灣銀行經濟研究室。1957。頁 123。

◆ 4.——朱仕玠，《小琉球漫誌》，「臺灣文獻叢刊」3。臺北：臺灣銀行經濟研究室。1957。頁 65。

◆ 5.——朱景英，《海東札記》，「臺灣文獻叢刊」19。臺北：臺灣銀行經濟研究室，1958。頁 52。

◆ 6.——劉克竑，〈古笨港溪遺址出土的古代銅錢〉，《國立自然科學博物館館訊》第 275 期。

◆ 7.——《臺灣私法商事編》，第一章〈禁用私錢以除民害而益地方議〉，「臺灣文獻叢刊」91，臺北：臺灣銀行經濟研究室，1961。頁 46。

09 多元文化在臺相遇

◆ 1.——參見：1882 年荷蘭政府於巴達維亞刊行之《荷華文語類參》、《廈荷字典》等。

◆ 2.——J.A.Grothe, *Archief voor de geschiedenis der Hollandsche zending, deel 4.Formosa,1643-1661.* (Utrecht,1887). pp.199-200；翁佳音，〈原住民語言中的外來語〉，收於《異論臺灣史》，臺北：稻鄉，2001。頁 107-110。

◆ 3.——黃宗羲，《賜姓始末》，「臺灣文獻叢刊」25，臺北：臺灣銀行經濟研究室，1957。頁 7。

◆ 4.——陳元圖，〈寧靖王傳〉，收於《臺灣府志》，「臺灣文獻叢刊」65，臺北：臺灣銀行經濟研究室，1960。頁 254-256。

◆ 5.——翁佳音，〈史實與詩：明末清初流寓文人沈光文的虛與實〉，《文史臺灣學報》7：9-37。文中指出：歷史敘述者多將一己之史觀投射在沈光文身上，形成「層層的歷史歙服」，以致埋沒了文獻中的明顯史實。

◆ 6.——I.V. K. B, trans., *Verhaal van de verövering van 't Eylant Formosa, door de Sinesen, op den 5 Julii, 1661.*

◆ 7.——Olfert Dapper, *Gedenkwaerdig Bedryf der Nederlandsche Oost-Indische Maetschappye, op de Kuste en in het Keizerrijk van Taising of Sina.* (Amsterdam:Jacob van Meurs.1670), pp.372-373

◆ 8.——蔣毓英，《臺灣府志》收入《康熙福建通志臺灣府、臺灣府志》，臺北：遠流，2004。

◆ 9.——〈臺灣圖說〉，「臺灣文獻叢刊」155，臺北：臺灣銀行經濟研究室，1962。頁 98；高拱乾《臺灣府志》，卷 1〈封域志〉。頁 4。

10 福爾摩沙、臺灣府人口

◆ 1.——中村孝志，許賢瑤譯，〈村落戶口調查所見的荷蘭之臺灣原住民統治〉，《臺灣風物》40:2。頁

89-103。

◆ 2.——江樹生譯註，《熱蘭遮城日誌》第三冊，臺南：臺南市政府。2003。頁 234。

◆ 3.——江樹生，〈荷據時期臺灣的漢人人口變遷〉，《媽祖信仰國際學術研討會論文集》，雲林：財團法人北港朝天宮董事會；臺灣省文獻委員會，1997。頁 11-29。

◆ 4.——蔣毓英，《臺灣府志》，卷 5〈風俗〉。有關人口統計參見：鄭喜夫，〈明清晚期臺灣之租稅〉，收於《臺灣經濟史十一集》，臺北：臺灣銀行經濟研究室。1974。頁 97-115。

◆ 5.——《清實錄：聖祖仁皇帝實錄》卷 248，康熙五十一年二月壬午。北京：中華書局，1985。

◆ 6.——清初臺灣人口統計有三大盲點，一為鄭氏時期統計基礎薄弱，一為鄭清戰爭及兵民大量編遣，一為清朝地方官之隱匿戶口。1684 年全臺總人口 10-12 萬人，僅為概估。

◆ 7.——江樹生譯註，《熱蘭遮城日誌》第三冊，臺南：臺南市政府。2003。頁 102。

◆ 8.——江樹生譯註，《熱蘭遮城日誌》第二冊，臺南：臺南市政府。2002。頁 336。

◆ 9.——I. V. K. B, trans.,*Verhaal van de verövering van 't eylant Formosa, door de Sinesen, op den 5 Julii, 1661*: (uyt het Frans vertaalt 1663), pp.3-4.

◆ 10.——鄧孔昭，〈試論清代臺灣的女性移民〉，《臺灣研究集刊》111，頁 78-84。

11 十七世紀臺灣交際語

◆ 1.——洞富雄著，《鐵砲傳來記》，東京：白揚社，1939。

◆ 2.——*Nederlandsche Reizen, 11e deel*, (Amsterdam, 1784), Deel 3, p.52.

◆ 3.——W.P. Groeneveldt, *Eerste Deel: De Eerste Bemoeingen om den Handel inChina en de Vestiging in de Pescadores 1601-1624,*. Bijdragen T. L. en V. van N.I. (BKI) 6e reeks, 4de deel. 1898, p. 167; Leonard Blussé, Natalie Everts, and Evelien Frech (eds.), *The Formosa Encounter*, (Taipei: Sung Ye Museum of Formosan Aborigines,1999), p. 13; DB 1624, p. 25.

◆ 4.——雷爾松司令與福建當局交涉時，有一位通曉葡語的通譯參與其間。又，Domingo 應為西班牙文「先生」之意，並非名字。此人是否即澳門人 Salvador Díaz，待考。

◆ 5.——W. P. Groeneveldt, *op. cit.*, p.115.

◆ 6.——John Wills，〈西班牙文獻中臺灣早期開拓史初探〉，《臺灣地區開闢史料論文集》，臺北：聯經，1996，頁 197-199。

◆ 7.——Rotman, Paulus Olofsz., *Kort verhael van d'avontuerlicke voyagien en reysen van Paulus Olofsz. Rotman*, pp. 24-25;p. 28.

◆ 8.——*DZIV*, p. 96.

◆ 9.——江樹生譯註，《熱蘭遮城日誌》第四冊，頁 504、521。

◆ 10.——P. van der Loon, *The Manila Incunabula and Early Hokkien Studies*,(London:P.Lund, Humphries,1966-1967）

◆ 11.——村上直次郎譯註，《異國往復書翰集 · 增訂異國日記抄》，東京：駿南社，1929。頁 88。

◆ 12.——永積洋子編，《「鎖國」を見直す》，東京：山川出版社，1999。頁 197。

◆ 13.——Chang Hsiu-jung, *A. Farrington et al eds., The English Factory in Taiwan, 1670-1685.* p. 501.

◆ 14.——O. Dapper, *Atlas Chinensis: Being a Second Part of Arelation of Remarkable Passage in two Embassies from the East-India Company of the United Provinces, to the Vice-roy Singlamong and General Taising Lipovi, and to Konchi,*

Emperor of China and East-Tartary,(London, 1671）, p. 154.

◆ 15.——《日本關係海外史料オランダ商館長日記 ・ 原文編之七：oct. 29, 1642- nov. 8, 1643》，東京：東京大學史料編纂所，1989。頁 134-135。

◆ 16.——噶瑪蘭語彙，參見李壬癸編、小川尚義整理，《臺灣蕃語搜錄》，東京：東京外國語大學亞非語言文化研究所，2006。頁 311-312。

12 新港文書解碼

◆ 1.——Joseph Beal Steere, *Formosa and Its Inhabitants.*(Taipei:Institute of Taiwan History Preparatory Office,Academia Sinica,2002), pp. 76-78.

◆ 2.——參見：李壬癸，〈新港文書的收集、整理和解讀〉；翁佳音，〈第二十二號單語新港文書〉，《臺灣史田野研究通訊》12，頁 27-28，1989；翁佳音，〈一件單語新港文書的試解〉，《民族學研究所資料彙編》1，頁 143-152.

◆ 3.——詹素娟，〈新港文書與臺灣史上的族群互動〉，「中研院臺灣史研究所檔案館」

◆ 4.——翁佳音，〈二十三號新港文書與西拉雅族的姓名制考〉，《臺灣史田野研究通訊》13，頁 45-47。

◆ 5.——李壬癸編著，《新港文書研究》，臺北：中央研究院語言學研究所，2010。

【圖片來源】

（數字為頁碼）

◆ 21, 22 右上, 23 下, 25 ①, 44, 65, 67 左, 90, 156, 159, 219 下, 260, 266 左上, 269 ／翁佳音提供

◆ 22 左上, 22 中, 49, 52, 73 上, 87 右, 182, 249 ／美國印地安納大學禮來圖書館（Lilly Library）

◆ 30, 33 右, 37, 41 左, 81, 89 下, 113 右, 133, 161, 174, 216, 226, 227, 258, 263 ／國立臺灣歷史博物館

◆ 22 下, 24 ③, 62, 63 上, 66 ／東京大學史料編纂所

◆ 23 左上, 50, 51, 55, 71, 171, 172, 184, 214, 238, 247, 250, 251, 272 ／《第二、第三次荷蘭東印度公司使節出使大清帝國記》

◆ 23 右上, 23 中, 80, 122, 124, 180, 187 ／《東西印度驚奇旅行記》

◆ 23 下, 219 下／ *Carta hydrographica y chorographica de las Yslas Filipinas*

◆ 24 ②, 42 ／《琉球國志略》

◆ 24 ④, 56 ／《東印度水路誌》

◆ 24 ⑧ 上, 26 中, 105, 189, 193, 279, 281, 291 ／紐約大都會博物館

◆ 24 ⑧ 下, 190 ／大英圖書館

◆ 25 ⑤, 25 ⑥, 76, 77, 79, 84, 86, 112, 116, 121, 136, 144, 145, 150, 153, 168, 183, 188, 208, 210, 212, 213, 228, 232, 241, 243, 244, 248, 253 左, 264, 268, 271, 289 ／荷蘭國家博物館（Rijksmuseum）

◆ 25 ⑦, 69 ／京都清水寺

◆ 26 上, 82 ／呂國正繪

◆ 26 下, 94, 273 ／劉鎮豪繪，遠流資料室提供

◆ 27 右下 ／賴君勝攝，遠流資料室提供

◆ 27 右上, 74, 89 上, 107, 148, 166 上, 240 下 ／《臺灣歷史畫帖》，小早川篤四郎繪製

◆ 31 ／伽利略博物館

◆ 32 ／東北大學附屬圖書館狩野文庫

◆ 33 左 ／國立柏林圖書館

◆ 35 上 ／印地亞斯總檔案館（Archivo General de Indias，西班牙）

◆ 35 左下 ／《三國通覽圖說》

◆ 35 右下, 40, 58, 67 右, 91, 185 ／荷蘭國家檔案館

◆ 36, 38, 39 ／《南蠻紅毛地圖集》

◆ 41 右 ／ *Libro do Estado da India Oriental*

◆ 45 ／《鏡山全集》（崇禎刻本）

◆ 48, 85, 98, 108 ／ François Valentijn《新舊東印度誌》

◆ 61, 163 左 ／英國牛津大學鮑德林圖書館（Bodleian Library）

◆ 63 下 ／中國國家博物館

◆ 72 ／尊經閣文庫

◆ 73 下 ／大阪城天守閣

◆ 75 ／東京三得利美術館

◆ 78 ／ *Atlas of Mutual Heritage*

◆ 59, 83 ／ *Blaeu-Van der Hem Atlas*，奧地利國家圖書館

◆ 87 左, 103 ／馬德里海軍博物館（Museo Naval）

◆ 97 上, 157 左, 157 中 ／黃懷成攝

◆ 97 中, 97 下 ／ John Thomson 攝，蘇格蘭國家圖書館

◆ 99 ／紐約歷史協會圖書館（New-York Historical Society Library）

◆ 100, 163 右, 195 ／國立臺灣博物館

◆ 106, 132, 177, 223 ／美國國會圖書館

◆ 110 ／《萬國新話》

◆ 113 左／ *Wapenhandelingen van Roers, Musquetten ende Spiesen*

◆ 115, 181 ／黃懷成繪

◆ 117 ／華勒斯典藏館（Wallace Collection）

◆ 130 ／ *Streifzüge durch Formosa*，費德廉提供

◆ 135 ／ *Nederlandsche reizen tot bevordering van den koophandel*

◆ 137 ／《臺灣外記》，鮮齋永濯繪製

◆ 140 ／ *Atlas Van Stolk: Katalogus Der Historie-, Spot- En Zinneprenten Betrekkelijk De Geschiedenis Van Nederland*

◆ 146, 147 ／《東印度旅遊見聞》

◆ 154, 167, 246 ／《被遺誤的福爾摩沙》

◆ 157 右／瑞典國立博物館

◆ 164 ／ *The Island of Formosa; Past and Present; History, People, Resources and commercial Prospects*

◆ 165 ／《熱蘭遮城日誌》第四冊

◆ 166 下／石井鄉鄭成功紀念館

◆ 170 ／ *Borts Voyagie naar de kust van China en Formosa*

◆ 175 ／《通俗臺灣軍談》

◆ 186 ／ *De beknopte lant-meet-konst*

◆ 192 ／中央研究院歷史語言研究所

◆ 198 ／ *The Pirate Own Book*

◆ 200, 221 ／ *The Chinese empire illustrated*

◆ 201, 219 上 , 255, 267 ／大英博物館

◆ 203 ／《康熙相簿》

◆ 204 ／松浦史料博物館

◆ 205 ／早稻田大學圖書館

◆ 206 ／普拉多博物館（Museo Nacional del Prado）

◆ 208 ／莫瑞修斯皇家博物館（Mauritshuis Royal Picture Gallery, Hague）

◆ 215 ／ *The Costume of China*

◆ 229 ／吳國聖提供

◆ 236 ／阿姆斯特丹市立檔案館（Stadsarchief Amsterdam）

◆ 237 ／ *An Account of Missionary Success in the Island of Formosa*

◆ 240 上／ National Library of the Netherlands

◆ 245 ／ *Atlas van Stolk*

◆ 253 右／維基共享資源

◆ 254, 266（除左上外）／黃驗提供

◆ 259 下／ *An Historical and Geographical Description of Formosa*

◆ 265 ／基隆市野鳥學會

◆ 267 ／ Mike Peel 攝，維基共享資源

◆ 274 ／郭娟秋攝，遠流資料室提供

◆ 282 ／國家古代藝術博物館（National Museum of Ancient，里斯本）

◆ 286 ／《荷華文語類參》

◆ 288, 290 ／中央研究院臺灣史研究所

十七世紀地名、村社今昔對照表

舊地名 / 村社	今名 / 範圍
高砂國	今臺灣。又稱：高山國、大冤國
大 灣	今安平。又稱：大員、臺員、大圓
新 港	今臺南新市一帶
麻 豆	今臺南麻豆一帶
蕭 壠	今臺南佳里一帶
目加溜灣	今臺南善化一帶
大目降	今臺南新化一帶
大武壠	今臺南大內、玉井一帶
油車行社（Smeerdorp）	今臺南市車行
赤 嵌	今赤崁
加老灣	今鹿耳門一帶
打 狗	今高雄
彭 湖	今澎湖
東 湧	今東引
牡丹社	今屏東牡丹一帶
加六堂	今屏東枋山。又稱：加祿堂
卑 南	今臺東卑南
茄 藤	今屏東東港南平里
大木連	今屏東萬丹一帶
放索社	今高雄、屏東一帶
Dolatock 社	今屏東東港一帶
Knanga 社	今屏東士文
阿猴社	今屏東市一帶
塔樓社	今屏東里港一帶
麻里麻崙	今屏東萬丹一帶
魍 港	今急水溪出海口一帶。又稱：蚊港、蟒港
諸羅城	今嘉義市
肚猫螺（Davole）	今雲林西螺與彰化東螺（二水、北斗）
猫兒干（Vasikan）	今雲林崙背一帶
虎尾壠	新、舊虎尾溪流域之間，今雲林崙背、虎尾一帶。 又譯：華武壠、費佛朗、法波蘭、法佛朗

南　社	今雲林崙背一帶
他里霧	今雲林斗南一帶
棲　林	今彰化二林。又稱：加里林、加二林
半　線	今彰化市
大武郡	今彰化社頭一帶
馬芝遴	今彰化鹿港、福興一帶
猫羅社（Kackarbaroch）	今彰化芬園一帶
北投社（Tausa Bata）	今臺中草屯一帶
岸裡社（Tarranogan）	今臺中神岡、豐原一帶。又稱：斗尾龍岸社
Kackar Sakolei 社	今彰化猫羅溪沿岸一帶，又作：Kakar Sakaleke
Babarian 社	今彰化柴坑仔
Camachat	今大肚一帶。清代文獻作甘仔轄、干仔轄
大　肚	今臺中大肚一帶
沙轆社	今臺中沙鹿
牛　罵	今臺中清水
Tausa Talechey 社	今臺中大里一帶
Tausamatto 社	今南投縣南投
吞　霄	今苗栗通霄
中港社	今苗栗竹南
竹　塹	今竹塹
八芝蘭	今臺北市士林一帶
里　族（Kiliessouw）	今臺北市松山一帶
峰仔峙（Kipangas）	今基隆河北岸山中
麻里即吼社（Malessekou）	今臺北市松山一帶。又稱：麻里折口、猫裏錫口、錫口社
八里坌（Parigon）	今淡水河左岸、八里一帶
圭柔社（Senar）	今淡水一帶
武勝灣（Pulauan）	今新莊一帶
巴賽族	今淡水、金山、基隆、貢寮，到宜蘭、花蓮一帶
雞　籠	今基隆。又稱：雞浪
沙巴里（Taparri）	今淡水河口聚落
金包里（Kimauri/Quimaurri）	今基隆市
三　貂（St. Jago）	今貢寮、雙溪一帶
噶瑪蘭	今宜蘭
Quimabolao 社	今宜蘭冬山鄉三奇村。又稱：幾穆撈、奇武荖
哆囉滿（Turoboan）	今花蓮新城至金瓜溪一帶

西元年代與明、鄭、清年號對照表（1550 年代至 1720 年代）

1521	明世宗嘉靖元年（嘉靖：1522-1566）	
1567	明穆宗隆慶元年（隆慶：1567-1572）	
1573	明神宗萬曆元年（萬曆：1573-1620）	
1621	明熹宗天啟元年（天啟：1621-1627）	
1628	明思宗崇禎元年（崇禎：1628-1644）	
1644	明安宗弘光元年（弘光：1644-1645）	清世祖順治元年（順治 1644-1661）
1645	明紹宗隆武元年（隆武：1645-1646）	
1646	明昭宗永曆元年（永曆：1646-1662）	
1647	延平王、招討大將軍鄭成功（1647-1662）	
1662	延平王、招討大將軍鄭經（1662-1681）	清聖祖康熙元年（康熙 1662-1722）
1681	延平王、招討大將軍鄭克塽（1681-1683） ・鄭氏沿用永曆年號（永曆 37 年 =1683）	
1723		清世宗雍正元年（雍正 1723-1735）

後記

黃驗

2015年初，我邀請佳音老師合作編寫一本早期臺灣史的故事書。16-17世紀臺灣史開頭這一段，缺框架、缺故事，嚴格說來空盪渺遠，很像失憶。但這二十多年來，多部重量級文獻如《熱蘭遮城日誌》、《荷蘭聯合東印度公司臺灣長官致巴達維亞總督書信集》等陸續問世，這些原汁原味的歷史記憶，卻罕見被轉化為大眾讀物。若能發揮「學術力 × 編撰力」，相信可以填補這一段空白。這一提議，佳音老師欣然同意。這是何等榮幸！年底，我在遠流的工作告一段落，開始當起「專職坐家」。

第一步，盤點老師的知識庫，不少重量級的專題研究成果在眼前閃閃發亮：大肚番王、贌社與王田、蒲魯蝦與納茨、十七世紀臺灣交際語、理髮師與外科醫生、番薯島與大小琉球、麻豆溪事件、新港文書、臺灣市街解析圖等，篇篇精采透亮，有的略作剪裁就成鴻文，有的補綴一二亦可成篇，有的已勾勒出內容輪廓。擁有這些基本盤，一開始即篤定不少。在擬出一份內容架構，進行討論修訂後，承蒙老師完全信任，放手讓我來編寫初稿，這就開動了。

一部蘊含人文素養的歷史讀本，不能綱要式、講義式；而要多一點人情、故事、創見、脈絡；要有引據，不要細瑣的考證……。先建立內規後，緊接著就進行人事時地物的總盤點。

1550至1620年代（東番時期）這一時間軸上，要用那些人、事來標記、定樁？中文文獻的「臺灣」一詞如何演化？鄭芝龍在魍港一帶打混了多久？荷蘭人的臺灣主權論述如何形成？屠殺全臺約1/4漢人的「郭懷一事件」有著什麼驚心動魄的畫面？臺灣萬萬稅是一張怎樣的網？熱蘭遮城戰役的熊熊烈火照映哪些人性的幽暗與光芒？……往往簡單一問，都不容易說清楚，因為許多塵封的故事沒被看見。

進一步檢視，整本內容架構有將近半數的篇章未有人書寫過，存在各種不明地帶、暗處、灰階、眉角，佳音老師雖全力提點，但我也不能每事問，必須自己深入沉潛，才能真切扎實；另外一個挑戰是，怎樣看待爭議性？大明帝國為什麼將荷蘭人趕往東番，不干預不承認不否認？施琅把「民族英雄」鄭成功的後代消滅了，自己因此變成「民族英雄」？康熙帝說臺灣彈丸之地「得之無所加，失之無所損」，如何正解？史料要求可信度，但完全客觀的史料卻能剪裁出極端的觀點，同樣是西方人，有人將鄭成功視為大暴君，有人視為一代聖主。我曾經參與遠流智慧藏編撰專業版《臺灣大百科》歷史卷，深刻體會史料、史觀都有一定的嚴謹度。百科編輯的經驗告訴我們，在客觀之上，還有一個「比例原則」，剪裁必須合乎比例，切忌隨著主觀好惡而放大縮小，看待荷蘭、鄭氏、清朝三個時代也應如此。

近一年半的琢磨，初稿出來後，佳音老師費心指正，手中一把嚴尺，對於引用未臻專業的文獻或研究，絕不容忍；對文稿多所開示，十分精到。讀到海禁船引，隨手翻出1633年普特曼斯長官的一張福建政商各界積欠荷蘭東印度公司債款的黑名單，還考出了幾個大戶的身分；讀到異國婚姻，他特別強調：東印度公司所有結婚註冊的夫妻依規定都要返回巴達維亞，並無臺灣人與荷蘭人通婚，在臺灣「長子孫」，繁衍後代之事；提到《被遺誤的福爾摩沙》，他解說此書封面將鄭成功刻劃成阿拉伯大盜，可見荷蘭人心裡多麼受傷；同時找出「招討大將軍印」、「可」字的花押，以圖解文。這些把關、提點、增潤，讓諸多文稿更厚實、深刻。

佳音老師經常提到：相對於19世紀以來荷蘭殖民史家的海洋／宏觀／理論的研究主軸，從日本時代的村上直次郎、中村孝志以降，到長期投入檔案研究、譯註的江樹生老師，則是回歸到本土／微觀／實證的軸線，將荷蘭時代這塊土地與族群的故事，像拼圖般的一塊一塊兜起來。《解碼臺灣史1550-1720》延續這一理念，串接東番時期、荷、鄭、清（1684-1720）四個時期（老師將此四個時期合稱「臺灣近代初期史」，Early modern Taiwan），讓更多的史料、多元的視角，全知的觀點，敘說這塊土地的故事。

新台灣史記 8

解碼臺灣史 1550-1720

作　　　者　　翁佳音　黃驗

編輯製作　　台灣館
總 編 輯　　黃靜宜
主　　編　　張詩薇
美術設計　　黃子欽
行銷企劃　　叢昌瑜　沈嘉悅

發 行 人　　王榮文
出版發行　　遠流出版事業股份有限公司
　　　　　　地址　104005 台北市中山北路一段 11 號 13 樓
　　　　　　電話（02）2571-0297
　　　　　　傳真（02）2571-0197
郵政劃撥　　0189456-1
著作權顧問　蕭雄淋律師
輸出印刷　　中原造像股份有限公司
　　　　　　2017 年 9 月 1 日 初版一刷
　　　　　　2024 年 7 月 10 日 初版九刷
　　　　　　定價　450 元

國家圖書館出版品預行編目 (CIP) 資料

解碼臺灣史 1550-1720 / 翁佳音 , 黃驗合著 .
-- 初版 . -- 臺北市 : 遠流 , 2017.09
320 面 ; 17×23 公分 . -- (新台灣史記)
ISBN 978-957-32-8033-0(平裝)

1. 臺灣史 2. 臺灣開發史

733.24　　　　　　　　　　　　106009891

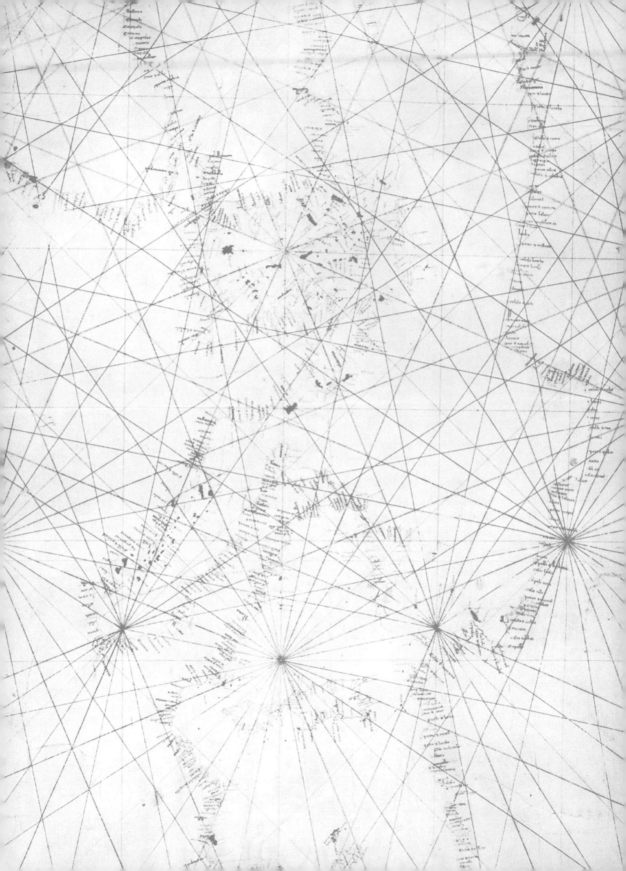

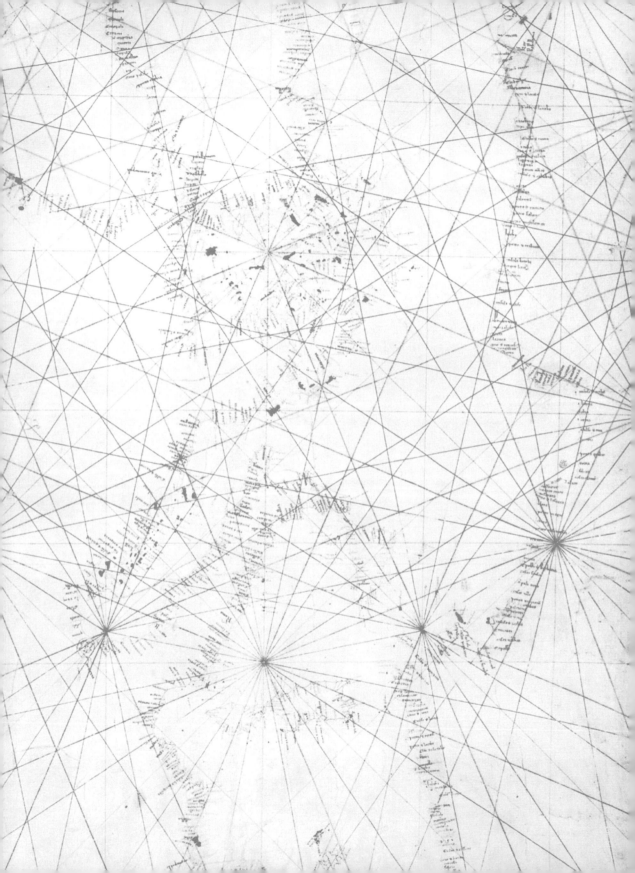

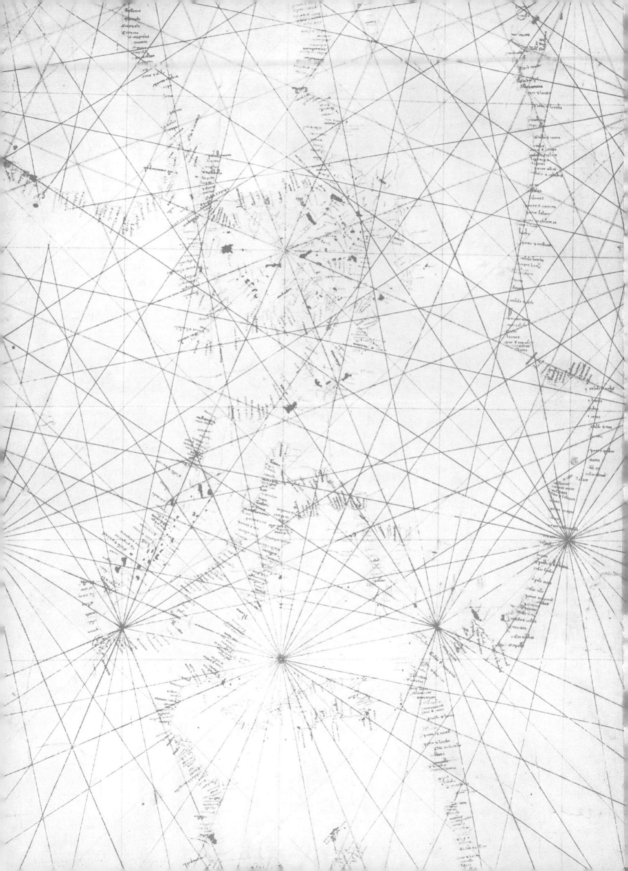